AF242292

LES CONQUÊTES

DE

LA MONARCHIE

1re SÉRIE

NOUVELLE SÉRIE IN-8º CARRÉ

PROPRIÉTÉ DES ÉDITEURS

Orléans. — Prise de la Bastille des Augustins.

LES CONQUÊTES

DE

LA MONARCHIE

PAR

DICK DE LONLAY

1ʳᵉ SÉRIE

TOURS

MAISON ALFRED MAME ET FILS

LES CONQUÊTES

DE

LA MONARCHIE

BOUVINES

(27 JUILLEE 1214)

PAR UN MILICIEN DE LA COMMUNE DE BEAUVAIS

Le 10 juillet 1214, le bruit du tocsin sonnant au beffroi de Beauvais jetait l'alarme parmi les paisibles bourgeois de cette ville : tous se portent en foule sur la grande place, croyant à une attaque des seigneurs féodaux. Là attendent le maire et les échevins.

« Compagnons, disent-ils, le roi Philippe-Auguste, notre gentil seigneur, fait appel au dévouement de ses fidèles vassaux, à ses milices communales. Tous ses ennemis se sont réunis contre lui : Jean et ses Anglais, Othon et ses Allemands, Ferrand et ses Flamands ont juré de forcer le roi de France à redevenir le roi de Laon, comme les derniers Carlovingiens ! Supporterons-nous cette insulte ?

— Non ! non ! interrompent des milliers de voix.

— Il s'agit aujourd'hui, reprennent nos magistrats, non

seulement de l'existence de nos droits, mais surtout de l'existence de la patrie. Le roi nous a donné rendez-vous à Tournai, nous n'y faillirons pas! En avant! Dieu nous aide! »

De tous côtés on court aux armes. Les trois cents miliciens, dont le nombre a été formé par la charte des franchises de Beauvais, se réunissent contre la porte du Nord. De nombreux volontaires se joignent à eux.

Après avoir reçu la bénédiction de l'évêque Philippe de Dreux, l'*ost* (troupe d'hommes à pied) sort de Beauvais et se dirige rapidement vers le nord.

De son côté la redoutable armée des hauts barons révoltés se rassemble en Flandre, où l'empereur d'Allemagne Othon vient la rejoindre avec des forces considérables. Le roi de France a, lui aussi, convoqué les seigneurs de ses fiefs et ses communes. Personne n'a failli à son souverain, ni la bourgeoisie ni la noblesse. Tous se sont levés en armes, les communes comme les barons.

Le péril paraît néanmoins menaçant au nord. L'empereur Othon s'est rendu à Valenciennes; Ferrand, le comte de Boulogne, le comte de Salisbury avec bon nombre de barons anglais, le duc de Brabant, le duc de Limbourg, toute la noblesse du Hainaut, du Brabant, de la Flandre, les communes des riches cités de Flandre l'y ont rejoint.

On n'a jamais vu un si puissant armement prêt à envahir le territoire. Deux cent mille hommes, dit-on, suivent la bannière impériale. Les alliés sont si nombreux, que la terre semble devoir crouler sous eux.

Mais aussi de chacune de nos villes du Nord sortent de longues files de communiers qui se dirigent vers l'Escaut, et rencontrent de brillantes *chevauchées* de chevaliers réunis sous la bannière de leurs bannerets et barons.

Le samedi 26 juillet, l'armée française est réunie tout entière aux environs de Tournai, où elle a tendu ses pavillons. Othon est à six milles de là, sous les murs de Mortain. Quand l'empereur d'Allemagne et ses alliés ont vu que notre roi était à Tournai, ils en ont été joyeux, car ils le pensent bien tenir en leurs filets.

L'armée que l'empereur Othon conduit à la conquête de la France est forte de cent cinquante mille hommes ; elle marche en trois grandes colonnes commandées par l'empereur d'Allemagne, le comte de Boulogne et le comte de Flandre. Le comte de Salisbury est à la tête de six mille Anglais.

Archer et arbalétrier des milices communales.

Philippe - Auguste n'a pour opposer à cette formidable armée et pour sauver la France que cinquante-neuf mille hommes, dont cinq mille bannerets, quinze mille hommes de moyenne noblesse, vingt-huit mille communiers, onze mille ribauds et cottereaux.

L'élan dans notre armée est complet. La France vient d'offrir le spectacle aussi rare que beau d'un peuple se levant tout entier à la voix de son roi pour défendre sa terre natale. Le péril est si imminent et a été tellement senti, que les Français de diverses classes et de toutes origines se sont confondus pour la première fois depuis Clovis et représentent la nation réunie dans un seul corps.

L'intention de Philippe-Auguste en établissant son camp

à Tournai a été de connaître la véritable position de l'ennemi. Il sait que l'Empereur occupe déjà Valenciennes, mais il ignore sur quel point celui-ci dirige ses forces. Le 26 juillet, notre roi est enfin informé par ses espions que son adversaire s'est porté sur Mortain, au confluent de la Scarpe et de l'Escaut, à trois lieues sud-ouest de Tournai, et qu'il s'est établi près de la ville pour y attendre le reste de ses divisions, et de là se diriger sur Tournai et l'y enfermer.

Instruit de ses dispositions, Philippe-Auguste décide d'abandonner Tournai sur-le-champ et de gagner la plaine de Lille par le pont de Bouvines. Cette manœuvre doit forcer l'ennemi à sortir de sa position et à accepter le combat sur un terrain non coupé.

Cette prévision se réalise en effet.

Notre armée lève le camp pendant la nuit et se forme en colonnes de marche par division. Le connétable Matthieu de Montmorency marche à l'avant-garde avec sa noblesse de l'Ile-de-France ; les milices des communes sont au milieu, et les dix-huit mille hommes de cavalerie marchent à l'arrière-garde pour protéger la retraite.

Quelque soin qu'on ait pris de cacher ce mouvement, Othon en a été instruit ; il suppose que le roi de France, effrayé de l'approche de l'armée impériale, vient de battre en retraite sur l'Artois.

Ayant convoqué ses principaux alliés, il leur propose de se mettre à sa poursuite sans perdre un instant. « Jurez, ajoute l'Empereur en terminant, que si, dans le cours de la campagne qui va s'ouvrir, vous vous trouvez en présence de Philippe, vous ne lui ferez aucun quartier, et que sa mort sera pour chacun de vous l'exploit le plus envié. Pour moi, je jure sur ce fer de ne paraître en Allemagne que lorsque je serai entré dans Paris, et que j'y aurai fait le partage du royaume de France. » Ces paroles sont accueillies avec enthousiasme, et les coalisés ne veulent point attendre que l'on soit réuni dans la capitale pour démembrer le royaume de France.

Othon s'adjuge le pays de Metz et une partie de la Champagne ; Ferrand, Paris et l'Ile-de-France ; Renaud, la Picardie ; Salisbury, le pays de Dreux ; le palatin du Rhin, le Gâtinois ; Hugues de Boves, la Brie ; Conrad de Spolette, le Beauvoisis ; le duc de Lorraine, la Touraine ; Hervé de Donzi, le Soissonnais. On abandonne à l'Angleterre la Normandie et toutes les provinces conquises par Philippe-Auguste.

> Mais en peu d'heures Dieu travaille :
> Tel rit au matin, qui le soir pleure.

L'armée alliée, formée en trois colonnes, commence aussitôt son mouvement dès l'aube du dimanche 27 juillet.

Philippe cependant, loin de battre en retraite, fait ses dispositions pour attendre les ennemis. Il ordonne à Guérin, ancien hospitalier de Jérusalem et nouvellement élu évêque de Senlis, de se porter avec deux mille cinq cents hommes au-devant de l'ennemi, afin de connaître son arrivée, et reste, de sa personne, à deux cents pas du pont de Bouvines pour voir défiler ses troupes.

Ce prélat-chevalier, qui a une réelle expérience de la guerre et a déjà combattu contre les Turcs, ne tarde pas à apercevoir les alliés : ils avancent lentement, au travers d'un pays de tourbières coupé de ruisseaux, avec les bannières déployées comme pour le combat. Le comte Ferrand marche en tête avec la cavalerie brabançonne.

Guérin n'a pas plus tôt aperçu ces masses épaisses, qu'il

revient en toute hâte pour prévenir le roi, laissant le vicomte de Melun à l'embouchure de la chaussée avec sa cavalerie. Il trouve Philippe assis sous un frêne, nu-tête, et même un peu assoupi, car la chaleur est déjà très grande.

Le prince n'est pas surpris. Avec le plus grand calme, il prescrit à Matthieu de Montmorency de suivre la chaussée de Lille, aux milices de passer le pont de Bouvines, et à Guérin de déployer en ligne, parallèlement à la Marque, les troupes de la noblesse, formant à peu près dix-huit mille hommes, tous à cheval, afin de masquer et de protéger à la fois la marche de l'infanterie.

Persuadé que ce jour-là il n'y aura pas d'engagement, parce que c'était un dimanche, et qu'il est de règle dans les mœurs de ne pas se battre un jour sanctifié, il presse le passage du pont de Bouvines par les milices des communes.

Tout à coup un cavalier accourt à toute bride de l'avant-garde, l'armure faussée, rougie de sang, et pique droit au roi.

Notre souverain le reconnaît : « Dieu vous sauve, la Truie ! dit Philippe. Que font les Flamands ? Viennent-ils ?

— Sire, Dieu vous garde du péril ! répond Girard la Truie. Hâtez-vous de vous armer et de vous apprêter, car nous allons avoir la bataille. Voici les ennemis ! »

Au loin, en effet, on entend une rumeur confuse qui grossit rapidement.

Girard raconte que tout à l'heure le comte Ferrand et ses cavaliers flamands se sont approchés brusquement de la division Adam de Melun, en agitant leurs bannières et en lançant leurs carreaux contre nos arbalétriers. Ceux-ci ont résisté d'abord avec beaucoup de courage. Adam de Melun s'est alors avancé avec Gérard de Margne et plusieurs autres chevaliers, et s'est précipité au-devant des Flamands; mais, écrasés par le nombre, ils ont bientôt été obligés de reculer devant les gens du comte Ferrand, qui, enivrés par ce premier succès, agitent victorieusement des cordes dont ils se sont munis, disent-ils, pour lier les Français!

Philippe se lève aussitôt. « Aux armes! barons, aux armes! » crie-t-il d'une voix éclatante, le visage animé et joyeux. On lui apporte aussitôt ses armes de combat : pages et écuyers le revêtent d'une cuirasse incomparable, tissue de doubles macles ou mailles de fer, que nulle flèche et nulle lance

L'alerte : Philippe-Auguste est armé par son écuyer et son page.

ne peuvent percer; on lui donne des bottes ou chausses de fer faites pareillement de mailles doubles. On lui met aux pieds des éperons d'or et on lui pend au cou un bouclier où les trois fleurs de lis d'or sont représentées. On lui met sur la tête un casque tout brillant de pierres précieuses, et si bien forgé, qu'il n'y a point d'épée qui puisse le fendre ou le fausser.

Partout on répète le cri d'alarme du roi : « Aux armes!

hommes de guerre, aux armes ! » crie-t-on de toutes parts dans les champs, que les trompettes remplissent de leurs notes guerrières.

Le tumulte et l'enthousiasme sont à leur comble. Le roi saute sur son destrier de combat et fait agiter la bannière royale fleurdelisée d'or. Montmorency revient sur ses pas

L'oriflamme entourée des sergents d'armes du roi.

avec les milices et l'oriflamme, qui ont déjà passé le pont de Bouvines.

Philippe-Auguste se précipite alors d'une course rapide vers l'arrière-garde, et se place au front de la bataille, ne permettant pas que personne se mette entre lui et les ennemis. Il appelle ses chevaliers, les range à droite et à gauche, et leur dit : « Seigneurs, je ne suis qu'un homme, mais je suis le roi de France. Gardez-moi bien, vous n'aurez pas à vous en repentir. Maintenant chevauchez; partout où vous irez, j'irai. » Cela dit, il fait sonner ses trompettes d'airain à grande haleine. Deux fois les trompes retentissent pour annoncer l'approche de cette troupe redoutable.

Othon se déconcerte en voyant approcher la bannière du roi, qu'il croyait au delà du pont. Par un mouvement habile, Philippe-Auguste vint alors se ranger dans la plaine le dos tourné au soleil.

Les lignes de la chevalerie française se déploient sur un espace de deux mille quarante pas.

Philippe-Auguste parcourt les rangs des troupes et dit aux nobles chevaliers : « Vous avez à défendre aujourd'hui votre honneur, votre patrie et la couronne de France ! » S'arrêtant devant les milices communales :

« Ne craignez pas de combattre un dimanche, leur dit-il, car on vient nous attaquer; le Ciel se servira de vos bras pour frapper des impies qui ne redoutent pas de profaner un jour consacré à la prière; ce ne sera pas vous qui combattrez, ce sera Dieu lui-même qui lancera des traits. »

A ce moment on apporte l'oriflamme, entourée de sa garde fidèle des sergents d'armes du roi, afin qu'il puisse procéder au choix de l'officier qui doit la porter. Ce choix se fait toujours sur le terrain, au moment du combat, et il est porté sur le chevalier réputé le plus brave; car l'oriflamme représente la royauté, et elle doit se trouver au plus fort de la mêlée. Pour cette raison, l'honneur qui y est attaché fait préférer cet emploi de porte-oriflamme aux plus hautes charges. Déjà on a vu plusieurs grands dignitaires se démettre de leurs fonctions pour celle de porter la bannière de l'abbaye de Saint-Denis.

Cette bannière, que nos rois, au moment de marcher

à l'ennemi, vont prendre en grande pompe, comme seigneurs chargés de défendre les biens du monastère, est en taffetas rouge, à deux pointes, bordée d'une frange verte, et porte l'inscription : *Montjoie! Saint-Denis!*

Le jour de Bouvines, le duc de Bourgogne propose pour porter cette bannière un de ses gentilshommes. « J'ai, dit-il au roi, dans ma chevauchée un chevalier nommé Galon de Montigny, pauvre, mais brave; il a engagé son dernier morceau de terre pour se procurer des armes neuves et un bon destrier propre à faire la campagne. »

Le roi agrée Galon de Montigny et dit en lui donnant l'oriflamme : « Je te confie l'honneur de la couronne! »

Le chevalier reçoit cette bannière et demande quelle sera sa tâche dans la bataille. « Elle se bornera, répond le monarque, à la tenir constamment devant moi, sans concevoir aucune crainte, quelque pressant que paraisse le danger.

— Rien n'est plus facile, reprend le chevalier; cependant je vois à sa couleur rouge que l'oriflamme est altérée de sang humain, et je pense qu'avec l'aide de Dieu je pourrai lui faire étancher sa soif dans le sang ennemi. »

Cette heureuse repartie court bientôt dans les rangs et augmente l'ardeur de combat qui anime chaque chevalier et chaque communier.

Philippe, pour entretenir cette ardeur martiale et lier par un dernier serment ses nobles barons, fait placer au milieu du groupe qui l'entoure un vaste bassin d'argent, ordonne qu'on y verse du vin et qu'on y mette des tranches de pain. Il en prend une et dit : « Amis, voici peut-être le dernier repas que je ferai; je n'invite à le partager avec moi que ceux qui sont bien décidés à partager également mon sort, qui est de vaincre ou de périr. » A peine laisse-t-on au souverain le temps de prononcer cette phrase : tous les preux se précipitent sur le bassin d'argent et le vident en un instant.

Cependant l'ennemi approche. Le roi remonte à cheval, les
chevaliers l'imitent, et chacun se rend à son poste. Philippe-
Auguste choisit le sien au centre de la ligne.

L'empereur Othon, en voyant une ligne imposante de chevaliers rangés en bataille, au lieu d'une armée en pleine
retraite, comme il s'y attendait, en témoigne hautement sa
surprise.

Tous les principaux chefs alliés, à l'exception de Renaud
de Boulogne, se réunissent autour d'Othon avant d'aller
prendre leur place respective dans la ligne de bataille, et
jurent de nouveau de ne point faire quartier à Philippe, de
s'attacher à sa personne, de ne l'abandonner que lorsqu'ils
l'auront vu mort. Bien plus, Othon choisit parmi ses Allemands cinquante hommes bien déterminés, qui promettent
de percer à travers la foule des combattants et de massacrer
notre roi au milieu des siens.

Le comte de Boulogne, qui commande l'aile droite, a avec
lui des masses d'infanterie brabançonne et anglaise divisées
en bataillons ronds pour résister à la cavalerie, et qui, hérissées d'un triple rang de lances, ressemblent à de gigantesques
porcs-épics. Leur chef Renaud, bien que d'une stature colossale, pour paraître encore plus grand, a ajouté à son heaume
des barbes de baleime.

Au centre, l'empereur Othon a divisé son infanterie en
bataillons carrés. Ses Allemands, habitués à combattre au
milieu des chevaux, ont pour arme principale une lance dont
le fer se termine par un double crochet, qu'ils introduisent
dans l'armure du cavalier ; ils le désarçonnent ainsi en tirant
vivement à eux. L'infanterie allemande a une enseigne sur-

montée de l'aigle romaine, désignée sous le nom d'*Alarion*. Othon se place au troisième rang ; il est revêtu des habits impériaux. Auprès de lui se tient son porte-bannière, dont l'étendard jaune porte l'aigle de sable au croissant d'argent.

En arrière de l'Empereur, une masse sombre de huit cents gendarmes du pays de Brunswick, sous les ordres du baron

Gendarmes du pays de Brunswick.

Ostermann, entoure un char attelé dé quatre chevaux blancs couverts de magnifiques draperies. Dans ce char est planté sur un pal haut de vingt pieds l'étendard germanique, dont le fer de la lance se termine par un aigle déployant ses ailes et terrassant un dragon.

De notre côté les troupes sont ainsi partagées :

Le duc de Bourgogne commande l'aile droite, et a sous ses ordres les nobles de Bourgogne, de Champagne et du Soissonnais, ainsi que les milices de ces provinces.

Le comte de Dreux, que sa qualité de prince du sang royal a fait choisir pour commander l'aile gauche, a pour lieutenant le vaillant évêque de Beauvais. Les nobles et les milices communales servent sous ses ordres.

Philippe-Auguste s'est placé au centre, derrière les deux premières lignes des milices de l'Ile-de-France et de Normandie, commandées par les sires de Nesles et de Coucy. Vingt-quatre chevaliers, choisis parmi les plus braves, forment sa garde personnelle. Son porte-étendard, Galon de

Montigny, monté sur un destrier et tenant l'oriflamme de pourpre, se place immédiatement avant notre monarque.

L'aspect de notre armée est imposant et superbe. Sous les chauds rayons d'un soleil d'été, les armures des chevaliers étincellent de mille feux. Rien de plus martial que cette longue suite de chevaliers hérissée d'une forêt de lances au fer plat et à pointe aiguë. Au-dessus flottent les bannières carrées des *bannerets* et les pennons pointus des *chevaliers-bacheliers*.

Chaque chevalier banneret est accompagné de cinquante hommes d'armes, dont vingt-cinq pour combattre et vingt-cinq pour garder la bannière. Ces chevaliers sont couverts du *haubert* ou cotte de mailles descendant jusqu'à mi-jambe. Cette cotte de mailles est une chemise militaire composée d'anneaux de fer bien polis, fourbis, reluisants. A cette cotte sont cousues des chausses de cuir, revêtues de jambières de mailles lacées derrière les mollets. Sous ce haubert l'homme d'armes porte un *gambisson*, sorte de tunique à manche faite de plusieurs doubles de toile piqués à l'aiguille, ou rembourrés d'étoupe destinée à amortir sous la maille le choc des armes.

Pour coiffure le *heaume* ou casque, de forme pointue ou cylindrique, au nasal élargi de manière à couvrir les joues; sur le devant, un renfort portant deux fentes pour les yeux; au-dessus, des fentes pour la respiration. Par-dessus le haubert, les chevaliers ont revêtu la *cotte d'armes* en drap d'or, d'argent ou de fourrures précieuses, et chargée d'armoiries et d'emblèmes. Les casques sont surmontés de *cimiers* pour servir de ralliement pendant le combat.

Les éperons d'or à larges molettes sont attachés par des courroies garnies d'émaux.

L'épée, très large, à poignée en croix et à deux tranchants, destinée à parer les coups de taille, est soutenue par un riche ceinturon qui descend sur le ventre. Le bouclier, couvert d'armoiries éclatantes, est arrondi par le haut, pointu en bas ; il est en bois revêtu de cuir. Au cou, l'*olifant* d'ivoire ou cor de chasse, insigne de la noblesse, suspendu par un cordon.

Outre la lance et l'épée à deux mains, les hommes d'armes sont également armés de la hache de guerre, à long manche muni d'une poignée avec garniture de cuir, de façon à combattre à pied si leurs chevaux sont tués.

Chevaliers français au commencement du XIIIᵉ siècle.

En attendant le moment d'engager le combat, toute cette chevalerie a mis pied à terre. Les écuyers, revêtus seulement du corselet de mailles de fer, tiennent en main les *palefrois* et les *destriers* de leurs seigneurs, tout couverts de caparaçons multicolores.

A côté de cette troupe étincelante se détachent les vêtements sombres et modestes de notre pauvre infanterie. Voici les *ribauds,* aux traits farouches, à la chevelure hérissée, la barbe à tous crins, hommes déterminés, prêts à tout, ne marchandant jamais avec le danger, et dont le pillage est la seule loi.

Cette troupe, aussi indisciplinée que redoutable, est sous les ordres du chevalier Guillaume des Barres, que l'on a sur-

Bataille de Bouvines (27 juillet 1214), d'après le tableau d'Horace Vernet.

nommé l'*Achille français*, et que sa bravoure a appelé à la dignité de roi des ribauds.

Voici les *satellites*, qui combattent également à pied et à cheval, et sont chargés d'engager l'action.

Voici les miliciens des communes, les *archers* et les *arbalétriers*.

Ces divers corps d'infanterie sont vêtus de gambissons en cuir ou garnis de plaques de fer. Leur armement se compose d'arcs ou d'arbalètes, de lances, de dagues, de masses plombées, de *faucharts*, sorte de faux, de la *voulge*, lame droite ou recourbée, avec ou sans crochet, emmanchée au bout d'une longue perche.

L'armée ennemie a débouché dans la plaine vers dix heures du matin. Le terrain sur lequel l'action aura lieu s'étend sur un plan incliné du sud au nord. Il n'existe entre les deux armées qu'un espace peu considérable. Pendant deux heures on s'observe. Les hérauts d'armes vont avertir chaque camp opposé que la bataille va s'engager.

Il est midi. Les trompettes d'airain font entendre leur bruit strident et prolongé. A ce signal, les chevaliers remettent le *capulet* du haubert, coiffent le heaume et montent sur leur destrier. Une fois en selle, ils se dressent sur les étriers, s'arc-boutent sur le haut du *troussequin* de la selle et plient le bras pour amener sous leur aisselle le pied du bois de la lance dans le *faucre*, qui sert de point d'appui. Une rondelle d'acier placée en avant de la main droite sert de garde, et contribue, avec l'écu, à couvrir la poitrine du chevalier.

Sur les ailes se tiennent, attentifs aux ordres des bannerets, les satellites et les miliciens des communes. Les hommes de trait tendent leurs arcs en bois d'if d'un mètre de hauteur ou épaulent leurs arbalètes à arcs d'acier. Les *sagettes* au fer triangulaire et les *carreaux* attendent le moment de s'envoler en sifflant.

La plaine retentit de mille clameurs. Dans nos rangs s'élèvent les cris de guerre des bannerets. Les miliciens des communes crient le nom de leur ville, et par-dessus tout s'élève vibrant et altier le *Montjoie! Dieu et Saint-Denis!*

Avant la bataille.

Les alliés nous répondent par de bruyantes vociférations. Les gens des Pays-Bas crient : *Cologne!* le duc : *Louvain!* Conrad : *Dortmund!* et l'empereur Othon s'approche en criant : *Rome!*

Les bannières s'agitent. On va s'attaquer main à main. Soudain, à notre droite, une poignée de cavaliers pauvrement vêtus, montés sur de petits chevaux à longs crins, se précipitent à bride abattue sur la gendarmerie flamande, qui s'avance au pas de ses lourds destriers. Ce sont cent cinquante *satellites,* braves bourgeois de Soissons qui servent à cheval. L'évêque Guérin les a chargés de troubler les rangs des Flamands et de préparer l'attaque de notre chevalerie.

Les nobles flamands, indignés de ce qu'on les fait charger

par des plébéiens, et non par des hommes d'armes, font halte et les attendent. Ces robustes enfants de Soissons se précipitent résolument sur les rangs de la cavalerie ennemie, et prouvent ainsi aux nobles chevaliers de Flandre que le courage et la valeur sont également le partage des hommes du peuple. Dans ce choc inégal, la plupart des satellites sont démontés; mais les survivants se jettent au milieu des Flamands, et, rampant sur les mains, vont avec leurs dagues couper le jarret des chevaux.

Les Flamands réparent promptement ce désordre et poussent droit aux nobles de Champagne. Ceux-ci, commandés par le sire de Saint-Remi, les préviennent en les chargeant vigoureusement. Les lances volent en éclats, les épées sont tirées; la lutte est acharnée et sanglante. De nombreux chevaux s'abattent, les écus et les casques tombent en résonnant sur la terre.

Cependant la mêlée devient générale et affreuse. Les gens des communes et les gens de pied se lancent courageusement au milieu des Flamands, des Anglais, des Saxons et des Hollandais. Le duc de Bourgogne a son cheval tué sous lui, mais il est dégagé par nos braves miliciens.

Les Flamands se découragent, et chaque fois qu'ils entendent crier : « Saint-Denis! » il leur semble voir ce saint lui-même s'approcher, monté sur un dragon, pour les abattre.

Guillaume comte de Hollande s'avance avec sa chevalerie pour les soutenir. A cette vue, le comte de Saint-Paul s'élance avec ses hommes d'armes sur les cavaliers hollandais et les culbute. Michel de Harmes, commandant de cette troupe, atteint d'un coup de pique qui le traverse de part en part, est cloué sur la selle de son cheval. Le corps tout entier de

Ferrand s'ébranle à son tour et force les Français à se replier. La bataille va être perdue pour nous.

A ce moment les cris de : Montjoie! Saint-Denis! retentissent plus violents que jamais. Une forte colonne serrée débouche du pont de Bouvines et se dirige à toute vitesse sur le lieu du combat. Ce sont les nobles de l'Ile-de-France, qui au bruit de la bataille ont rebroussé chemin et accourent prendre part à la lutte.

Un cavalier de haute taille les précède. C'est Matthieu de Montmorency, alors âgé de quarante-huit ans, un des plus braves et des plus vaillants chevaliers de l'époque. Il rallie en un clin d'œil nos miliciens de Corbie, de Beauvais et de Laon, qui, malgré une résistance désespérée, sont refoulés par l'ennemi. « Enfants, leur dit-il, suivez-moi : en avant! pour Dieu et le roi ! » Ces braves gens défilent en bon ordre devant la chevalerie et retournent au combat. En tête marche l'oriflamme entourée de sa garde des sergents d'armes du roi, vêtus de la cotte d'armes en drap bleu avec les trois fleurs de lis d'or, et portant à l'épaule la grande masse de cuivre.

Le combat change bientôt de face. Matthieu de Montmorency, monté sur un grand coursier, tenant un large sabre, combat au plus épais de cette gigantesque poussée d'hommes et de chevaux, et semble le véritable dieu de la guerre. A côté de lui combattent et rivalisent de prouesse le vicomte de Melun, Arnould de Guines, le comte de Saint-Paul, etc...

Privé de ses plus braves chevaliers, tués sous ses yeux, et entouré par les nobles de l'Ile-de-France, qui l'attaquent avec acharnement, Ferrand est renversé deux fois, et deux fois il parvient à se relever; enfin, couvert de blessures, dépouillé de toute son armure, il tombe une troisième fois et reste au pouvoir de la chevauchée de Montmorency.

Les Français crient victoire; mais à cette vue les masses énormes de l'infanterie teutonique s'ébranlent et chargent avec furie les milices communales. Celles-ci ne peuvent soutenir le choc; elles sont brisées, et, après s'être défendues avec une opiniâtreté formidable, battent en retraite et s'échappent au travers des divisions de la cavalerie.

Le roi Philippe-Auguste, qui est placé sur la première ligne de cette cavalerie, se trouve alors à découvert et exposé à l'attaque de toute l'infanterie allemande. Les vingt-quatre chevaliers préposés à sa garde font d'héroïques efforts pour le défendre.

Peu à peu le cercle se rétrécit autour du souverain; les chevaliers tombent et ne sont pas remplacés. Un soldat à pied du royaume de Brunswick parvient, au milieu de la mêlée, à se glisser entre les chevaux, et frappe le roi avec une demi-lance. L'arme s'engage entre sa visière et son collier, et comme la lance forme crampon, le soldat, à force de tirer, le désarçonne et l'entraîne à terre. Une foule d'ennemis se jettent alors sur l'infortuné monarque, qui est foulé aux pieds des chevaux. Les quelques chevaliers qui restent auprès de lui le défendent encore; mais des flots de combattants les écartent ou les abattent.

Montigny d'une main agite la bannière royale, et de l'autre frappe à coups d'épée ceux qui osent approcher. Cet intrépide guerrier se voit un moment seul à défendre le roi et l'étendard de la patrie. La solidité de ses armes sauve Philippe-Auguste : les fantassins allemands qui s'acharnent contre lui ne peuvent trouver un seul joint où faire passer la lame d'un poignard.

Enfin arrive Montmorency. Averti par les mouvements précipités de la bannière royale, qui lui annoncent le danger du roi, il forme ses escadrons en une seule colonne, et, se précipitant sur l'infanterie allemande, la prend à revers, écrase, disperse, met en fuite tout ce qui se trouve sur son passage, et dégage son souverain. Guillaume des Barres, attiré également par les oscillations de la bannière royale, accourt de son côté et arrive en même temps que Mont-

Matthieu de Montmorency charge à la tête de ses gens d'armes.

morency. Un gentilhomme nommé d'Estaing donne son cheval à Philippe et arrache des mains des Allemands le bouclier royal, qu'ils ont enlevé.

Les Français reprennent alors à leur tour l'offensive. Hommes d'armes et miliciens des communes se ruent à l'envi les uns des autres sur les rangs épais de l'infanterie allemande. Un vaillant chevalier, Pierre de Mauvoisin, homme d'une stature colossale, se jette le premier au milieu des Allemands, et, prenant avec ses mains les lances ennemies, il ouvre un passage aux chevaliers, qui s'y précipitent en foule. Les communiers les suivent; ils se ruent sur la cavalerie teutone, perçant les chevaux avec leurs fauchets, assommant les hommes d'armes avec leurs masses de plomb.

Partout la fougue française l'emporte sur le flegme des

Allemands : le courage et l'opiniâtreté des nôtres suppléent au nombre ; l'acharnement est tel, que les combattants s'abordent plusieurs fois corps à corps. Les chevaliers allemands, étouffés sous les pieds des chevaux, sont impitoyablement massacrés.

Dès le premier choc, un chevalier picard, Girard la Truie, reconnaissant l'empereur Othon à son écu d'or, à l'aigle de sable, baisse sa lance et se jette sur lui avec tant de force, que son arme vole en treize morceaux. Il tire alors son épée et fend la tête du cheval de l'Empereur. Othon, désarçonné, pousse son cri de guerre pour appeler du secours ; il crie trois fois : « Rome ! » Le baron Ostermann veut le défendre, mais il tombe percé de coups sous les roues du char impérial.

Ribauds.

L'Empereur se trouve alors dans le plus grand danger. Girard la Truie le saisit et cherche à le percer avec sa dague ; mais les pièces de l'armure sont si bien jointes, qu'il ne peut trouver une ouverture. Tous les chevaliers français se pressent autour de l'Empereur ; tous veulent avoir la gloire de le faire prisonnier. La querelle qui s'élève entre eux donne à Othon le temps de s'échapper de leurs mains, et de fuir sur un cheval qu'un de ses derniers défenseurs est parvenu à lui amener.

Guillaume des Barres, qui vient d'être démonté, voit fuir l'Empereur ; il s'élance à pied à sa poursuite, arrête son destrier, et, saisissant le monarque par son heaume, il le frappe à coups redoublés de sa masse de fer. Il va le tuer infailliblement, quand le cheval, qui vient de recevoir au même instant un coup d'épée dans l'œil, fait un effort extraordinaire et enlève son maître.

L'intrépide Français, quoique pesamment armé, le poursuit encore jusqu'au milieu de ses escadrons alliés et va être victime de son courage, lorsqu'il est délivré par le sire de Coucy, qui conduit les milices de Laon.

Othon, délivré de la puissante étreinte de Guillaume des Barres, est encore arrêté par Pierre Mauvoisin, tandis que Gérard Séropha lui perce la poitrine d'un long couteau. Son armure l'a préservé, et, grâce au tumulte, il peut s'enfuir, laissant entre les mains des nôtres le char impérial. Blessé grièvement à la tête et au bras, il abandonne en toute hâte le champ de bataille. En le voyant s'enfuir, le roi de France, qui vient de payer de sa personne comme le plus simple écuyer, dit aux siens avec une généreuse gaieté : « Amis, nous ne le verrons plus aujourd'hui que par le dos! » Les Allemands lâchent alors pied et battent en retraite. Matthieu de Montmorency les poursuit vigoureusement, prend de sa main douze enseignes surmontées de l'aigle impériale et ramène quinze cents prisonniers.

Il ne reste plus sur le champ de bataille que l'aile droite de l'armée ennemie, commandée par le comte Renaud de Boulogne. Là combattent six mille Anglais, excellente troupe que commande le comte de Salisbury. Ces Saxons aux cheveux roux opposent une impassibilité énergique à la fougue des Français. Depuis trois heures que dure l'action ils n'ont point reculé d'un seul pas. Toutes les attaques dirigées contre eux ont échoué.

Le sire de Nesle les charge avec le plus grand héroïsme,

et veut briser leur résistance acharnée, mais il tombe criblé de coups et n'est arraché de leurs mains qu'avec beaucoup de peine. Les gens de Dreux, du Perche, du Ponthieu et du Vimeu s'élancent à la rescousse et sont également repoussés.

Philippe de Dreux, évêque de Beauvais, voyant alors qu'il faut tenter un coup décisif, se tourne vers les milices de Picardie, les entraîne avec lui et se précipite à son tour sur les Anglais. Armé d'une massue de frêne, et oubliant sa qualité d'évêque, le fougueux prélat se jette à corps perdu dans la mêlée. Avec son arme redoutable il abat de nombreux chevaliers ennemis, brisant les membres, mais ne versant pas le sang, pour se conformer à ce précepte de l'Église : *Ecclesia abhorret a sanguine.*

Après avoir rompu plusieurs rangs, il se trouve en présence du comte de Salisbury : celui-ci fond sur lui avec impétuosité, mais le prélat, d'un coup de sa massue, fait voler en éclats l'épée de son adversaire et le précipite à bas de son cheval.

Effrayé du sort du comte de Salisbury, Hugues de Boves abandonne lâchement le champ de bataille ; son exemple entraîne les Anglais ; ils fuient en désordre, à l'exception de Renaud de Boulogne. Cet adversaire, quoique seul, est encore redoutable. Il a formé quatre bataillons ronds de piquiers au milieu desquels il rentre comme dans un château fort, toutes les fois qu'il est fatigué ou trop vivement pressé par l'ennemi. Longtemps, en effet, le triple rang de lances serrées de ces bataillons a arrêté les nobles de France et de Bretagne.

Enfin l'évêque de Beauvais ordonne une dernière attaque combinée avec les forces réunies du centre et de l'aile gauche des Français, et les bataillons de piquiers du comte de Boulogne sont brisés, anéantis. Bientôt ce vaillant seigneur se trouve aux prises avec les hommes d'armes de France. Dans ce moment critique, il déploie le courage le plus héroïque. Ses chevaliers, enflammés par son exemple, se font hacher sous ses yeux.

Mais Pierre de Tourelle, écuyer du comte de Dreux, qui se trouve démonté, parvient à soulever la couverture de mailles de fer qui protège le cheval de Renaud et lui enfonce son poignard dans le poitrail.

Un chevalier brabançon, voyant chanceler la monture du noble comte, place celui-ci sur un nouveau destrier et l'entraîne avec lui dans sa fuite; mais ce dévouement est inutile : le brave écuyer est pris, et le comte de Boulogne tombe engagé sous son cheval, dont on a coupé les jarrets. Plusieurs chevaliers français se disputent l'honneur de le faire prisonnier et vont le tuer pour terminer le différend, lorsque survient l'évêque de Beauvais, qui l'arrache de leurs mains.

Après la prise de Renaud, le champ de bataille présente l'aspect du plus effroyable désordre. Partout des débris d'armes, de cuirasses brisées, de heaumes fendus; les chevaliers sont tellement couverts de sang, qu'on ne distingue plus sur leurs cottes d'armes les emblèmes féodaux. De toute cette nombreuse chevalerie qui le matin inondait la plaine, on ne voit plus debout qu'un détachement de sept cents Brabançons qui opèrent leur retraite lentement et sans se laisser entamer. Philippe-Auguste, pour en finir, lance contre eux cinquante cavaliers et deux mille hommes à pied, qui, exaltés par le succès, se précipitent sur ces derniers ennemis, les écrasent et en font un horrible carnage.

Il est sept heures du soir quand la victoire est définitive. Maître Guillaume le Breton, le chapelain du roi, entonne un cantique de triomphe, et Philippe-Auguste, plein de reconnaissance et de joie, « rend mille actions de grâces » au Roi suprême, qui lui a donné de terrasser tant d'ennemis.

La nuit approche. Les trompettes changent leurs chants guerriers en sons de rappel, et l'armée, chargée de richesses et de gloire, rentre dans le camp. On a amené au roi de France le char sur lequel est plantée la bannière de l'empereur Othon. Il en déchire lui-même la soie et en fait jeter les lambeaux au feu, ainsi que le dragon. L'aigle a été brisée par mille coups pendant l'action. Les cordes et les chaînes manquent pour charger tous ceux qui doivent être garrottés, car la foule des prisonniers est plus nombreuse que ceux qui doivent les enchaîner.

Six comtes : Ferrand de Flandre, Renaud de Boulogne, Guillaume de Salisbury, le comte de Hollande et Gilles de Sainte-Aldegonde ; vingt-cinq seigneurs bannerets, et neuf mille cinq cents hommes d'armes ou gens de pied sont prisonniers. Les alliés ont perdu plus de vingt-cinq mille hommes tués ou blessés. Chez les Français, ce succès a été chèrement acheté, car on compte près de quinze mille hommes hors de combat et cent chevaliers bannerets. Mais la victoire ne compte pas ses morts ; qui triomphe n'a rien perdu.

C'était une complète victoire et la première vraiment nationale. Ce triomphe, en effet, fit éclater dans le pays quelque chose que l'on ne connaissait pas, l'esprit national, le patriotisme ; il y avait dès lors en France une nation et un roi.

DAMIETTE

(7 juin 1249)

PAR UN CHEVALIER CROISÉ

Le 25 août 1248, le port d'Aigues-Mortes présentait un mouvement et une animation inaccoutumés. Une flotte nombreuse, qui comptait autant de bâtiments français que de navires génois et italiens, y était réunie. Là on voit côte à côte les *nefs,* avec leurs voiles et point de rames, leurs deux hauts mâts, leur château de bois sur l'avant, leurs bordages couronnés de remparts crénelés, leurs trois ponts dont un coupé, leurs larges flancs, leurs joues, leur poupe, leur ventre arrondi ; les *galères* ou galées, longues, dégagées, alertes, s'aidant de voiles et de rames ensemble.

Durant une maladie qui l'a mis aux portes du tombeau en 1244, saint Louis a fait le vœu d'aller en terre sainte. Comme Marseille appartenait à son frère le comte de Provence, il a acheté Aigues-Mortes aux moines de l'abbaye de Psalmondi, afin d'avoir un port à lui sur cette mer. Après plusieurs années de préparatifs, le roi a confié la régence du royaume à la reine Blanche, sa mère, et au jour dit est arrivé à Aigues-Mortes pour s'embarquer avec la reine Marguerite, sa femme, deux de ses frères et toute l'armée des croisés.

Bientôt nous entrons dans les nefs, dont les portes ont été ouvertes pour livrer passage à nos destriers. Quand tous sont entrés, les portes sont reclouées et garnies d'étoupe; car, les nefs une fois en pleine mer, toutes ces portes sont au-dessous du niveau de l'eau.

A un signal donné de la nef royale, les maîtres des navires s'écrient à leurs gens qui sont au *bec* (la proue) : « C'est votre besogne prête. Sommes-nous à point? » Tous répondent que oui. Les prêtres et clercs montent aux châteaux des nefs, et la belle hymne *Veni, creator Spiritus*, entonnée entre le ciel et l'onde par des milliers de voix, annonce qu'en Dieu seul il faut placer notre espoir.

Aussitôt le vent s'engouffre dans nos voiles; aidée par cette brise favorable, la flotte croisée gagne le large et cingle vers l'orient. Quelque temps encore on entend de la terre les chants harmonieux et mourants des matelots italiens, catalans et provençaux, se mêlant au bruit cadencé de la multitude de rames qui frappent l'onde; puis on n'entend plus rien, on ne voit plus rien. La France tout entière est au loin sur les flots dans la personne de son roi.

Le 21 septembre, nous débarquons dans l'île de Chypre, où depuis deux années de grandes provisions ont été entassées à notre intention, et y passons l'hiver.

L'été venu, le 22 juin 1249 nous partons pour l'Égypte avec une flotte si nombreuse, que toute la mer, autant que l'œil peut en embrasser, est couverte de voiles de vaisseaux, au nombre de dix-huit cents, tant grands que petits.

Après quatre jours de traversée, le jeudi après la Pentecôte, le pilote de la nef qui vogue en tête s'écrie : « Dieu nous

aide! Dieu nous aide! nous sommes devant Damiette! » Ces
paroles sont aussitôt répétées de vaisseau en vaisseau ; toute
la flotte entoure la nef *la Monnaie,* que monte notre roi. Les
principaux chefs passent à son bord et reçoivent ses encou-
ragements et ses ordres.

Quand notre cher seigneur aperçoit cette ville aux mos-
quées étincelan-
tes, aux dômes
d'or brillant au
soleil, un saint
enthousiasme
s'empare de lui ;
il découvre sa tête
blonde, montre

En route pour l'Égypte.

Damiette à ses troupes, et du château de sa nef harangue
tous ceux qui peuvent l'entendre. Nos rudes hommes d'armes
venus du pauvre Occident sont éblouis devant cette cité fas-
tueuse ; ils frémissent en regardant leurs épées, sentant bien
que le moment de s'en servir est venu.

Cependant notre flotte a été aperçue du haut des remparts
de Damiette, qui est située à une demi-lieue de la mer,
entre deux bras du Nil. On a fait dire au soudan qu'on
découvre une forêt de mâts et de voiles. Quatre galères
musulmanes que montent d'habiles pirates sont envoyées
pour reconnaître nos forces. Nos galères se dirigent vers
elles à toute vitesse de rames : les infidèles veulent s'enfuir
et rentrer dans le Nil.

Mais les croisés les serrent de près et les accablent de
traits enflammés, de pierres, de vases remplis de chaux, et
lancés au moyen de machines appelées *mangonneaux.* Les
traits percent les pirates et leurs vaisseaux ; les pierres

enfoncent les bordages et les ponts ; la chaux brûle tout ce qu'elle touche. Trois des galères ennemies sont ainsi coulées à fond. La quatrième s'éloigne, entièrement délabrée, et va porter aux musulmans rassemblés sur le rivage la nouvelle de la terrible invasion.

La flotte chrétienne, toute couverte d'étendards au signe de la croix, s'avance pendant ce temps en ordre de bataille, et vient, au milieu du jour, jeter les ancres à un quart de lieue de la côte. Une défense imposante est préparée par le soudan. Sur un bras du Nil, sa flotte, chargée de soldats et de machines de guerre, pavoise le ciel de ses bannières ; sur le rivage, l'armée de terre, commandée par lui-même, nous attend en bon ordre.

Le roi, dans un conseil de guerre tenu sur la plate-forme du château de sa nef, décide que le débarquement aura lieu le lendemain. Toute la nuit nous nous tenons sur nos gardes : la flotte est illuminée de flambeaux ; quelques galères s'avancent près de l'embouchure du Nil pour surveiller les mouvements des Sarrasins.

Dès le point du jour les ancres sont levées ; nous nous mettons en mouvement. Les musulmans se tiennent en armes sur le rivage, au lieu où ils pensent que la descente sera tentée ; l'infanterie, formée en gros pelotons ; les cavaliers, les vêtements aux couleurs éclatantes, brodés d'or, le carquois et l'arc à l'arçon de la selle, caracolent sur le sable en agitant leurs étendards à crinières rouges. Ce sont les *mamelucks* baharites, milice composée d'esclaves turcs achetés sur les bords de la mer Noire et sur ceux de la mer Caspienne, et formés dès leur enfance au métier des armes. Ils sont dévoués à la mémoire du dernier sultan, Malek-Saleh, qui a beaucoup accru leur nombre ainsi que leur

importance, et en a fait la principale force de l'armée égyp-
tienne. Le soudan, commandant en chef des troupes sarra-
sines, est au milieu d'eux, la barbe teinte au henné et tout
couvert d'armes d'or enrichies de pierreries.

La plage retentit du bruit assourdissant des *nacaires* égyp-
tiennes, espèces de tim-
bales gigantesques, ainsi
que du son des trompes
recourbées, si énormes
que deux font la charge
d'un éléphant. A ce ta-
page infernal, nous ré-
pondons par notre vieux
cri de guerre : *Montjoie
et Saint-Denis !* L'attaque
est immédiatement réso-

En reconnaissance.

lue. Les trompettes sonnent de toutes parts, les ancres sont
levées.

Nos vaisseaux s'approchent de plus en plus de la côte ; les
portes des galères s'ouvrent ; nous descendons dans les
barques et les bateaux plats. Les nacaires et cors musulmans
retentissent toujours sur le rivage, et appellent au combat
les Sarrasins, qui accourent en foule.

Notre flottille se range sur deux lignes. Notre cher souverain se place à la pointe de droite. Jamais on ne vit si bel
homme armé : son heaume d'or apparaît au-dessus de toutes
les têtes ; son corps est complètement couvert de mailles. Le
haubert se prolonge sur la tête, où il forme capuchon, et
sur les mains qu'il enveloppe dans une sorte de gant sans
doigts. Les chausses de mailles couvrent les pieds et sont
attachées à la ceinture. Un bonnet rembourré, placé sur le

capuchon, sert d'assiette au heaume cylindrique en fer doré
que surmonte une couronne royale et qui est lacé au dos par
une courroie. Sur le haubert une cotte de soie bleue épaisse,
fleurdelisée d'or, le préserve du soleil et aussi des flèches et
des traits d'arbalète. En main la longue épée d'Allemagne
à cannelures étroites, d'estoc et de taille, se manœuvrant
à deux mains, dont le fourreau est fixé au baudrier par un
lien sans couture. Le pommeau contient une relique surmontée d'une croix d'or. Au flanc gauche, l'écu de France.

A ses côtés le bouillant Robert d'Artois et son autre frère,
le cardinal légat, avec la croix dans les mains, et l'élite des
chevaliers. Une barque le précède, où flotte l'étendard de
France, d'azur, parsemé de fleurs de lis d'or.

A la pointe de gauche, vers l'embouchure du Nil, sur une
galère toute dorée, se distingue le comte de Jaffa. Trois cents
rameurs font voler sur l'onde ce léger bâtiment, qui étale à
la proue et à la poupe d'illustres armoiries, et qui déploie
autour de son pavillon des banderoles de mille couleurs.
Gérard de Brienne, entouré d'une troupe choisie dans laquelle
est le bon sire de Joinville, sénéchal de Champagne, occupe
le centre de la ligne avec Baudouin de Reims. Princes,
barons, chevaliers, tous nous sommes debout sur les bateaux,
l'œil fixé sur le rivage, la lance en main; sur le front et sur
les ailes, une foule d'arbalétriers ont été placés dans des
barques pour écarter les ennemis.

Notre flottille, sous l'effort des rameurs, avance rapidement. Dès qu'on est à portée de l'arc, il part à la fois du
rivage et de la ligne des croisés une nuée de pierres, de traits
et de javelots.

A cette vue, notre vaillant seigneur s'élance tout armé au
milieu des vagues qui l'enveloppent jusqu'aux épaules, et,

suivi de six hommes d'armes, agitant son épée, le heaume
en tête et l'écu au cou, il se précipite devant la masse enne-

Débarquement des croisés
devant Damiette.

mie étincelante
d'or et de fer.
Son exemple est
promptement
suivi : princes et
chevaliers, hom-
mes d'armes et
soldats, chacun
se sent pénétré
du même enthou-
siasme. Tous nous
nous précipitons à travers les eaux sur la route qu'a suivie
notre saint roi, aux cris de : *Montjoie! Saint-Denis!*

Rien ne peut arrêter notre élan : nos braves archers font des prodiges d'adresse et de courage, et nettoient les abords de la plage, où prennent pied les premiers le sénéchal de Champagne et Baudouin de Reims. Au nombre d'une centaine nous les rejoignons au plus vite. L'onde amère ruisselle sur nos armures.

Les mamelucks nous chargent à bride abattue; mais, sans nous laisser émouvoir par leurs hurlements affreux, nous plantons dans le sable la pointe de nos écus, ainsi que le fût de nos lances, et nous nous apprêtons tranquillement à recevoir l'attaque. A la vue de ce rempart improvisé, les mamelucks tournent bride et s'enfuient au plus vite. A mesure que nos compagnons débarquent, ils se rangent en bataille sous les traits mêmes des musulmans, pressent leurs rangs, et, imitant notre manœuvre, présentent à l'ennemi la pointe de leurs lances.

Chevaliers croisés.

L'étendard royal arboré sur la côte annonce que le roi est proche. Tous nous nous rangeons autour du monarque, qui se jette à genoux pour remercier Dieu, et fait bientôt déployer sa tente, d'un rouge éclatant, en face de l'ennemi. Un instant de répit, dont nous profitons pour ôter nos heaumes surmontés de plumails et couverts d'une calotte portant le tortil et le voile à nos couleurs.

Bientôt le roi commande au gonfanon de Saint-Denis et à

ses bannières de se porter en avant. C'est le signal d'une nouvelle attaque. Sur tous les points de la côte, un combat acharné s'engage, tandis que les deux flottes sont aux prises vers l'embouchure du Nil.

Le roi nous commande de nous tenir serrés les uns contre les autres, et nous dit avec calme que les soldats du Christ ne doivent pas craindre cette tourbe de mécréants. Les traits, les flèches, les carreaux d'arbalète pleuvent sur nous en telle quantité, que pluie ni grésil ne feraient plus grande obscurité. Chaque troupe ennemie vient successivement épuiser ses carquois contre nous, puis fait place à une troupe nouvelle. Heureusement nos armures sont de trempe supérieure, et la plupart de ces traits viennent s'émousser sur nos *ailettes* d'épaules, sur nos *broignes* d'anneaux de fer et nos *grèves* d'acier.

L'ennemi emploie alors contre nous un feu, dit le *feu grégeois*, qui semble vomi par l'enfer, et tombe avec un bruit comparable à celui de la foudre en répandant une vive clarté. Nous parons les pots de cette substance infernale qui nous sont lancés en les recevant sur nos *rondelles* ou nos *écus* : car, si ce feu se répandait sur nous, nous serions immédiatement carbonisés. Les Sarrasins, toujours plus nombreux, plus acharnés, comme des nuées d'oiseaux de proie, mettent hardiment de côté les arcs, saisissent la masse et l'épée et répondent à notre choc terrible.

Jamais notre vaillant roi ne retourne son visage ni n'écarte son corps des Turcs. Il encourage et exhorte nos gens à bien faire. Un moment, dans la mêlée, le roi, engagé aussi avant que personne, combat isolé de ses chevaliers; les Sarrasins l'entourent, déjà six d'entre eux cherchent à l'entraîner. Le roi réussit à se dégager à grands coups d'épée. Électrisés par ce généreux exemple, nous nous précipitons à sa suite. Les templiers, le long vêtement blanc flottant, orné de la croix écarlate, chargent, aux cris de guerre de leur ordre : *Beauséant ! Beauséant !* et, conduits par leur grand maître Guillaume de Sonnac, ouvrent de sanglantes brèches dans les légers escadrons des mamelucks.

Au milieu de la mêlée, le bon comte de Soissons plaisante avec le sire de Joinville et lui dit : « Sénéchal, laissons huer cette canaille; car, par la coiffe Dieu (c'était son juron)! nous parlerons encore de cette journée dans les chambres des dames. » Devant notre valeur impétueuse, les musulmans sont contraints de lâcher pied et abandonnent leur

Charge des templiers.

camp; c'est parmi eux un sauve-qui-peut général. En même temps la flotte du Soudan est dispersée; plusieurs des vaisseaux qui la composent sont coulés à fond; les autres remontent le fleuve le plus loin possible.

Nous restons maîtres des bords de la mer et des deux rives du Nil. Partout un champ de bataille glorieux et sanglant nous est laissé. Le fleuve paraît couvert de lances et de boucliers emportés à la dérive, d'hommes et de chevaux roulés par les flots, qui finissent par les engloutir.

Les Égyptiens se sont repliés sur Damiette, et peu de temps après nous avons à contempler un triste spectacle : la ville conquise est en flammes. Les Sarrasins n'ont voulu

nous laisser que des cendres. Enfin, après de longs efforts,
nous nous rendons maîtres de l'incendie. Le soleil va se coucher, mais la chaleur est encore excessive; nous nous em-
pressons de relever nos heaumes, et le roi et les princes en
tête, nous entrons pieds nus dans la ville conquise; bientôt
les voûtes de la grande mosquée retentissent d'un *Te Deum*
triomphant.

La clef de l'Égypte venait de tomber en notre pouvoir
(7 juin 1249).

COCHEREL

(16 MAI 1364)

PAR UN COMPAGNON DE DU GUESCLIN

En l'an de grâce 1364, le roi Charles de Navarre, pour se venger de la prise de son fief de Mantes par le sire de Boucicaut, venait d'envoyer en Normandie une armée de Navarrais, d'Anglais et de Gascons, sous les ordres du captal de Buch, Jean de Grailly. Au nombre de plusieurs milliers d'hommes d'armes et d'archers nous accourons à marches forcées au-devant de nos ennemis, qui ont juré de pousser jusqu'à Reims pour y troubler les fêtes du sacre du jeune roi Charles V.

Messire Bertrand du Guesclin nous commande. Ce vaillant Breton, depuis huit ans déjà, est la terreur des Anglais, qu'il n'a jamais cessé de harceler et de décimer dans plus de cent rencontres.

Messire Bertrand du Guesclin
en armure de guerre

Tout le monde connaît le coup de main hardi grâce auquel,

en 1356, il a pu s'emparer du château de Fougeray, ainsi que ses combats héroïques aux sièges de Rennes (1356) et de Dinan (1359).

C'est un homme de taille moyenne, aux larges épaules, aux longs bras, aux mains petites. Avec son nez camard, ses petits yeux gris clair où la gravité réfléchie s'illumine d'éclairs de malice, avec sa large face ronde, son ample front carré, il n'a rien d'un héros de roman : une véritable mine de sanglier. Son habileté, tout autant que sa force et son courage, tout autant que la dignité morale consciente de son intrépidité et de sa loyauté, a déjà contribué à en faire le plus grand homme de son temps et à lui acquérir ce titre glorieux : *Il fut l'épée et le bouclier de la France.*

L'armée que commande le héros breton s'élève bientôt à une dizaine de mille hommes. Pour la première fois, un simple chevalier a sous ses ordres des princes du sang et les hauts seigneurs de la France; mais il ne se laisse pas intimider par le danger de sa position, et fait publier devant les lignes de bataille l'ordre suivant : « Que celui qui ne se sent pas le cœur de courir les dangers de la campagne sorte des rangs sans crainte; mais aussi que l'on sache que tout homme qui fuira devant l'ennemi sera puni de mort! » La rude harangue de notre chef produit son effet; personne ne sort des rangs, et chacun s'apprête à obéir à la volonté de cet homme extraordinaire, qui tient ce qu'aucun grand seigneur n'a obtenu avant lui, une discipline exacte.

Bientôt du Guesclin nous dirige sur le Pont-de-l'Arche en Normandie. Là, suivant l'usage, les principaux chefs et hauts barons qui nous commandent se réunissent pour mettre en délibération quel sera le cri de guerre pendant la campagne. Chaque banneret a son cri de guerre particulier; mais dans les expéditions on adopte un cri général pour servir de ralliement à toute l'armée, car il est difficile de reconnaître, au milieu de la mêlée, les armures de chaque chef et les diverses bannières, qui se ressemblent beaucoup.

Du Guesclin propose de prendre le cri du comte d'Auxerre; ce seigneur refuse par modestie, et nos soldats, pour terminer cette délibération, poussent celui de *Notre-Dame ! Guesclin!* Les chefs imitent l'exemple des soldats, et le nom du héros breton est proclamé unanimement.

Notre armée est ensuite divisée en quatre corps : le premier sous les ordres de messire Bertrand du Guesclin; le second a pour chef le comte d'Auxerre; le fameux Arnould Cervole, l'archiprêtre, commande le troisième; enfin la réserve, composée de Gascons, est placée sous les ordres d'Aymon de Pommiers.

Enfin nous levons le camp pour marcher à la rencontre de l'armée ennemie, et nous nous dirigeons vers Cocherel, afin d'y passer l'Eure et d'aller occuper les hauteurs qui dominent le bassin dans lequel se trouve la ville d'Évreux. Nous arrivons le 13 mai à Cocherel. Déjà nous traversons la plaine pour gagner la montagne de Ronco, lorsque nous apercevons les étendards écarlates aux trois lions d'or d'Angleterre et aux chaînes d'or de Navarre déployés au sommet. Nous avons été prévenus : les ennemis occupent cette position.

L'armée anglo-navarraise est forte de douze mille hommes. Elle est commandée par le général anglais Jean Jouel et par le captal de Buch. Celui-ci, qui connaît parfaitement la topographie du pays, ayant appris le départ des troupes françaises de Rouen, a jugé prudent de s'établir sur le plateau de Cocherel, dont il a apprécié l'importance.

Du Guesclin s'arrête à la vue de l'ennemi et nous forme

en bataille, la droite appuyée à l'Eure, la gauche au bois
d'Hardencourt, et s'occupe aussitôt du soin de protéger nos
flancs en faisant abattre beaucoup d'arbres et élever des
abatis.

La jeune noblesse française, emportée par son ardeur
naturelle, veut attaquer le captal dans cette position; mais
Bertrand, se sachant en présence d'un ennemi habile et
expérimenté, s'y oppose; nous aussi, ses vieux compagnons
de Bretagne, qui nous rappelons les funestes résultats de la
journée de Poitiers, nous applaudissons à sa sage prudence.

En effet, le captal de Buch, en voyant nos troupes s'établir dans la plaine, a fait agiter ses bannières en signe de
défi; mais il s'est bien gardé de sortir de sa position. Son
armée, déployée en ligne, couronne la crête de la montagne.

Nos deux armées s'observent pendant deux jours. Le captal,
qui reçoit en abondance des vivres de la ville d'Évreux, éloi-
gnée de deux lieues seulement de sa droite, attend le moment où nous serons forcés par la famine de quitter nos
lignes, soit pour battre en retraite, soit pour venir attaquer
sa forte position. Dans ce dernier but il fait dresser devant
nos soldats affamés, sur une colline bien en évidence, des
tables qu'il couvre de vins, de jambons et de toutes sortes
de victuailles. Pas un Français ne quitte son rang.

Le troisième jour, l'impatience commence à nous gagner.
Nous nous trouvons sur pied dès le point du jour, en armure
de guerre, prêts à recevoir l'attaque des Anglais, s'il leur
prend fantaisie de descendre dans la plaine. Vain espoir!
ceux-ci restent immobiles sur la colline : le soleil commence
à monter haut; nous n'avons plus aucunes provisions, ni vin
pour nous rafraîchir.

Nos chefs tiennent de nouveau conseil : les plus jeunes

demandent encore à monter à l'assaut des Anglais. Ceux-ci voient bien notre hésitation, et se disent : « Attendons, car ils vont se décider à venir nous attaquer! » Heureusement les plus sages l'emportent encore dans ce conseil de guerre : « Voyez, disent-ils, ces Anglais si présomptueux, ils ont tout autant envie de combattre que nous; attendons! »

Pendant ce temps, le soleil brûle de plus en plus, et plusieurs des nôtres souffrent terriblement dans leurs armures échauffées.

Alors messire Bertrand nous harangue selon sa coutume, et après nous avoir montré la patrie trahie, morcelée, livrée aux Anglais, il nous parle de l'espoir que le nouveau roi de France fonde sur notre courage et termine en disant : « Pour Dieu! souvenez-vous que nous avons aujourd'hui un nouveau roi de France, et donnons-lui le captal pour étrennes de sa noble royauté! » Ces paroles sont accueillies par nos acclamations enthousiastes. « En avant! en avant! » crie-t-on dans les rangs. Déjà nos chevaux frémissent sous nos jambes, déjà nous abaissons nos lances pour charger; mais messire Bertrand contient notre ardeur, car les ennemis n'ont fait aucun mouvement.

Pour les y décider, il faut simuler une retraite. C'est à quoi se décide le rusé Breton. « Seigneurs, dit-il à nos officiers, voici ce qu'il faut faire. Nous allons faire semblant de nous éloigner, aussi bien nos soldats souffrent trop de la chaleur. Nous faisons filer nos chevaux sur ce pont pour regagner nos logis. Pendant ce temps nous resterons l'œil aux aguets. S'ils veulent réellement combattre, ils descendront pour nous attaquer pendant notre retraite. Nous nous retournerons alors et les aurons en meilleure position. » On trouve le conseil bon. Chacun regagne de nouveau sa ban-

Bannières, armes et armures de messire
Bertrand du Guesclin.

nière. Les trompettes sonnent. Les chevaliers, écuyers et gens d'armes ordonnent à leurs varlets de passer avec leurs destriers de l'autre côté du pont. Le mouvement commence. Nos varlets passent, et nous commençons à les suivre.

Quand messire Jean Jouel, chevalier ardent et qui désire fort combattre les Français, voit notre retraite, il crie au captal de Buch : « Sire, sire, descendons vivement. Ne voyez-vous pas qu'ils s'enfuient ?

Le captal, en voyant s'exécuter ce mouvement, ne doute pas que ce ne soit un piège que lui tend son adversaire. « Messire Jean, messire Jean, réplique-t-il; ne croyez pas que de si vaillants hommes s'enfuient ainsi. C'est une ruse pour nous faire quitter notre position. »

Mais Jean Jouel ne l'écoute point : il s'écrie que les Français fuient et que son maître ne lui pardonnera jamais d'avoir laissé se sauver un homme qui a fait tant de mal à l'Angleterre ; et, se tournant vers ses Anglais, il leur dit : « Par saint Georges ! passez avant, et qui m'aime me suive ! Je m'en vais combattre. » Il court aussitôt l'épée au poing et est déjà au bas de la montagne, suivi de sa division, avant que le captal ait bougé, et se précipite sur l'arrière-garde de notre armée, dont les deux premières lignes ont déjà franchi la rivière.

Le captal hésite encore sur le parti qu'il a à prendre ; du Guesclin, qui observe avec attention les mouvements de l'ennemi, voyant que les bannières écarlates aux chaînes d'or des Gascons ne s'ébranlaient pas encore, pense qu'il a le temps de reprendre sa première position. Il donne l'ordre aux troupes qui n'ont pas encore passé le pont d'arrêter les Anglais, et s'empresse de ramener dans la plaine les deux premières divisions.

De son coté, le captal, voyant que l'action va s'engager sérieusement et que Jean Jouel veut combattre sans lui, il le tient pour présomptueux et dit à ses compagnons : « Allons, descendons vivement la montagne, messire Jean Jouel n'ira pas sans nous au combat. » Toute la troupe des Gascons s'avance donc, son chef en tête et la lance en avant.

Pendant ce temps les ordres de notre vaillant chef ont été exécutés avec ensemble et rapidité. Quand nous avons vu les Anglais en plaine, nous nous sommes tous écriés joyeusement : « Enfin voici donc ce que nous avons désiré tout le jour ! » Puis nous nous retournons tous d'un élan, en criant d'une seule voix : « Notre-Dame ! Guesclin ! »

Nos bannières rouges traversées par une croix blanche, qui figure également sur nos cottes d'armes, insigne adopté par notre armée pour nous distinguer des Anglais, se dirigent vers les drapeaux blancs à croix rouge de Jean Jouel. Notre deuxième corps, commandé par le comte d'Auxerre, franchit le pont de Cocherel et vient prendre la gauche de notre arrière-garde, engagée déjà avec les Anglais; notre aile droite passe la rivière à la nage et arrive presque en même temps que l'autre sur le champ de bataille, de sorte que

« En avant ! Notre-Dame ! Guesclin ! »

notre armée se trouve de nouveau rangée en ligne avec une promptitude sans exemple jusqu'alors.

Au moment où messire Jouel est descendu, suivi de ses compagnons, il marchait avec la certitude de la victoire et croyait n'avoir qu'à poursuivre des fuyards; mais, en nous voyant nous retourner, il reconnaît qu'il s'est trompé. Toutefois, comme c'est un homme de grand cœur, il ne s'étonne de rien et se met en devoir de tout gagner à force d'exploits. Il se précipite courageusement sur notre bande de Bretons. Là se font de beaux exploits, car il est brave chevalier. On se disperse de tous côtés dans la plaine; on s'attaque du trait, de la lance, de l'épée, de la masse d'armes; on se heurte avec la plus grande vigueur.

Les Anglais crient : « Saint-Georges! » les Français : « Notre-Dame! Guesclin! » L'indécision du captal nous a servi admirablement, car il ne descend de la montagne qu'après la défaite des Anglais par nos Bretons, et pour en recueillir les fuyards.

Voyant alors dans quel piège du Guesclin l'a entraîné, il veut en sortir en opposant la ruse à la ruse. Il a été informé qu'un corps de douze cents cavaliers normands va arriver pour renforcer son armée, qui n'a que peu de chevaux, et veut gagner du temps pour attendre ce renfort. Suivant l'usage, il envoie un héraut d'armes d'Angleterre, le roi Faucon, demander une trêve de quelques heures.

Mais messire Bertrand ne veut point y adhérer; se tournant vers nous : « Compagnons, nous dit-il, nous venons de tendre nos filets; les oiseaux s'y sont fait prendre. » En même temps il donne l'ordre aux trompettes de sonner la charge, et l'action devient générale.

Les ennemis se conduisent alors en braves chevaliers. Reculant un peu, ils resserrent leurs rangs, puis les ouvrent tout à coup pour livrer passage à une troupe d'infanterie qui se trouve derrière eux. Ce sont les redoutables archers gascons auxquels l'Angleterre est redevable de ses victoires de Crécy et de Poitiers.

Aussitôt que la troupe d'archers du captal est arrivée en première ligne, elle prend position; chaque homme enfonce devant lui le pieux qu'il porte, comme le soldat romain, et y appuie son bouclier, qui a un mètre de haut sur quarante centimètres de largeur.

Le front de bataille sur ce point présente alors un rempart instantané, hérissé de fauchards ou de bâtons aigus, d'où les archers commencent à faire pleuvoir une grêle de traits avec leur habileté accoutumée. Afin d'obtenir un tir rapide, ils ont placé les flèches sur leur pied gauche, de manière à les saisir de la main droite, sans détourner les yeux du but, et lancent ainsi douze flèches pendant que nos arbalétriers tirent à peine un seul carreau.

Armure du chevalier vers la fin du xive siècle.

Mais ces terribles décharges ne produisent heureusement que peu d'effet sur nos solides armures de fer.

A cette époque, l'armure du chevalier est complète et a fait un réel progrès sur les cottes de mailles du siècle précédent. L'homme d'armes a remplacé le heaume par le *bacinet*, composé d'une cervelière avec capuchon de mailles et d'une visière mobile, en forme de museau pointu, pour mieux faire glisser les coups de l'adversaire. La cotte de mailles et les chausses ont fait place à la cuirasse bombée, à laquelle est ajouté un *faucre* au-dessus du sein droit pour appuyer la lance, qui est trop lourde. Cette cuirasse est prolongée par une *braconnière* qui protège le ventre et les hanches; de larges *tassettes* ou cuissards, attachées à la braconnière, recouvrent les cuisses, des *spollières* garantissent les épaules; des *plates* à charnières couvrent les bras et les jambes; des *cubitières* aux coudes, des *genouillères* aux genoux, des *gantelets* aux mains,

Bataille de Cocherel. — Le captal de Buch se rend à du Guesclin.

des *solerets* pointus, dits à la poulaine, empêchent le pied de sortir de l'étrier. Outre l'épée ordinaire et la dague suspendues à la ceinture de métal, chaque homme d'armes est armé d'une grande épée à deux mains, qui, à cheval, se pend à l'arçon de la selle. Un écu armorié est attaché sur l'épaule gauche.

Nos chevaliers, au moment d'engager l'action à pied, afin de rendre plus maniables leurs lourdes lances pourvues d'une rondelle d'acier qui protège la main, les ont raccourcies et taillées avec leurs haches d'armes. Grâce à nos armures impénétrables, nous avançons comme une muraille de fer, malgré la grêle des flèches qui pleuvent toujours et viennent s'émousser sur nos casques et nos cuirasses.

Bientôt on s'aborde avec fureur, au choc de la lance, au tranchant de la hache ou de l'épée. Les armes volent en éclats. On est si près, qu'on lutte à armes courtes et qu'on fait un grand nombre de prisonniers. Les morts et les blessés sont en proportion.

Notre troupe de Bretons, qui tient le centre, fait merveille sous les yeux de du Guesclin; déjà nous avons fait plier le corps du captal, quand nous apercevons notre aile droite faiblir contre les attaques des soldats navarrais que commande le baron de Mareuil. Fier de son avantage, ce seigneur appelle du Guesclin à haute voix pour se mesurer avec lui. Celui-ci, avec cette rapidité d'action qui lui est propre, accourt pour rétablir le combat sur ce point. En entendant son nom répété par son ennemi, il fond sur lui avec fureur, et du premier choc l'abat de cheval. Il va l'achever à coups de lance, lorsqu'un flot de combattants l'entraîne loin de là.

La lutte est vive et meurtrière; la bannière de du Guesclin, où flotte l'aigle noire à deux têtes sur champ d'argent, est deux fois abattue et deux fois relevée.

Le sire de Mareuil, échappé miraculeusement à la mort, s'est remis de sa chute et se bat avec un acharnement nouveau. Il tue de sa main le sire de Hennequin, grand maître des arbalétriers français, lorsqu'à son tour il a la tête fendue d'un coup de hache que lui porte le jeune comte de Châlons. Les Navarrais, privés de leur chef, reculent aussitôt; notre aile gauche ressaisit son avantage.

Cependant la mêlée continue toujours terrible à l'endroit

Taillis des lances.

où combat le captal de Buch. Ce vaillant guerrier, reconnaissable à sa cotte d'armes de velours, et armé d'une hache aux reflets fauves, lance de tels coups, que nul ne peut l'approcher.

Du Guesclin réunit alors trente chevaliers gascons, montés sur des chevaux frais et reposés, et, leur indiquant le but à atteindre, les lance sur le captal avec ordre de l'enlever à tout prix. Ces trente vaillants se précipitent au galop, parviennent à ouvrir la foule et entourent le chef ennemi. Là, se jetant sur lui, ils le prennent à bras le corps et s'efforcent de quitter la place en l'emportant.

Une affreuse boucherie a lieu sur ce point, où affluent tous les ennemis en criant comme des forcenés : « Rescousse au captal! rescousse! » Le captal, assailli par plusieurs chevaliers à la fois, se défend héroïquement. Enfin un écuyer breton, du nom de Roland Bodies, fait voler sa lance en éclats, le saisit par le corps et le désarçonne. Mais le captal en se débattant va le percer de sa dague, lorsque du Guesclin le désarme et le fait prisonnier.

Aussitôt après la capture du chef de l'armée ennemie, nos Gascons se dirigent vers un buisson où est fiché le pennon de ce capitaine. Là le combat recommence de plus belle, car l'étendard est vaillamment défendu par des gens d'élite, commandés par Geoffroy de Roussillon. Bien des hommes sont tués, blessés, renversés et pris. Enfin les Anglais sont rompus et bousculés, et Geoffroi de Roussillon fait prisonnier par Aymon de Pommiers. Le pennon est pris, déchiré, renversé.

L'acharnement dans cet engagement a été atroce. Les combattants, se prenant corps à corps, se servent de toutes armes, et surtout de leurs haches, dont ils donnent des coups terribles. Les sires Petiton de Curton et le Soudieh de l'Estrade tombent gravement blessés. De notre côté, un jeune chevalier de grande espérance, le vicomte de Beaumont, est atteint de plusieurs blessures et emporté à grand'-peine par ses gens hors de la mêlée.

Quant à messire Jean Jouel, il ne veut jamais reculer; enfin, percé de coups, il s'affaisse et est fait prisonnier. La prise de ce chef et la chute de l'étendard décident de la victoire.

Il est temps que la bataille soit terminée, car les mille cavaliers normands dont le captal de Buch attendait l'arrivée commencent à déboucher dans la plaine aux cris de Saint-Georges et Navarre! Du Guesclin les laisse s'avancer jusqu'à portée de trait, et, les ayant fait envelopper, les oblige à se rendre prisonniers. Quant aux Anglais, peu se sauvèrent : ils furent presque tous pris ou tués.

L'officier chargé d'annoncer au roi de France la nouvelle de la victoire de Cocherel arriva à Reims au moment où l'archevêque allait commencer la cérémonie du sacre de Charles V. L'enthousiasme fut extrême; des cris de triomphe et de joie s'élevèrent spontanément dans l'église métropolitaine, et eurent dans toute la France un grand retentissement. Le règne du nouveau roi, inauguré par une grande victoire, parut à la nation le présage d'une ère nouvelle de prospérité et de grandeur, et le nom de du Guesclin se confondit dans l'admiration publique avec celui du nouveau monarque.

ORLÉANS

(1er OCTOBRE 1428 - 8 MAI 1429)

PAR UN CANONNIER BOURGEOIS

La France presque tout entière était tombée au pouvoir des Anglais. Le régent Bedford occupait Paris, et notre pauvre petit roi Charles, septième du nom, n'avait plus son autorité reconnue que par nos provinces du centre.

Le duc de Bedford, régent du royaume de France au nom de Henri VI d'Angleterre, résolut, en 1428, de tenter une grande expédition contre le roi Charles VII lui-même, de le chasser des provinces centrales et de le pousser jusqu'au pied des Pyrénées. C'était le dernier coup qui devait détruire la maison de Valois. En conséquence, il réunit une armée de vingt-cinq mille hommes de vieilles troupes et en donna le commandement au comte de Salisbury, un des héros de la journée d'Azincourt.

La marche du capitaine anglais fut rapide. En moins d'un mois il enlève Jargeau, Janville, Meung-sur-Loire, Thoury, Beaugency, Marchenoir, la Ferté-Hubert, s'approchant ainsi pas à pas d'Orléans.

Orléans, l'une des plus anciennes cités des Gaules, est

sans contredit la position la plus capitale du royaume puisqu'elle forme le sommet du rectangle de la Loire et paraît être le premier rempart de Paris du côté du midi. On l'appelle avec raison le *cœur* de la France. Cette ville, bâtie tout entière sur la rive droite du fleuve, s'est considérablement accrue depuis cent ans. Elle est entourée d'une ceinture de murailles épaisses de deux mètres, élevées sur les fondements romains, et renforcées par des tours à trois étages, les unes rasées, les autres couvertes.

Les neuf portes de la ville, resserrées chacune entre deux de ces tours, sont en outre défendues par des boulevards, ouvrages en terre de forme carrée, entourés d'un fossé et d'une forte palissade.

Le pont placé en dehors de l'enceinte forme la prolongation des remparts. Ce pont a dix-neuf arches. Au milieu s'élève une porte. Du côté de la ville, l'entrée du pont est défendue par deux fortes tours qu'un pan de muraille lie entre elles. La tête du pont du côté du midi se forme d'un massif de tours appelées les *Tournelles*. La ville a la forme d'un parallélogramme presque parfait; ses murailles embrassent une étendue de mille toises.

Orléans fait l'office d'une immense tête de pont sur la Loire; elle est donc la porte du Berry, du Bourbonnais, du Poitou. Elle prise, le roi de Bourges devient le roi du Languedoc et du Dauphiné.

Depuis longtemps déjà nous nous attendions à ce siège. Bien avant même que les Anglais soient arrivés en vue de nos remparts, nous nous sommes mis courageusement à l'œuvre, en fortifiant le corps de la place et en brûlant nous-mêmes nos faubourgs de la rive gauche, ainsi que les maisons qui bordent le fleuve. Notre gouverneur militaire nommé par le roi, le sire Raoul de Gaucourt, est un des plus vaillants bannerets de l'époque. Il s'est trouvé à Rosbecq et à Nicopolis. Les Anglais l'ont tenu treize années captif, parce qu'il s'est obstiné à défendre contre eux Harfleur, dont les habitants leur ont ouvert les portes.

La garnison n'est que de cinq cents hommes au plus, mais tous vieux routiers et blanchis sous le harnais, et les Orléanais sont animés d'un grand patriotisme. La ville renferme trente mille habitants, divisés en huit quartiers ayant chacun un chef particulier.

Ces magistrats, dont la fermeté sera un des plus puissants éléments de la défense, requièrent tous les hommes de dix-huit à cinquante ans pour défendre les murailles. D'ailleurs, nous autres, les bourgeois d'Orléans, nous comptons bien ne pas nous ménager. Nous formons trente-quatre compagnies à pied et de gens de trait, et

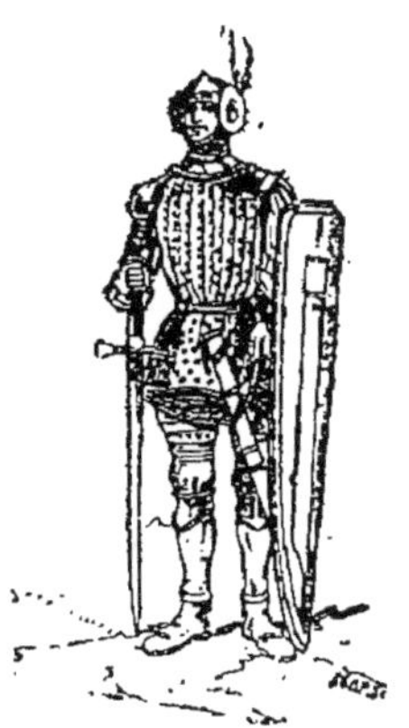

Homme de pied
de la milice bourgeoise
d'Orléans.

chacune s'est chargée de défendre une des trente-quatre tours de l'enceinte. Nous possédons une grande quantité d'armes, une nombreuse artillerie. Nous ne désespérons pas de sortir victorieux de ce siège.

Toutes nos dispositions sont prises quand, le 1er octobre 1428, l'ennemi, dont la marche est annoncée par la fumée des villages qu'il brûle sur son passage, arrive en vue d'Orléans.

Le comte de Salisbury fait une reconnaissance du côté d'Ingré. Les troupes anglaises sont repoussées dans cette première rencontre, et nos braves bourgeois rentrent en ville tout fiers d'avoir fait fuir devant eux les croix rouges des soldats anglais. Le sire de la Poole, après avoir exploré la rive gauche, passe la Loire à Jargeau, et vient attaquer la tête du pont d'Orléans par le chemin d'Olivet. Il est également repoussé. Le comte de Salisbury, traversant à son tour la Loire à Melun, vient reconnaître le faubourg Saint-Augustin, qui masque la tête du pont et dont l'incendie dure encore.

Le général anglais établit ses troupes sur les décombres de ce faubourg et les distribue sous les ordres de ses plus braves chefs : Guillaume de la Poole, comte de Suffolk; lord Talbot, l'*Achille anglais;* Falstaff, William Glasdale, celui qui a fait vœu de tout tuer dans Orléans.

Le siège commence avec une égale ardeur des deux côtés. L'artillerie des assiégeants est mal servie, et nous nous gaudissons beaucoup de la maladresse des canonniers anglais, qui lancent dans la place des boulets de quatre-vingts livres et ne tuent personne.

Notre brave artillerie bourgeoise y va tout autrement. Chaque canon a son nom et sa besogne particulière. Le bon *Riflard* tue son homme à chaque coup; le *Chien de Montargis* lance des boulets de cent vingt livres.

L'un de nos maîtres canonniers, maître Jean, Lorrain d'origine, et sa couleuvrine font aussi merveille. Il l'a mise sur un chariot léger, et les Anglais le trouvent partout, abattant chefs et soldats : un jour lord Grey, un autre jour le maréchal du camp. Furieux contre cet adroit tireur qui met hors de combat ses officiers et ses meilleurs soldats, le comte de Suffolk tient à cœur de se défaire de ce redoutable adversaire; aussi sa présence est-elle signalée à tous les canonniers et archers anglais, et dès que maître Jean paraît aux créneaux, où il s'annonce toujours par des *gausseries,* une pluie de traits et de boulets tombe sur lui. Très souvent maître Jean se laisse choir comme frappé d'un coup mortel; on l'emporte dans une civière, et les Anglais de rire; l'instant d'après maître Jean et sa coulevrine recommencent de plus belle.

Le 28 octobre, le comte de Salisbury ordonne une attaque

Maître Jean le Lorrain et sa coulevrine.

générale. L'assaut commence à midi. Il est rude et meurtrier. Notre artillerie tonne avec fracas et enveloppe les remparts d'un épais nuage de fumée. On entend alors dans toute la vallée une terrible tempête et un cliquetis effroyable de coulevrines et de ribeaudequins. A la cathédrale, le gros bourdon sonne le tocsin à toute volée. A un moment notre artillerie, ayant épuisé toutes ses munitions, ne peut plus jouer; les assiégeants profitent de cette circonstance pour combler les fossés et monter à l'escalade en se servant d'échelles énormes. Mais ils sont arrêtés sur les remparts par les soldats et les habitants, qui tous rivalisent de courage et d'enthousiasme. Après six heures d'assaut, l'ennemi se retire, ayant perdu beaucoup de monde; de notre côté, quatre cents des nôtres sont étendus sans vie sur les murailles ensanglantées.

Le comte de Salisbury, désespérant de se rendre maître de la ville du côté du pont, résout de se porter sur la rive droite du fleuve et de bloquer la place en fermant étroitement toutes les issues. A cet effet il monte sur le haut d'une tourelle qui domine Orléans, et d'où il peut découvrir les points les plus faibles.

A ce moment, et sans s'en douter, un jeune écolier fait le meilleur coup de notre artillerie. C'est l'heure du dîner, nos canonniers bourgeois se sont retirés pour prendre leur repas; cet enfant, arrivant sur la tour Notre-Dame, en ce moment déserte, aperçoit sur le rempart une pièce toute chargée, y met le feu, et de peur se sauve; le boulet va droit au visage du comte de Salisbury, à qui William Glasdale disait dans ce moment même : « Milord, vous voyez votre ville! » L'Anglais tombe aux pieds des officiers qui l'accompagnent, la moitié de la tête enlevée, et meurt le lendemain de cette horrible blessure.

Le même jour, le bâtard d'Orléans, le beau et brave Dunois, entre dans la place. Il a à cœur de sauver cette ville, qui est le dernier rempart de la France et l'apanage de son frère, prisonnier à Londres.

Six à sept cents soldats l'accompagnent, ainsi que les meilleurs chevaliers du temps, le maréchal de Boussac, Xaintrailles et le fameux la Hire, celui-là qui, avant de marcher au combat, faisait tout haut cette prière : « Dieu, je te prie que tu fasses aujourd'hui pour la Hire ce que tu voudrais que la Hire fît pour toi, s'il était Dieu et que tu fusses la Hire. »

Cependant nos bons coups et nos railleries ne déconcertent

en rien la ténacité britannique. Les Anglais élèvent autour de la ville six tours dans chacune desquelles peuvent se loger un millier d'hommes. Ces tours ou bastilles sont faites en planches et en terre ; elles sont liées entre elles par des tours plus petites et par un double rang de fossés. La ville se trouve aussi entourée d'une ceinture de fortifications formant un arc dont la Loire est la corde. Ces travaux terminés sur la rive droite, ils en font exécuter de pareils sur la rive gauche, où ils construisent quatre autre bastilles, dont l'une est élevée dans l'île Charlemagne et au moyen de laquelle ils relient les deux rives par des ponts de bateaux.

Les Orléanais sont atterrés en voyant ces formidables dispositions, car il devient impossible de faire entrer des renforts dans la place. Malgré les exhortations de Dunois, qui ne cesse de nous répéter que Charles VII va arriver avec une armée pour forcer les Anglais à lever le siège, le découragement commence à s'emparer de nous.

Six mois déjà sont passés, les vivres diminuent. Orléans est réduit à toute extrémité. Dans cette situation critique, nous offrons de rendre notre ville au duc de Bourgogne. Une députation est envoyée dans ce but à ce prince ; mais le régent Bedford fait cesser toute négociation en s'écriant : « Les Anglais ne battent pas les buissons pour que les autres prennent les oisillons. »

En même temps Xaintrailles, qui a fait partie de cette députation, rentre dans Orléans et dit à nos notables d'une voix émue : « Le duc de Bourgogne n'a rien pu obtenir de Bedford. Le régent exige qu'Orléans se rende à discrétion ; il veut la traiter comme Harfleur, la peupler d'Anglais et transporter les habitants dans le pays de Galles. » A ces paroles, une douloureuse indignation s'empare de nous tous ; nous nous écrions qu'il vaut mieux périr que de subir pareille loi.

En même temps Dunois a été informé par deux hommes venus à la nage que le roi lui envoie un convoi considérable par une jeune fille suscitée par le Ciel pour exterminer les Anglais. Le bâtard d'Orléans nous fait aussitôt connaître le contenu de la dépêche royale : la ville ne peut être sauvée que par un miracle, on se prend à croire au miracle. Le nom et l'histoire de Jeanne, la jeune bergère de Vaucouleurs, sont bientôt dans toutes les bouches.

Le 29 avril 1429, au matin, nous apercevons au loin de fortes colonnes de poussière s'élever du côté de la Sologne, dans la direction indiquée pour la marche du convoi. Plus de doute, ce sont nos libérateurs. Dunois commande une vigoureuse sortie pour leur donner la main. L'élan de notre troupe est tel, que plusieurs routiers et bourgeois pénètrent jusque dans la tente de Talbot et lui enlèvent ses effets les plus précieux, notamment le manteau de l'ordre de la Jarretière, ainsi que de riches armures.

Vers huit heures du soir, une grande rumeur se fait entendre du côté de la porte de Bourgogne : « La voilà, notre libératrice, la voilà ! » s'écrie-t-on de toutes parts. Alors un spectacle imposant et éclairé par la lueur des flambeaux, car il est près de huit heures du soir, s'offre à nos yeux.

Jeanne, la bonne Lorraine, nous apparaît comme l'ange du Dieu des armées. C'est une jeune fille de seize à dix-sept ans, d'une taille noble et élevée, d'une physionomie douce mais fière, d'un caractère remarquable par un mélange de candeur et de force, de modestie et d'autorité.

Intrépide, infatigable, sobre, pieuse, familiarisée de bonne heure avec des exercices pénibles, elle a parcouru en onze jours les cent cinquante lieues qui la séparaient de l'armée française, à travers un pays coupé de profondes rivières, dans la plus mauvaise saison de l'année et au milieu des troupes anglaises. Elle est armée tout en blanc, et monte un grand coursier noir, richement caparaçonné, qu'elle manie avec beaucoup de dextérité.

Son visage est à découvert; sa longue chevelure blonde flotte sur ses épaules; à l'expression angélique et cependant si terrible de sa physionomie, on croirait voir l'archange saint Michel.

En avant de Jeanne marche son écuyer portant la bannière de la gente damoiselle, qui est blanche, la nouvelle couleur nationale que la

Entrée de Jeanne d'Arc à Orléans.

France vient d'adopter en haine des Anglais, qui ont pris le rouge, couleur de l'oriflamme de Saint-Denis. Sur la bannière de celle que la voix populaire appelle déjà « la fille au grand cœur » est peinte la figure du Christ assis sur un arc-en-ciel, tenant le globe du monde à la main;

à la droite et à la gauche, deux anges, un lis à la main, sont en adoration.

A l'extrémité de l'étendard, dont l'étoffe est semée de lis d'or, est écrite la devise *Jésus! Maria!*

L'enthousiasme est à son comble. Tous nous nous sentons réconfortés et comme désassiégés par la vertu divine qu'on nous a dit être dans cette simple jeune fille. Le prévôt de la ville vient la complimenter. L'air retentit des plus vives acclamations. Tout le monde veut voir la jeune héroïne; tous se pressent autour d'elle; hommes, femmes, enfants, cherchent à la toucher, à toucher au moins son cheval. Les mères s'agenouillent devant elle et lui présentent leurs petits enfants pour qu'elle les bénisse.

Bris de lances.

Dunois marche auprès d'elle, ainsi que les généraux de l'armée. Tout en parlant doucement à ce peuple, Jeanne va jusqu'à la cathédrale, où elle s'arrête pour rendre grâces à Notre-Seigneur, puis vient à l'hôtel du trésorier du duc d'Orléans, Jacques Boucher, dont la femme et les filles les reçurent.

L'arrivée de Jeanne a porté la consternation dans le camp des Anglais. Ceux-ci croient toutes puissances de l'enfer conjurées contre eux. Jeanne, qui est une sainte dans les murs d'Orléans, est une sorcière dans les bastilles ennemies. Les rudes Anglo-Saxons l'accablent d'injures grossières,

Orléans. — Jeanne d'Arc blessée.

l'appellent vachère, ribaude, autrement encore, et n'en ont pas moins d'elle une peur effroyable.

Dès le lendemain de son arrivée, Jeanne veut attaquer sur-le-champ les bastilles anglaises; mais Dunois juge prudent d'attendre les renforts qui doivent arriver de Blois. En attendant, Jeanne fait chaque jour des chevauchées autour des murailles, et le peuple la suit sans souci du danger. Elle va visiter de près les fameuses bastilles que les Anglais ont baptisées : Paris, Rouen, Londres. Il n'en sort pas un trait sur elle ni sur son escorte.

Le chevalier la Hire.

Enfin le 4 mai, veille de l'Ascension, les renforts annoncés pénètrent dans Orléans, étendards déployés et précédés de prêtres chantant des psaumes. Dans l'après-midi de cette même journée, Jeanne prenait quelques instants de repos, quand elle est tout à coup réveillée par un grand tumulte. Ce sont les Français qui attaquent la bastille Saint-Loup et sont vigoureusement ramenés.

Jeanne sort précipitamment, saute sur son cheval, et, brandissant son grand étendard blanc, se dirige à fond de train sur le lieu du combat. Là elle ranime aussitôt le courage des assaillants, qui emportent la bastille et l'incendient. Notre bon peuple d'Orléans court aux églises remercier Dieu, et le son des cloches porte comme un retentissement de cette joie publique aux Anglais, étonnés d'être vaincus.

Le lendemain on voit ces redoutés soldats évacuer leurs bastilles au midi d'Orléans, à l'exception de deux, où ils concentrent toutes leurs forces, celle des Augustins et celle des Tournelles. On décide aussitôt de les attaquer.

Le 6 mai; au matin, au nombre de trois mille hommes environ, nous traversons la Loire sur des barques et touchons à la rive gauche.

Jeanne débarque la première et s'avance fort résolue. Ral-

Jeanne d'Arc sort d'Orléans et attaque les Tournelles.

liant les siens, qu'une première panique a fait fuir, elle plante sur le bord du fossé son étendard, et nous nous précipitons autour de la sainte bannière. Deux chevaliers arrivent aux palissades. Aux grappes de raisin peintes sur la *targe* que l'un d'eux porte suspendue sur l'épaule gauche, on reconnaît les armes de la Hire.

Mais un Anglais, grand, puissant et fort, occupe à lui seul tout le passage et les tient en échec. On le signale au fameux canonnier Jean le Lorrain, qui l'abat d'un coup de sa coulevrine. Le malheureux Anglais tombe la *salade* trouée par le projectile qui vient de lui fracasser le crâne. Les deux chevaliers entrent alors dans la bastille suivis des Français, animés d'une ardeur surnaturelle. Quatre cents Anglais sont tués. Jeanne y est blessée au pied par une chausse-trape. On l'emporte sur une espèce de brancard.

Le lendemain 7 mai, l'armée, la milice bourgeoise et tout le peuple se portent contre les Tournelles.

Jeanne, qui malgré sa blessure est revenue au combat, monte encore la première à l'assaut et est frappée d'une flèche qui lui entre de trois pouces entre la gorge et l'épaule. L'intrépide jeune fille arrache elle-même le fer, se fait panser et vient reprendre sa place au plus fort de la mêlée. Cette blessure de Jeanne ne fait qu'animer nos soldats. L'assaut recommence avec une nouvelle fièvre.

En même temps on rétablit le passage sur le grand pont dont les Anglais ont détruit une arche. Un chevalier de Saint-Jean, le commandeur de Girème, passe le premier, suivi d'un flot de combattants. Des deux côtés l'attaque est donnée. Emportés par un élan irrésistible, nous nous précipitons à l'envi dans les fossés à moitié comblés par les fascines et les cadavres, nous escaladons les murs et enlevons ces derniers retranchements, où flotte déjà l'étendard de Jeanne. Le carnage est effroyable : cinq cents Anglais sont passés au fil de l'épée ; William Glasdale avec une trentaine de soldats s'engage sur un petit pont ; une bombarde vient à briser ce passage, et les Anglais tombent tout armés dans le fleuve, où ils se noient.

Les Tournelles prises, il ne reste plus un Anglais au sud de la Loire. Le lendemain 18 mai, Suffolk et Talbot évacuent les bastilles du nord, abandonnant munitions, artillerie, bagages, un grand nombre de prisonniers et de malades. Les soldats, les miliciens bourgeois, la population, tous, en un mot, nous voulions poursuivre les Anglais. Jeanne le défendit. « Ils s'en vont, dit-elle, ne les poursuivons outre et ne les tuons, car c'est aujourd'hui dimanche. »

Le canon qui grondait en signe de réjouissance, les cloches qui sonnaient à toute volée, les cris de triomphe et de joie qui s'élevaient de toutes parts dans la ville, saluèrent le départ de l'armée anglaise. La ville d'Orléans était délivrée.

FORNOUE

(6 JUILLET 1495)

PAR UN GENTILHOMME DES *VINGT-ÉCUS*

En l'an 1493, le roi de France, Charles VIII, petit de corps et grand de cœur, poussé par les princes de son sang et la noblesse de France, qui affirmaient que le royaume de Naples et de Sicile lui appartenait, considérant en outre que la France était paisible et ne redoutait aucun de ses voisins, entreprit de recouvrer ce royaume de Naples.

Pour cela il fit assembler une grosse armée bien munie d'artillerie et passa les monts. Cette conquête ne fut qu'une promenade. Il n'y eut pas besoin de rompre une seule lance.

Naples reçut nos troupes avec un enthousiasme indescriptible. Une fois là, les Français ne songèrent qu'à jouir de leur facile victoire. Charles VIII se fit couronner roi de Naples, empereur d'Orient et roi de Jérusalem. Nous étions plongés dans la plus entière sécurité, lorsqu'un soir, deux mois après son entrée triomphale, notre roi reçoit une lettre de son ambassadeur auprès de la république de Venise, Philippe de Comines, le célèbre historien. Une ligue formidable des princes italiens et des souverains de l'Europe a été conclue contre lui.

Il faut se hâter. Laissant quatre mille hommes de garnison, Charles VIII quitte Naples, le 20 mai 1495, pour regagner la France. Nous traversons Rome, où nous séjournons trois jours. Notre armée, forte de mille lances françaises, de trois cents lances italiennes commandées par Trivulce, de trois mille fantassins suisses, et de deux mille autres fantassins français gascons, se dirige sur trois colonnes de Rome vers la Toscane.

Le 13 juin, à Sienne, nous sommes rejoints par Philippe de Comines, qui nous annonce qu'une armée de quarante mille confédérés italiens nous attend de l'autre côté des Apennins. Les populations se sont levées en armes pour nous fermer le passage, et réaliser ainsi une vieille prophétie du temps de Charlemagne, qui annonçait que l'Italie serait *le tombeau des Français*. Arrivée à Pontremoli, au pied des Apennins, notre avant-garde, conduite par le maréchal de Gié et par Trivulce, surprend la ville et la livre aux flammes. Cette avant-garde traverse aussitôt les montagnes et va s'établir en face de l'ennemi à Fornoue.

Ces monts des Apennins, sur lesquels nul sentier n'a été tracé, s'élèvent au-dessus de Pontremoli par une pente rapide que les mulets ont peine à franchir, et descendent ensuite avec la même rapidité vers un vallon pour remonter encore. En arrivant à son tour au pied de ces montagnes, qui se dressent en ressauts brusques, hérissés de rochers derrière lesquels sont établis les quarante mille Italiens, le gros de notre armée présente la plus étrange confusion.

Le découragement des chefs et des soldats est au comble. Cependant il faut s'engager dans des défilés impraticables pour la cavalerie, et à plus forte raison pour l'artillerie, qui est encore peu mobile.

Nos généraux, après plusieurs reconnaissances, déclarent qu'il est impossible de faire passer les grosses pièces et proposent de les détruire. Le roi s'y oppose avec force. « C'est mon artillerie, dit-il, qui nous ouvrira le chemin de la France, que vous n'espérez plus revoir; il faut qu'elle franchisse les Apennins. » En même temps il s'établit au pied de la montagne en déclarant qu'il ne passera que quand tout sera fini. Cette royale obstination a les plus heureux résultats. Louis de la Trémouille et les deux chefs de l'artillerie, Gui de Luziern et Jean de la Grange, s'apprêtent à effectuer ce passage étonnant.

Dans cette circonstance critique ce sont les Suisses qui vont ouvrir à notre artillerie les sentiers escarpés des Apennins et devenir *l'espérance de l'ost*. C'est à leur indomptable constance, à leur intrépide énergie que le roi de France doit de ne pas périr avec le reste de ses troupes dans les gorges du *Salto della Cerva* ou sur les rives du *Taro*. Faisant preuve d'un sublime dévouement, ils déclarent qu'ils tiennent à honneur de garder l'artillerie et qu'ils la sauveront.

Les pionniers sont employés à frayer des rampes en faisant sauter des éclats de rochers. Il y a là quatorze pièces de grosse artillerie très pesante, et à chacune desquelles il faut au moins une vingtaine de chevaux pour les traîner en plaine.

Nos intrépides montagnards, habitués dès l'enfance à gravir les rudes sentiers du Vogelerberg et du Furca, ne se laissent pas arrêter par les obstacles. Ils s'attellent eux-mêmes aux batteries et les traînent, avec des efforts surhumains, à travers des chemins impraticables. A chaque grosse pièce sont attelés deux cents Suisses, deux par deux, qui, tirant en galère à de longs câbles, retiennent les canons sur les pentes des précipices et les relèvent quand ils sont renversés. Lorsque ces soldats sont fatigués, d'autres les remplacent. On y joint les chevaux de l'artillerie, et en outre chaque personnage de la maison du roi qui a des bêtes de rechange les prête.

Mais c'est aux Suisses, nous le répétons, qu'on doit d'avoir pu surmonter les difficultés. Sans eux on peut croire que non seulement les canons, mais les hommes même n'auraient pu traverser ces côtes aussi pénibles à la descente qu'à l'ascension.

Les gendarmes français imitent les Suisses. Abandonnant leurs chevaux, et malgré leurs armures pesantes, ils se chargent du transport des munitions. Louis de la Trémouille, pour donner l'exemple, fait comme le plus simple gentilhomme, et dirige l'armée en portant deux gros boulets.

On parvint ainsi au sommet de la chaîne des Apennins, après des fatigues extrêmes; mais là commencent de plus grandes difficultés. Il faut descendre ces lourdes masses que le moindre faux mouvement menace de faire rouler au fond des vallées. Là encore beaucoup de capitaines sont d'avis d'abandonner cette grosse artillerie; mais le roi n'y consent jamais, et avec raison, car quelques jours après ces pièces seront le salut de l'armée pendant la bataille de Fornoue.

Le maréchal de Gié, qui est à quinze lieues de nous avec l'avant-garde, presse le roi de se hâter. Les ennemis sont campés à une demi-lieue du maréchal et en auraient bon marché s'ils voulaient l'attaquer.

La Trémouille met tout en œuvre pour achever la descente de l'artillerie. Des palans sont établis de tous côtés. Les hommes et les chevaux sont attelés en arrière des pièces pour les maintenir suspendues sur ces raides escarpements.

Enfin, après cinq jours d'efforts inouïs et de rudes fatigues, grâce à l'obstination de Charles VIII et au dévouement des Suisses, notre artillerie peut sortir de ces horribles gorges de l'Apennin; l'infatigable la Trémouille, noirci par le soleil, défiguré par la fatigue et la faim, se présente devant Charles VIII et lui annonce que toutes les pièces de gros calibre sont réunies à Fornoue.

Fornoue (ce qui signifie Trou-Nouveau) est un village placé à l'entrée de la plaine, au pied des montagnes et en excellente situation pour empêcher les Italiens de venir nous assaillir au milieu des gorges.

Stradiots.

L'armée ennemie était campée depuis une semaine environ dans la plaine que l'avant-garde française, forte d'un millier de cavaliers et de huit cents Suisses, est venue s'établir à Fornoue sous les ordres du maréchal de Gié. Au lieu d'écraser cette poignée d'hommes, les Italiens restent dans une complète inaction.

Quarante hommes français sortent du village pour reconnaître les lignes ennemies. Une nuée de cavaliers à l'aspect bizarre se précipitent sur eux. Ce sont des *Stradiots*, montés sur des petits chevaux turcs à tous crins. Ces aventuriers grecs ont été levés par les Vénitiens dans les places qu'ils possèdent en Albanie et en Morée. Leur aspect est effrayant et sauvage, avec leurs longues barbes incultes, leurs vêtements déguenillés. Ils sont armés de l'épée large, de la masse et de l'*arzegaye*, pique longue de dix à douze pieds, ferrée par les deux bouts. Au lieu de cornette, ils portent une grande banderole au bout d'une lance pour se rallier.

Nos quarante hommes d'armes, malgré leur bravoure, sont ramenés par cette nuée de barbaresques qui tourbillonnent autour d'eux en poussant des cris épouvantables. Un de nos gentilshommes, nommé le Bœuf, est entouré et massacré : sa tête est aussitôt tranchée, placée au bout d'une lance et

Le camp des confédérés.

portée par ces barbares vainqueurs au provéditeur vénitien pour avoir un ducat de prime.

Grâce au désordre et au tumulte, les Stradiots poussent jusqu'au quartier du maréchal de Gié, où sont campés les Suisses, et en tuent trois ou quatre, dont ils emportent aussi les têtes. Afin de se débarrasser de cette cavalerie, le maréchal fait pointer sur eux un *fauconneau* dont la décharge abat plusieurs chevaux. Les Albanais, qui ne connaissent guère encore les effets de l'artillerie, sont épouvantés et se sauvent au plus vite, emmenant toutefois avec eux un capitaine suisse blessé d'un coup d'arzegaye. Cet officier, conduit en présence du marquis de Mantoue, commandant en chef des troupes vénitiennes, du comte de Cajazzo, commandant des Lombards, et de Rodolphe de Gonzague, et interrogé sur la force de l'avant-garde, en double effrontément le nombre.

Le marquis de Mantoue croit le Suisse et déclare qu'il est inutile d'attaquer notre avant-garde dans la montagne; qu'il vaut mieux nous attendre dans la plaine, puisque nous devons nécessairement passer par là; qu'encore une fois nous ne pouvions échapper à une extermination complète.

Pendant trois jours, le maréchal de Gié attend anxieusement notre arrivée; enfin, le 5 juillet 1495, nous débou-

Fauconneau en batterie.

chons au haut de ce mont où se trouve notre avant-garde, et d'où nous pouvons examiner la formidable position des ennemis et compter leurs forces. Le camp ennemi, bien muni d'artillerie, est établi sur les bords du Taro, rivière qui descend des montagnes de Gênes et va se jeter dans le Pô. Ce campement, parfaitement assis, contient quarante mille hommes environ, dont deux mille six cents hommes d'armes complètement armés, autant d'arbalétriers, cinq mille Stradiots; les gens de pied complètent le nombre.

Afin de gagner la rive gauche du Taro et de continuer notre marche, il nous est indispensable de passer sur le corps des confédérés. Les collines rangées en amphithéâtre laissent, entre elles et les deux camps, une plaine couverte de gravier,

large d'une demi-lieue, au milieu de laquelle coule le Taro,
torrent qu'on peut passer à gué en temps ordinaire, mais
que la moindre pluie grossit considérablement. Un bois
s'étend du camp vénitien jusqu'au camp français. De l'autre
côté du Taro se déroulent les plaines fertiles de la Lombardie, que nos soldats, au milieu des privations qu'ils viennent

Infanterie suisse.

d'essuyer, contemplent avec des regards d'envie, et que la
victoire seule peut leur ouvrir encore.

Vers midi, le roi descend au bourg de Fornoue, où nous
trouvons des vivres, farine, fruits, vin, nourriture pour les
chevaux.

La nuit qui suit notre arrivée à Fornoue est marquée par
un grand orage. Il tombe un déluge de pluie ; d'horribles
éclairs illuminent l'horizon. La foudre qui sans cesse retentit
au loin dans les gorges, le bruit du Taro converti en torrent
qui roule des rochers parmi ses flots, et l'apparition des
Stradiots, qui durant toute la nuit viennent harceler les

avant-postes et paraissent tout à coup à l'entrée du bois comme des fantômes étranges, tout cela nous jette dans l'esprit une pénible impression. Au jour cependant, et avec le temps magnifique qui succède à l'orage, la confiance et l'espoir rentrent dans nos cœurs.

Notre petite armée, réduite à moins de neuf mille hommes, se range aussitôt en bataille, sur cette plaine sablonneuse, en trois corps : l'avant-garde avec le maréchal de Gié et Trivulce, le corps de bataille

Archer écossais de la garde.

sous les ordres du roi, et l'arrière-garde ayant pour chefs la Trémouille et le duc de Guise. Les bagages sont confiés à la garde du capitaine Odet de Ribérac, mais sans troupe pour les couvrir.

Charles VIII a mis toute sa force dans l'avant-garde, où il peut voir trois cent cinquante gendarmes des compagnies d'ordonnance et trois mille Suisses. C'est l'espérance de l'armée. Ce sont, il est vrai, d'admirables troupes d'élite.

Ces trois cent cinquante gendarmes, tous gentilshommes, bien montés, bien équipés, sont magnifiques d'aspect avec leurs sayons de

Coulevrinier à cheval.

soie, leurs panaches et leurs chaînes d'or. Leur force et leur agilité les rendent terribles à leurs ennemis. Ils se servent d'une grosse lance cannelée, d'une forte épée et d'une masse de fer. Leurs chevaux, d'une taille et d'une vigueur imposantes, ont les crins et les oreilles coupés, ce qui donne à ces montures un aspect plus farouche. Chaque gendarme est accompagné de trois autres cavaliers : un écuyer et deux archers.

A cette époque une *lance fournie* se compose de six personnes : le gendarme, armé de toutes pièces, et sa suite, savoir : un écuyer, un page, un *coustiller* et deux archers. Ainsi chaque compagnie de cent lances se compose de six cents hommes, et est commandée par un capitaine, un lieutenant, un guidon et un enseigne, tous renommés par leur valeur.

Les trois mille soldats suisses de notre avant-garde sont dignes de combattre à hauteur de notre gendarmerie.

L'infanterie helvétique, elle aussi, sert de modèle aux autres corps à pied de l'Europe, par sa discipline, sa bravoure, son instruction militaire, et aussi par sa patience, qui ne se décourage jamais. Cette infanterie est presque entièrement composée de *piquiers*. Outre la pique, les Suisses portent aussi l'*espadon* attaché derrière le dos et une épée à la ceinture. Leurs armes défensives sont le casque et la cuirasse pour ceux qui ont le moyen 'd'en porter ; les autres se couvrent le corps de buffles et de peaux ; ils sont communément trois Suisses ensemble : un *piquenaire,* un *coulevrinier* et un *arbalétrier*. Quelques-uns, mais c'est le petit nombre, sont armés d'une hallebarde.

Cette infanterie en campagne se couvre avec ses piques, longues de dix-huit pieds, formant une citadelle mobile appelée le *hérisson,* et où la gendarmerie française même fait brèche avec peine. Elle est commandée par Engelbert de Clèves, Lornay, grand écuyer de la reine, et Antoine de Bessy, bailli de Dijon.

Notre grosse artillerie est devant les Suisses, qui en sont

la garde. Cette artillerie se compose de quatorze canons à boulets de fonte, du calibre de 64 à 32, et de coulevrines de 32 à 8.

Le roi, armé de toutes pièces, est monté sur un magnifique cheval de race bressanne, de robe noire, du nom de *Savoie*.

Sa maison militaire est rangée en bataille derrière lui. Elle se compose : de deux compagnies de cent gentilshommes chacune ; de vingt-cinq *archers écossais de la garde* ; de la compagnie des *gardes écossais*, de la compagnie des *Cent-Suisses* de la garde du roi, et enfin de deux cents *arbalétriers à cheval*.

A sa maison militaire le roi a adjoint un corps de *coulevriniers à cheval*, armés d'une *coulevrine à main*, tube en métal, à culasse allongée, que le cavalier appuie sur une fourchette plantée dans la selle ; il y met le feu à l'aide d'une mèche.

Le 6 juillet, notre petite armée se met en marche pour descendre le Taro par la rive gauche. Aussitôt les ennemis se disposent à nous attaquer à la fois en tête, en queue et en flanc. A peine le corps de bataille du roi a-t-il commencé à opérer son mouvement, qu'une partie des Stradiots et des arbalétriers à cheval se glisse dans un chemin assez couvert qui mène au village de Fornoue, que nous venons de quitter, afin de passer le Taro et de piller notre camp.

En même temps le marquis de Mantoue vient à la gauche avec la fleur de ses troupes, c'est-à-dire six cents hommes d'armes, environ trois mille hommes bardés, empanachés, portant la lance *bourdonnaise* (en forme de bourdon), accompagnés d'arbalétriers à cheval, de Stradiots et de gens de pied. Ils s'avancent dans la plaine droit vers notre arrière-garde, qui est notre corps le plus faible, et que commande la Trémouille. En face de notre avant-garde, commandée par le maréchal de Gié, vient se placer le comte de Cajazzo avec quatre cents hommes d'armes, renforcés de nombreux hommes de pied; enfin dans le camp vénitien se tient une forte réserve.

Notre avant-garde engage résolument la bataille : une coulevrine tire le premier coup de la journée et renverse plusieurs hommes d'armes vénitiens.

La gendarmerie de Gonzague, qui a passé la rivière, s'avance, bien serrée, sur notre arrière-garde, qui est très faible. A cette vue, le roi avec notre corps de bataille fait volte-face et se porte résolument au secours de cette arrière-garde. Notre souverain est en avant de tous, son étendard à ses côtés. Derrière lui, en première ligne, les quatre-vingts lances de la compagnie du duc d'Orléans et les quarante lances du sire de la Trémouille. Sur la droite se trouvent nos deux compagnies des gentilshommes des Vingt-Écus, sous les ordres du sire de Commines, ainsi que les vingt-cinq archers de la garde, les Cent-Suisses et autres nobles de la maison du roi.

Arrivée à cent mètres de distance de notre front, la gendarmerie de Gonzague met ses lances en arrêt, et s'avance au petit galop en deux compagnies. Sur un signe du roi, les trois cents archers de sa garde, ainsi que ses deux cents arbalétriers, mettent pied à terre et commencent à accabler l'ennemi d'une grêle de traits. Les Italiens néanmoins avancent toujours et donnent sur celle de nos deux bandes qui est à droite, et où se trouvent le roi et ses gendarmes.

Le premier choc est violent; les lances volent en éclats.

Les deux corps se mêlent alors et engagent un violent combat à l'estoc et à la masse d'armes.

Notre bande, qui comprend la maison royale et se trouve à gauche, fait une légère conversion, et donne sur le flanc des Italiens. La mêlée redouble : il est impossible de se

La gendarmerie française charge la gendarmerie italienne.

battre avec plus d'acharnement qu'on ne le fait de chaque côté. Les Italiens ont pour eux la supériorité du nombre et vont nous écraser, quand les Stradiots, qui forment l'arrière-garde de ce corps d'attaque, voyant leurs compagnons piller nos bagages laissés sans défense et nos mulets fuir vers notre avant-garde, et craignant qu'il ne reste plus assez de butin pour eux, ne peuvent résister à la tentation. Courant aussitôt à toute bride du côté du pillage, ils abandonnent leurs gendarmes engagés avec nous.

C'est un grand bonheur; car, si ces mille cinq cents chevau-légers albanais, avec leurs cimeterres, qui sont de terribles épées, s'étaient joints à cette gendarmerie, nous étions si peu nombreux, que notre perte était assurée. Dieu nous donne cette aide. Dès lors Gonzague perd l'avantage qu'il avait au commencement de l'attaque.

L'impétuosité française déroute bientôt la gendarmerie italienne, qui a l'habitude de charger successivement par escadron avec la régularité d'un tournoi. La violence de nos charges confond cette tactique. Les Italiens ne résistent pas longtemps à nos lances. Le choc a duré à peine un quart d'heure. Culbutés par notre bouillante impétuosité, ils repassent le Taro en désordre, fuyant les uns sur Fornoue, les autres vers leur camp. Leurs gens de pied, au lieu de tenir bon, s'enfuient également.

A l'avant-garde, on n'est pas encore venu aux mains. Les Italiens du comte de Cajazzo ont été pris de peur au moment de coucher les lances en arrêt, et se sont enfuis. Nos Suisses en tuent une vingtaine; mais on ne les chasse guère; car le maréchal de Gié, voyant encore en face de lui un corps considérable d'ennemis, fait ses efforts pour qu'on ne se débande pas. Pour notre part, nous nous jetons avec une terrible impétuosité à la poursuite de la gendarmerie de Gonzague, dont le chef a été tué dans la mêlée.

Tous ces malheureux Italiens, affolés, courent dans la direction de Fornoue. Nous les chassons, la lance dans les reins, en criant : *Souvenez-vous de Guinegate!* pour rappeler à tous que le désir du pillage avait ce jour-là changé une victoire assurée en un grand revers. Aussi aucun de nous ne s'arrête, pas même pour donner quartier. Avec nous se trouvent de nombreux valets qui, à grands coups des cognées dont ils se servent pour fendre notre bois, tuent les Italiens que nous désarçonnons. Ils leur brisent la visière du casque et ont grand'peine à les exterminer, car ces ennemis sont merveilleusement armés, et il faut se mettre à plusieurs pour venir à bout de rompre ces armures. On est même obligé d'employer les longues et fines épées des archers.

Pendant cette chasse, le roi court un extrême danger. Au moment de la poursuite, ses hommes d'armes et même sa garde particulière se sont jetés avec une telle ardeur sur les ennemis, que le souverain s'est trouvé isolé sur la rive gauche entre les deux troupes. Un valet de chambre, nommé Antoine des Ambus, petit homme mal armé, se trouve seul avec lui. Des cavaliers ennemis qui fuient le long de la grève s'aperçoivent de son isolement et viennent l'attaquer. Heureusement le roi possède un excellent cheval. Il se défend en voltigeant, jusqu'à ce que quelques gentilshommes des Vingt-Écus et archers écossais arrivent à son secours. Les Italiens prennent de nouveau la fuite.

Pendant ce temps, notre gendarmerie et la maison royale continuent toujours la chasse jusque bien près de Fornoue. Un seul gendarme, du nom de Julien Bourgneuf, est tué pendant cette poursuite acharnée, qui a duré trois quarts d'heure et a coûté la vie à plus de trois mille cinq cents hommes, dont cinq ou six du nom de Gonzague. Il est arrivé là ce qu'on n'a jamais encore vu : il n'y a pas eu de prisonniers.

Arrivés à Fornoue, nous nous arrêtons. Une voix crie : « Rejoignons le roi. » Nous nous préparons à retourner, mais il faut laisser reprendre haleine aux chevaux, qui sont las pour avoir longtemps couru par de mauvais chemins pleins de cailloux. Non loin de nous passe une compagnie de fuyards de trente hommes d'armes, mais nous ne lui demandons rien.

Sitôt que nos chevaux ont soufflé, nous nous remettons au trot pour chercher le roi. Nous l'apercevons de loin. Nous faisons descendre les valets pour ramasser des lances italiennes qui jonchent la plaine, et sont bien peintes, mais creuses et légères, et, quand nous joignons le roi, nous sommes mieux fournis de traits qu'au matin avant le combat.

Le ralliement.

En revenant, nous rencontrons beaucoup de fantassins ennemis de la troupe du marquis de Mantoue, qui se sont cachés sur les coteaux et essayent de regagner leur camp. On en tue quelques-uns, mais on ne s'y arrête guère.

Nos pertes sont des plus minimes. Pendant l'action nous n'avons eu que cent morts, dont soixante valets que les Stradiots ont exterminés quand ils sont venus piller nos bagages. Toute l'armée ennemie est terrifiée. Trivulce affirme qu'à notre première démonstration tous ces Italiens décamperont. Mais il a considérablement plu, tonné et éclairé toute la journée, la rivière a beaucoup grossi. On tombe d'accord qu'on a assez fait et qu'on peut bien se reposer.

Dans cette journée de Fornoue, moins de neuf mille Français épuisés de fatigues et de privations avaient culbuté quarante mille ennemis, et cela en moins d'un quart d'heure, tant la *furia francese* avait dérouté par son irrésistible élan les tacticiens italiens.

Notre armée continua tranquillement sa retraite par la chaussée de Tortone, et arriva enfin à Asti, où elle trouva un lieu de sûreté et une place abondamment fournie.

RAVENNE

(11 avril 1512)

PAR UN AVENTURIER DES GRANDES BANDES DE PICARDIE

En 1512, l'armée française qui était restée en Italie après le départ de Louis XII était commandée par Gaston de Foix, duc de Nemours et neveu du roi de France.

Ce jeune prince était âgé de vingt-deux ans lorsqu'il reçut ce commandement important. Il donna bientôt des preuves d'un talent militaire que peu de vieux guerriers ont égalé. En peu de temps il ramena l'ordre et l'élan moral dans l'armée démoralisée et indisciplinée dont il avait pris le commandement.

En moins de quelques mois il châtie l'insolence des Suisses descendus dans les plaines de la Lombardie, et les force à regagner leurs montagnes; il contraint les armées du roi d'Espagne et du pape à lever le siége de Bologne et à se retirer en Romagne; il fait éprouver une sanglante défaite aux Vénitiens; il reprend Brescia, où il détruit l'armée d'Avogaro, et enfin il livre cette bataille célèbre de Ravenne, où il paye de sa vie le triomphe le plus éclatant. Cette ville est située entre deux rivières, le Ronco et le Montoné; ces deux rivières, qui prennent leur source dans l'Apennin, viennent confondre leurs eaux au-dessous de la ville et se rapprochent tellement, qu'elles coulent le long de ses murs des deux côtés et vont se jeter ensemble dans la mer à trois milles plus loin.

Dans les premiers jours d'avril 1512, notre armée s'approche de Ravenne et établit son camp vis-à-vis la porte Adriana, appuyant sa droite au Ronco et sa gauche au Montoné. Elle se compose de seize cents hommes d'armes d'élile, cinq mille *landscknechts* et treize mille fantassins, dont plusieurs vieilles bandes de Basques, de Gascons et de Picards.

Une armée ennemie, informée de l'entreprise de Gaston, se rapproche à marches forcées de la ville, passe le Montoné à Forli, puis le Ronco, sur la rive droite de cette rivière, et, le 10 avril 1512, paraît tout à coup à la vue de l'armée française.

Cette armée est commandée par le vice-roi de Naples, Fabricio Colonna, et le célèbre Pedro Navarro, inventeur de l'emploi des mines dans les sièges; elle se compose de quatre cents gendarmes, mille chevau-légers, sept mille hommes d'infanterie espagnole et cinq mille Italiens de nouvelle milice.

Heureusement les alliés, au lieu de chercher à entrer dans Ravenne, tracent leur camp à trois milles de distance, afin de nous mettre entre deux feux. Toute la nuit est employée par eux à creuser un fossé large et profond devant le front de leurs lignes.

Après avoir inspecté les positions de l'armée de secours, le duc de Nemours assemble un conseil de guerre dans sa tente, et déclare qu'il est résolu à forcer l'ennemi dans ses retranchements. En conséquence, il fait pendant la nuit jeter un pont de bateaux sur le Ronco, pour laisser passer l'infanterie et l'artillerie; la cavalerie traversera à gué.

Le lendemain 11 avril, qui est le dimanche de Pâques, il met au point du jour son armée en mouvement. Au moment où il sort de son logis et regarde le soleil levé, qui est fort rouge, il dit à ceux qui l'entourent : « Regardez, messeigneurs, comme le soleil est rouge! » Un jeune gendarme du nom de Hautbourdin lui répond : « Savez-vous bien ce que cela veut dire, monseigneur? Il mourra aujourd'hui quelque prince ou grand capitaine; il faut que ce soit vous ou le vice-roi de Naples. » Le duc de Nemours se prend à rire de ce propos, et se dirige vers le pont pour voir passer notre armée. Le jeune duc est armé de toutes pièces, excepté l'*armet*, et porte une magnifique cotte en broderie aux armes de Navarre et de Foix.

Notre infanterie défile avec un entrain merveilleux : en tête les lansquenets. Au moment où ces Allemands commencent à s'engager sur le pont, le sire du Molard, commandant notre compagnie de Picards, nous dit : « Comment! compagnons, nous sera-t-il donc reproché que les lansquenets soient passés du côté des ennemis plus tôt que nous? J'aimerais mieux, quant à moi, avoir perdu un œil! » Et, comme les lansquenets occupent le pont, il se jette à l'eau tout chaussé et vêtu; nous nous lançons à sa suite aux cris de : « En avant! en avant! » et marchons dans le gué, avec de l'eau jusqu'à la ceinture. Nous faisons diligence et touchons à la rive opposée avant que les Allemands aient débouché du pont.

Cela fait, toute notre artillerie passe à son tour et est établie devant les gens de pied, qui se mettent aussitôt en bataille. Après eux passe l'avant-garde des gens de cheval, puis le corps de bataille.

L'alarme est grosse dans le camp des Espagnols, qui se mettent en ordre pour nous recevoir, mais n'ont pas songé à inquiéter notre passage du Ronco. En attendant que l'action s'engage, le duc de Nemours, accompagné du seigneur de Lautrec, de Bayart, du seigneur d'Allègre et d'une quinzaine de seigneurs, va caracoler devant les lignes ennemies et rencontre une troupe de vingt à trente gentilshommes espagnols, parmi lesquels se trouve le capitaine Pedro de Paz, chef de tous les *genétaires* (cavaliers).

Une trêve est conclue entre les deux troupes; Bayart se nomme et est salué avec la plus grande courtoisie; puis, ayant désigné le duc de Nemours, qui est le frère de la reine d'Espagne, tous les gentilshommes castillans mettent pied à terre, et disent à ce vaillant capitaine : « Seigneur, sauf l'honneur et le service du roi notre maître, nous vous déclarons que nous sommes et voulons être et demeurer à jamais vos serviteurs. »

Après un entretien des plus chevaleresques, on se sépare. « Or adieu donc, messeigneurs, dit notre gentil prince aux Espagnols; je promets à Dieu de ne repasser l'eau de ma vie que le camp ne soit vôtre ou nôtre. »

Le duc de Nemours dispose aussitôt nos troupes en croissant pour mieux envelopper les retranchements ennemis, que Pedro Navarro a tracés en quart de cercle à cause du terrain sur lequel son camp est assis.

Le duc de Ferrare reçoit le commandement de notre aile droite, composée de sept cents lances, de cinq mille fantassins allemands, sous les ordres du brave capitaine Jacob Empfer, et de l'artillerie. Le centre, placé sous les ordres de

Frédéric Bozolo, cadet de la maison de Mantoue, compte
treize mille fantassins gascons, picards et italiens. L'aile
gauche, à la tête de laquelle marche Trivulce, est formée de
trois mille archers et chevau-légers ; enfin, comme réserve,
sept cents lances, l'élite de la gendarmerie, sont placées derrière le duc de Ferrare sous le commandement de la Palice.

Notre vaillant général en chef a choisi
trente de ses plus braves gendarmes pour
lui servir de garde, et n'a voulu prendre
aucun commandement particulier, pour
pouvoir se porter partout où sa présence
sera nécessaire. Après ces dispositions,
Gaston, revêtu de son armure brillante,
monte sur la chaussée, et de là adresse
aux soldats une harangue éloquente et
énergique où il leur promet de les combler de plus de gloire et de richesses
qu'aucune armée n'en a acquis depuis

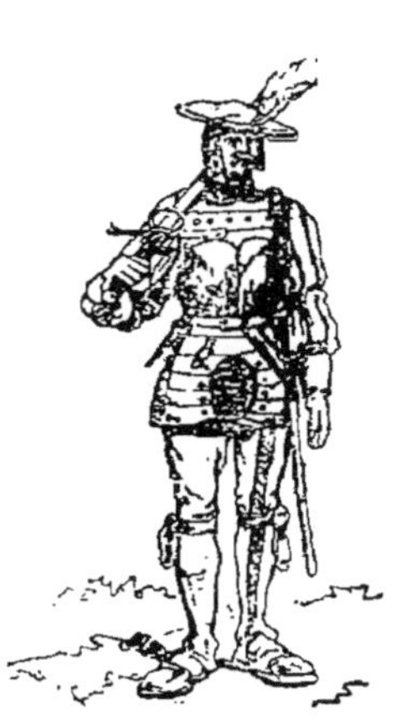

Landsknecht.

trois cents ans. Nous répondons à ce discours par des cris
de joie mêlés au son des trompettes et des tambours ; on
marche à l'ennemi, dont le camp n'est pas à deux milles du
Ronco.

Notre armée présente un aspect admirable. En avant, l'infanterie s'avance avec un entrain indicible et paraît digne en
tous points de se mesurer avec les fantassins espagnols, qui,
par les soins habiles de Navarro, passent pour les premiers
de l'Europe.

Voici les fameuses bandes noires des landsknechts, recrutées
dans les Ardennes, les provinces du Rhin et la Gueldre. Les
landsknechts, mot tout allemand, signifiant serviteur du
pays plat ou valet du fief, ont formé un genre d'infanterie

qui a commencé sous Charles VIII à figurer dans nos armées, où le mot *landsknecht* s'est corrompu en *lansquenet*.

En 1510, les cantons suisses ont abandonné notre alliance et traité avec le pape Jules II, l'ennemi personnel du bon roi Louis XII, le *Père du peuple*, devant le refus qu'a fait notre souverain d'augmenter de 20 000 francs la somme qu'il payait annuellement à la confédération des ligues grises. Aussi Louis XII a-t-il envoyé le maréchal de Fleuranges en Allemagne pour recruter des fantassins de cette nation. En arrivant à Liège, celui-ci a embauché au service du roi une bande très renommée de lansquenets qui revient des Gueldres et s'appelle la *bande noire*. Ces lansquenets, au nombre de dix mille, sont commandés par Thimis de Medelbourg et Hans.

Dans les bandes françaises, une cuirasse et un casque dit salade, de couleur noire, composent avec un petit bouclier les armes défensives du soldat; pour arme offensive, il porte la pique longue de dix pieds ou la hallebarde à la mode suisse. Il est pourvu en outre d'une formidable épée à deux mains et d'un coutelas ou d'une dague. Quelques-uns de ces lansquenets sont armés de la *hacquebute,* coulevrine à main perfectionnée, courte et de petit calibre, nommée aussi *bâton à feu.*

En tête donc de notre armée, qui s'avance sur les retranchements espagnols, marchent cinq mille lansquenets commandés par le maréchal de Fleuranges et le capitaine Jacob Empfer. Ces compagnies d'Allemands s'avancent d'un pas régulier avec un ordre incroyable, au son des *altabales* (tambourins) et des *sambuques* (flûtes).

A côté des cinq mille lansquenets marchent nos treize mille fantassins picards, basques, gascons, champenois, etc.

Les bandes de mercenaires ayant plusieurs fois refusé le
service pour lequel elles sont engagées, Louis XII a organisé
de nouvelles bandes nationales, sous le nom d'*enseignes* ;
elles sont fortes de mille hommes chacune : nombre de gentilshommes, cadets de famille sans fortune, y entrent sous
le nom d'*anspessades* ou *lances rompues*, terme qui indique
qu'ils ont renoncé à l'arme
noble par excellence, la lance.

Toutes ces enseignes sont
commandées par des officiers
d'élite : les capitaines du
Molard, vieux routier des
guerres d'Italie ; Jacob Allemand, Bonnet, de Maugi-
ron, baron de Grammont,
Bardassan et autres.

Voici nos soldats de Picardie, qui se sont acquis un
renom si incontesté de bra-

Joueurs d'attabale et de sambuque.

voure, armés de piques, coiffés du *morion* ogival à longue
crête dorée, et derrière eux les piquiers à *bourguignottes*
et à piques de Biscaye. Au-dessus des fers aigus flotte
l'enseigne à croix blanche et cravate rouge des Picards.

Voici nos deux mille Gascons, précédés de leur drapeau
noir à croix blanche et marchant à leur cri de guerre : *Pics
et patacs*, ce qui en patois gascon signifie : « Plaies et
bosses. » Leurs deux chefs, le capitaine Odet et le cadet de
Duras, reconnaissables à leurs écharpes rouges et à leurs
rondaches (petit bouclier) d'acier et franges de soie, les
entraînent au chemin de la victoire.

Puis ce sont les *Navarrais*, soldats choisis, qui se grisent de tapage et de soleil et se rallient autour de leur ensigne, mi-partie rouge et blanche. Ils sont armés d'une dague à deux tranchants, dont ils se servent pour égorger les hommes d'armes démontés, et qu'on appelle *coustel à plates*, et de la hacquebute ou *trail à poudre*, que l'on tire en plaçant la crosse sous le bras, le bout de l'arme sur un pieu ; on met ensuite le feu de la main droite au moyen d'une mèche. Un sac de cuir porté sur le ventre renferme la poudre et les balles ; un paquet de mèches pend à la ceinture.

Voici les Champenois, calmes, allant à la bataille du même pas qu'à la parade, sans bravade, sans forfanterie, simplement, et tenant d'une main ferme l'enseigne verte à croix blanche.

Derrière l'infanterie française et allemande s'avance un mur d'acier tout pailleté d'or. Ce sont nos admirables gens d'armes, où se presse l'élite de la noblesse de France, avec leurs armures fouillées et tailladées, avec leurs casques d'acier surmontés de plumes de héron.

En avant de tous on remarque Bayart, le preux chevalier *sans peur et sans reproche*, à peine remis de la grave blessure qu'il a reçue à l'assaut de Brescia ; son écu est orné de ses armoiries, qui sont : d'azur au chef d'argent, chargé d'un lion naissant de gueules, à la cotice d'or mise en bande, brochant sur le tout.

Voici Yves d'Allègre, qui, après avoir vu périr un de ses fils près de Ferrare, va perdre l'autre à Ravenne et se faire tuer lui-même sur le corps de son second enfant ; puis Jacques II de Chabanes, seigneur de la Palice, que les Espagnols appellent *el gran capitan de muchas guerras y victorias;* le jeune Robert de la Marck, maréchal de Fleuranges, si justement surnommé le *jeune aventureux;* Anne de Montmorençy, Alfonse d'Este, duc de Ferrare, et enfin un autre Italien, le cardinal San-Severino, qui s'est recouvert de pied en cap d'une armure très brillante et que sa haute taille fait distinguer de fort loin.

Notre armée s'avance au combat dans son ordre de bataille, c'est-à-dire en conservant toujours sa forme de croissant. Son artillerie marche avec elle : les grosses pièces au corps de bataille, les pièces de troupes divisées entre les trois corps de l'armée, et les pièces légères distribuées dans l'infanterie.

L'armée ennemie a été rangée en bataille par Pedro Navarro. Connaissant la supériorité de la gendarmerie fran-

Hacquebutier navarrais.

çaise, il a mis tout son espoir dans la redoutable infanterie espagnole et l'a fait coucher à plat ventre, ainsi que les autres gens de pied, derrière le fossé qui protège son front de bataille, pour les défiler des feux de notre artillerie.

Devant l'infanterie est placée l'artillerie espagnole au nombre de vingt pièces, telles que canons, longues coulevrines et environ deux cents arquebuses à croc. En outre, Pedro Navarro a imaginé des chariots armés de faux à la manière des anciens, et a distribué une centaine de ces machines de guerre à la tête de son infanterie pour les faire rouler sur nos gens de pied au moment de l'attaque et arrêter ainsi le choc des Français.

Derrière l'infanterie sont rangés huit cents hommes d'armes que commande Fabricio Colonna, et mille chevau-légers dirigés par le jeune marquis de Pescaire, qui doit un jour devenir un des grands capitaines de l'Italie.

Arrivée à quatre cents pieds du fossé ennemi, notre armée s'arrête. Les pièces sont détachées de leurs chariots, placées en position et prêtes à faire feu.

Le soleil monte à l'horizon; de chaudes buées de printemps flottent au-dessus des digues, dans la moite atmosphère du matin. Un silence redoutable plane sur tous ces hommes; mais ce calme apparent n'est que le précurseur de la tempête de fer et de plomb qui va se déchaîner.

Gendarme français.

Soudain retentit une formidable détonation. Une coulevrine espagnole vient d'annoncer l'ouverture du feu, et son projectile de fer enlève toute une file dans une compagnie de lansquenets.

Aussitôt la canonnade commence de part et d'autre. Nos canons vomissent sur le camp ennemi une grêle compacte de mitraille et de boulets, soulevant des nuages de poussière, ou fouettant de mille éclats l'eau du fossé. La fumée de l'artillerie obscurcit l'atmosphère; l'air est tout saturé des odeurs grisantes de la poudre.

L'artillerie espagnole, placée derrière des retranchements, fait de grands ravages dans les rangs de notre infanterie, qui a voulu quand même rester debout et est cruellement décimée. En moins de trois quarts d'heure, près de deux mille fantassins, lansquenets et soldats de bande, sont étendus sur le sol ensanglanté. Sur les quarante capitaines de notre infanterie, trente-huit sont mortellement atteints, entre autres les capitaines Jaffes et le Hérisson. Deux de ces officiers, Jacob Empfer et du Molard, pour encourager leurs soldats, se sont assis sous le feu en tête de leurs troupes et s'y font servir à boire. Le même boulet leur emporte la tête à tous deux.

Pendant ce temps, l'infanterie espagnole, qui est restée couchée à plat ventre, n'éprouve presque aucun dommage.

Gaston, voyant que notre artillerie ne produit aucun effet, fait placer des coulevrines à sa gauche, à la pointe du croissant et vis-à-vis l'espace où le fossé des retranchements est interrompu. Ces pièces, admirablement dirigées par le duc de Ferrare, qui, à partir de cette journée, reçut le surnom de premier artilleur de l'Europe, prennent d'écharpe toute la ligne espagnole, et en peu de temps font éprouver à la gendarmerie de Fabricio Colonna autant de mal que notre infanterie en a essuyé. En quelques instants trois cents hommes d'armes sont hachés. Un seul boulet emporte trente-trois gendarmes.

A la fin, les Espagnols s'irritent de se voir ainsi tuer sur place. Bien que Pedro Navarro ait conseillé de ne point sortir des retranchements et d'y attendre l'attaque des Français, Fabricio Colonna, furieux de voir sa cavalerie ravagée sans combat, s'écrie : « Cordieu, nous sommes tués du ciel, allons plutôt combattre des hommes ! » et, faisant rapidement combler la partie du fossé qu'il a en tête, il sort du retranchement et se porte au galop sur l'artillerie du duc de Ferrare pour l'enlever.

A cette vue, le duc de Nemours avise une petite troupe de gendarmerie, et se jette sur le flanc de cette cavalerie. Nos gendarmes, joyeux d'avoir le premier combat, baissent leurs visière et courent droit aux ennemis, qui s'arrêtent et les reçoivent par des cris : « Espagne ! Espagne ! San-Iago ! aux chevaux ! aux chevaux ! » Les Espagnols, en effet, ne cherchent qu'à tuer les chevaux, parce qu'ils ont un proverbe qui dit : « Mort le cheval, perdu est l'homme d'armes. »

La mêlée dure sur ce point plus d'une demi-heure, et avec le plus grand acharnement; les combattants se reposent les uns devant les autres pour reprendre haleine, puis baissent la visière et recommencent de plus belle, criant le plus impétueusement du monde : « France ! » et : « Espagne ! »

Bayart poursuit la gendarmerie ennemie.

Malgré le courage de nos gendarmes, la lutte demeure indécise, car les Espagnols sont du double plus nombreux que les Français. Dans cette situation critique, le seigneur d'Allègre court à notre réserve de cavalerie et lui crie : « Les gendarmes ! marchez ! marchez ! et aussi les archers de la garde. » Tous, bride abattue, partent secourir le duc de Nemours. A l'arrivée de cette bande fraîche un terrible choc a lieu.

Les Espagnols sont vivement assaillis et pressés. Les chevau-légers de Pescaire accourent à la rescousse. En avant de nos gendarmes se distingue Bayart, cet héroïque chevalier dont la famille présente un sublime exemple d'hérédité de gloire et de dévouemeut. Son trisaïeul a été tué à la bataille de Poitiers, son bisaïeul à Azincourt, son père à la journée des Éperons.

Le duc de Nemours combat aux côtés du preux soldat comme un simple cadet de fortune, et est tout couvert du sang et de la cervelle d'un de ses hommes d'armes qui a été emporté d'un coup d'artillerie. Aussi, voyant ce sang, Bayart lui demande : « Monseigneur, êtes-vous blessé? — Non, répond l'intrépide duc, mais j'en ai blessé bien d'autres ! »

L'action vigoureuse de nos archers de la garde décide du succès sur ce point. Chargeant avec les cognées qui leur servent à construire leurs huttes de campement, ils enfoncent et fracassent avec ces armes redoutables les armets des Espagnols, qui prennent la fuite, laissant sur ce point plus de quatre cents hommes d'armes tués ou blessés. Le marquis de Pescaire, Fabricio Colonna et plusieurs princes du royaume de Naples, auxquels on sauve la vie, sont faits prisonniers. Bayart et Louis d'Ars poursuivent vivement, la lance dans les reins, cette cavalerie en déroute et l'empêchent de se rallier.

Le mouvement en avant de la cavalerie espagnole a entraîné toute l'armée. La mêlée devient générale, le carnage est affreux.

L'infanterie espagnole, conduite par Pedro Navarro en personne, sort à son tour du retranchement et pousse droit sur notre infanterie. L'aspect de cette troupe, au-dessus de laquelle flottent de nombreux drapeaux rouges et jaunes aux tours de Castille et aux lions de Léon, est des plus imposants : les officiers avec les épées dorées et les fourreaux de velours, leurs casques agrémentés de passementeries d'or et d'argent, leurs bonnets à plumes et leurs escarpes à fers d'or; les soldats avec leurs fourniments dorés et leurs morions de clair acier.

A cette vue, messire Robert de la Marck, seigneur de Fleuranges, se tournant vers les lansquenets qui portent sa livrée blanche et noire et dont le guidon blanc fourmille de

dessins allégoriques : « Blancs et noirs, marchez ! marchez ! »
leur crie-t-il.

Selon l'usage traditionnel, avant de charger, sourds aux
sifflements des boulets qui creusent de sanglants sillons dans
leurs rangs, les lansquenets mettent le genou à terre et
prient dévotement. Puis, après avoir tous, officiers et soldats,

Les lansquenets de Fleuranges attaquent l'infanterie espagnole.

baisé la froide terre qui, le soir, doit offrir à beaucoup une
couche pour y dormir leur dernier sommeil, ils en prennent
une poignée qu'ils jettent derrière eux, geste symbolique qui
signifie qu'ils en font volontairement l'abandon, afin de ne
plus tenir à rien ici-bas au moment d'accomplir leur devoir
dans le combat.

Alors les tambourins et les fifres des compagnies battent et
sonnent avec une furie joyeuse. L'air se remplit de hourras.
Les enseignes flottent au vent. Les piques et les hallebardes
se dressent, et les lansquenets, au pas de charge, s'avancent,
alignés comme à la parade, au cœur de la bataille. Les offi-

ciers, somptueusement vêtus, marchent en tête de leurs compagnies et non dans les rangs.

La masse impassible des lansquenets traverse les premiers bataillons ennemis, ainsi qu'un sanglier traverse un champ de blé, abattant les épis, brisant les chaumes. Quand elle a passé, les trois quarts des soldats espagnols gisent sur le sol, vomissant le sang par d'affreuses ouvertures.

Mais de nouveaux bataillons espagnols traversent le fossé, et les lansquenets, malgré leurs piques et leurs hallebardes, vont être mis en déroute, quand le duc de Nemours se tourne vers nos bandes d'infanterie et lève son épée : « En avant, mes enfants! s'écrie-t-il en se levant sur ses étriers, en avant! Vive le roi et monseigneur Saint-Denis! — En avant! » répètent mille voix, et nos bandes s'élancent à leur tour, s'enivrant du cliquetis des armes et du cri de guerre.

Les Espagnols, pressés de toutes parts, reculent, mais pas à pas; les miliciens italiens de Brisighella, qu'on distingue à leurs casaques mi-parties blanches et rouges, veulent les soutenir, mais sont culbutés. Enfin Pedro Navarro, redoublant de courage et d'activité, parvient à replier son infanterie derrière les retranchements, dont les passages sont garnis de plusieurs rangs de piques inébranlables.

Notre artillerie reprend son tir sur le camp ennemi. Le tonnerre des canons se mêle aux rumeurs confuses des soldats. L'ennemi riposte et fait feu de toute son artillerie.

Nos deux mille Gascons tentent une première attaque, soutenus par mille piquiers picards. Les capitaines Odet de Duras et Montcarvel s'élancent sur le retranchement l'épée haute et le chapeau à la main. Cette attaque est repoussée. Le seigneur de Montcarvel et le chevalier des Bories sont tués.

Malgré ce premier échec, lansquenets et soldats des bandes, décimés, mais n'ayant rien perdu de leur superbe ardeur, fermes, de haute mine, étreignant de leurs doigts crispés la hampe de leurs hallebardes et de leurs piques, viennent se ranger bravement, en dépit de la mitraille et des hacquebutades, autour de leurs chefs pour livrer l'assaut suprême.

Les canons des deux armées se sont tus. Le crépitement des hacquebutes se confond avec le sifflement des arbalètes. Les lamentations du beffroi de Ravenne soulignent sinistrement au loin les appels des tambourins battant la charge.

Attaque de l'infanterie française.

Le duc de Nemours est descendu de cheval. Les soldats se serrent pour lui livrer passage. Il domine du haut de sa grande taille tous ces braves gens que l'impatience dévore. Il élève en l'air son épée et commande : « France ! France ! Tue ! tue ! » Alors nos soldats s'élancent ensemble, traversent le fossé et arrivent sur le retranchement. Un fier, dur et âpre assaut s'engage. Les piques et les hacquebutes des Espagnols culbutent les premiers assaillants. Beaucoup sont tués. Le brave capitaine des lansquenets Jacob a le corps traversé d'un coup de feu et tombe sur le retranchement en s'écriant : « Compagnons, servons aujourd'hui le roi de France aussi bien qu'il nous a traités. »

Un autre capitaine allemand, nommé Fabien, homme remarquable par sa force et sa haute stature, ne voulant pas survivre à la mort de son ami, se dévoue alors généreusement. Comme les Espagnols ont formé au bord du retranchement une grosse haie de piques croisées qui nous empêche d'y entrer, ce brave officier, prenant par le travers la longue pique qu'il porte, et la baissant avec violence sur celle des piquiers espagnols, prescrit à ses soldats de marcher sur son corps et de se précipiter sur l'ennemi.

Français et Allemands pénètrent en effet par cette brèche et vengent avec fureur la mort de ce nouveau Décius. Le retranchement est envahi. Les canonniers de Pedro Navarro luttent corps à corps avec les Gascons; la mêlée est effroyable. Les enseignes en loques s'accrochent aux fers des hallebardes. Mille cris confus s'échappent de toutes les poitrines.

Plusieurs capitaines français sont tués. Yves d'Allègre, qui vient d'avoir une si belle part au succès de la bataille, apprenant que son fils est tué, se précipite tête baissée dans les rangs espagnols pour ne pas lui survivre, et tombe percé de mille coups. Le baron de Grammont, le capitaine de Maugiron, le seigneur de Bardassan succombent en tête de leurs compagnies. Le capitaine Bonnet reçoit un coup de pique dans le front, et, la hampe de cette arme s'étant brisée, le fer reste fiché dans sa plaie.

La fureur est à son comble de part et d'autre. Le duc de Nemours ordonne une dernière attaque : « A moi, mes Picards! » crie-t-il d'une voix vibrante en dirigeant la charge à notre tête. Notre infanterie, électrisée par l'exemple de son chef, croise les épées, les piques et les hallebardes, et donne tête baissée sur l'infanterie espagnole.

Picards, Gascons, Basques, Champenois et lansquenets, tous nous envahissons le camp. Tout ce qui résiste est massacré sans miséricorde. Le cadet de Duras marche toujours en avant de ses Gascons, les enflammant de sa parole ardente et vibrante, frappant d'estoc et de taille et criant : *A qui lous Gascouns! Ferraïs a ellos!* (Ici sont les Gascons! Serrez sur eux!) Les Espagnols, rompus et brisés, se défendent encore, se défendent toujours. Pedro Navarro leur donne l'exemple du plus énergique désespoir ; il tombe enfin, couvert de blessures, et Gaston de Foix triomphe sur une terre jonchée de mourants et de cadavres.

Mort de Gaston de Foix.

Cependant un gros d'infanterie espagnole se retire lentement en suivant une digue qui longe le Ronco.

Gaston de Foix, irrité de l'affreux carnage que cette infanterie a fait de ses soldats, et mécontent de voir les vaincus faire la retraite en si belle ordonnance, remonte à cheval, s'élance suivi seulement d'une quinzaine de gendarmes et se jette avec impétuosité sur les derrières de ce bataillon. Les derniers rangs se retournent; les soldats baissent leurs piques et se ruent sur les cavaliers français, qui ne peuvent se mouvoir, vu le peu de largeur de la digue. Tous ceux qui se trouvent avec le duc de Nemours sont jetés à l'eau. Le cheval de Gaston est tué ; celui-ci, forcé de combattre à pied, se défend longtemps avec son épée. Il est secondé par Lautrec, qui crie aux Espagnols :

« Ne le tuez pas! c'est notre général! c'est le frère de

votre reine! » Malgré ses cris, ils l'achèvent, lui ayant donné tant de coups de piques, qu'il en a quatorze ou quinze dans le visage seulement. Lautrec est laissé pour mort sur place. On retrouva le soir le corps sanglant du vaillant Gaston de Foix sous un monceau de cadavres de ses ennemis. Son armure était brisée, et il avait encore un tronçon d'épée à la main. Les Espagnols continuent leur retraite. Bientôt ils rencontrent Bayart qui revient de poursuivre la cavalerie ennemie avec quarante gendarmes, mais tellement harassés de fatigue, qu'ils peuvent à peine se soutenir, eux et leurs chevaux. Cependant il se met en devoir de les charger; mais un des chefs espagnols sort de la troupe et lui dit :

« Seigneur, vous voyez bien que vous n'êtes pas assez nombreux pour nous défaire. Vous avez gagné la bataille; contentez-vous de l'honneur de la victoire et laissez-nous passer. » Bayart y consent, à la charge qu'on lui remettra les deux enseignes de ce bataillon. Les Espagnols les remettent et passent au milieu des gendarmes. Hélas! si le preux chevalier eût connu leur dernier exploit, il ne leur eût pas fait si bonne composition.

Ainsi périt à vingt-trois ans un des plus grands capitaines de la France. Nous avions perdu dans cette journée trois mille hommes de pied et quatre-vingts hommes d'armes des ordonnances du roi de France. Tous les généraux ennemis étaient prisonniers. Toute l'artillerie des ennemis, leur camp et tous leurs bagages étaient en notre pouvoir. Des vingt mille hommes dont se composait l'armée hispano-italienne, il en échappa à peine quatre mille. Tout le reste fut tué ou pris; mais Nemours était mort.

Vainement Ravenne et toutes les forteresses de la Romagne ouvrirent leurs portes aux vainqueurs, Nemours n'existait plus. Le glorieux vainqueur de Ravenne fut enseveli avec la plus grande pompe dans le Dôme (la cathédrale) de Milan, escorté par plus de quarante mille personnes portant le deuil. Les quarante enseignes prises aux ennemis pendant cette sanglante journée étaient traînées en terre devant son cercueil, tandis que ses enseignes et guidons étaient portés autour de son corps, pour montrer que c'étaient eux qui avaient abattu l'orgueil des Espagnols.

MARIGNAN

(13-14 SEPTEMBRE 1515)

PAR UN GENDARME DES COMPAGNIES D'ORDONNANCE

Au mois d'août de l'année 1515 une armée française descendait les versants des Alpes qui regardent les plaines du Piémont du côté de Saluces. C'était la plus brillante et la plus nombreuse de toutes les armées que la France eût encore envoyées dans la Péninsule. Elle comptait environ trente-cinq mille hommes de pied, dont la moitié, les lansquenets, était commandée par Charles d'Egmont, duc de Gueldre. L'autre moitié se composait des aventuriers gascons, picards et champenois commandés par Pedro Navarro, qui s'était attaché à notre fortune. La cavalerie était d'à peu près quinze mille hommes sans compter les volontaires et les gentilshommes de la maison du roi.

A côté de François Ier, alors âgé de vingt ans, qui arrivait cette année-là même à la couronne, on voyait les plus célèbres hommes de guerre de l'époque : le connétable de Bourbon, la Palice, Stuart d'Aubigny, Bayart, Lautrec, d'Ymbercourt, Fleuranges, Jean-Jacques Trivulce, Teligny, Bussy d'Amboise, Boissy, Bonnivet, la Trémouille, etc.

L'artillerie était considérable : quatre-vingt-dix pièces de gros calibre et trois cents petites pièces dont le modèle avait été inventé par Fleuranges et qui lançaient cinquante petits boulets du co p.

Cette armée descend, le 15 août, dans les plaines piémontaises, à l'étonnement de l'Italie entière. Les Suisses et les Espagnols gardent, en effet, les passages du mont Cenis et du mont Genèvre, les seuls par où l'on a pu jusqu'alors traverser les Alpes. Un hasard imprévu est venu heureusement à notre aide. Un paysan piémontais qui, depuis de longues années, erre dans les détours des Alpes, et dont la chasse est l'unique métier, est entré en relations avec nos avant-postes, auxquels il vend du gibier. Cet homme, ayant appris l'embarras de l'armée et espérant faire fortune, a offert d'indiquer une route inconnue.

Le roi, qui est à Lyon, charge aussitôt Pedro Navarro et Lautrec d'aller visiter ce périlleux passage, avec les maréchaux Trivulce et de la Palice et le paysan. Ces officiers reconnaissent qu'il sera possible, au prix de grands efforts, de remonter la vallée de Barcelonnette et de descendre dans celle de la Stura en franchissant le col d'Armentière, jugé jusque-là impraticable.

Cette nouvelle route offre, il est vrai, des abîmes profonds, mais on pourra les combler ou les éviter ; des rochers épais, mais on pourra les percer ; des montagnes escarpées, mais on pourra les aplanir.

Notre armée s'est rendue à Grenoble par Embrun, la Vizile et la Mure. Là, après avoir fait provision de vivres pour cinq jours, elle prend son chemin dans les montagnes par les villages de Saint-Clément et de Crispino. On a ainsi laissé le mont Genèvre à gauche ; on passe la Durance à gué et on établit la première étape à Guelestre. Pendant ce temps, des détachements de notre armée paraissent à la fois sur le mont Cenis et le mont Genèvre pour menacer les Suisses et les inquiéter.

L'armée continue sa marche: trois mille pionniers la précèdent. Nous entrons dans ces gorges sauvages ou jamais nul contrebandier n'a imprimé ses pas ; à peine les plus intrépides chasseurs de chamois ont osé y pénétrer.

La Durance une fois traversée, nous montons jusqu'au rocher de Saint-Paul,

A travers les Alpes.

qui nous arrête court. On le perce avec le fer, travail qui se fait en un jour. On n'est encore qu'à Barcelonnette, c'est-à-dire au pied des Alpes. La chaîne centrale des monts dresse en cet endroit le dos monstrueux qui sépare les eaux qui vont au Rhône de celles que recevra le Pô.

Pedro Navarro, qui est l'inventeur des mines, ouvre à travers les rochers une route périlleuse à force de poudre, faisant sauter des blocs énormes. C'est encore le plus facile. Le plus périlleux est, sur les rapides glissades au-dessus des précipices, de s'accrocher et d'enfoncer les premiers pieux sur lesquels on doit jeter des ponts, d'établir le long des abîmes des galeries en bois où les chevaux osent passer, et sur ces frêles improvisations de charpentes tremblantes, gémissantes et criardes, de rouler quatre-vingt-dix gros canons de bronze. Souvent on n'ose le faire. Et alors avec des câbles on descend les canons au fond de l'abîme pour les remonter de l'autre côté avec un art infini. On remplit les fossés avec des fascines et de gros arbres; on jette des ponts de communication ; on traîne à force de bras l'artillerie dans les endroits inaccessibles.

Les soldats aident les pionniers; les officiers aident les soldats. Tous indistinctement manient la pioche ou s'attellent aux pièces. On gravit la montagne, on fait des efforts surhumains, on brave la mort, qui semble se multiplier de toutes parts et planer sur ces vallées profondes, d'où d'impétueux torrents de neiges et de glaces fondues par le soleil d'août se précipitent avec un fracas épouvantable.

Aussi n'avançons-nous qu'en tremblant dans ces sentiers étroits, glissants et raboteux, où chaque faux pas occasionne une chute et entraîne au fond des abîmes. Le bruit des torrents, les cris de désespoir des malheureux qui se brisent dans les précipices, les hennissements des chevaux effrayés et harassés de fatigue, ajoutent encore à la terreur et au tumulte.

Le second jour, nous passons la nuit à Barcelonnette; le troisième, nous franchissons la chaîne centrale des Alpes; le quatrième, nous arrivons dans la vallée de la Stura. Là un nouvel obstacle arrête encore notre marche Le mont Pic-di-Porco se dresse devant nous, dernière défense que les Alpes vaincues opposent à cette titanique entreprise, et paraît infranchissable. On craint d'y voir échouer tant d'efforts et de travaux. La roche nue résiste à la sape et à la mine.

Navarro lui-même désespère de l'entamer; mais enfin il découvre une veine qui cède aux efforts du fer et du feu, et ouvre ainsi passage à l'armée. Le cinquième jour, nous apercevons les plaines riantes de la Lombardie.

Passage des Alpes par François Ier.

En cinq jours, soixante mille hommes ont passé, après avoir déployé une patience, une énergie admirables, et le 15 août notre armée arrive devant Saluces. Le même jour notre compagnie de gendarmes, guidée par la Palice, d'Aubigny et Bayart, se dirige à toute bride sur Villafranca, et s'engage dans les âpres sinuosités du mont de l'Épervier.

Notre avant-garde, commandée par le seigneur d'Hymbercourt, et composée de cent archers, arrive à midi près de cette ville. Prospero Colonna, général des troupes pontificales, vient de l'occuper avec trois cents hommes d'armes et quelques chevau-légers. Ce général ne veut pas croire les espions qui lui annoncent notre arrivée. « Les Français n'ont pas volé par-dessus les monts, dit-il ; en tout cas, si ce Bayart est par ici, avant peu je l'aurai en cage comme un pigeon. »

Aussi les postes sont-ils abandonnés, les soldats dispersés, les portes ouvertes ; aux cris d'alarme des grands-gardes on court en tumulte aux portes, on s'empresse de les fermer ; mais deux vaillants gendarmes français, Hallencourt, gentilhomme picard, et Beauvais, gentilhomme normand, poussent leurs chevaux avec tant de violence, que du choc le premier est renversé dans le fossé ; mais le second passe sa lance à travers la porte, la soutient avec vigueur et donne à d'Ymbercourt et à ses gendarmes le temps de l'appuyer. La porte est enfoncée ; Prospero Colonna, surpris à table, ne peut faire aucune résistance, il est pris avec ses gendarmes, et le bon chevalier Bayart dit au vaincu : « Seigneur Prospero, c'est l'heure de la guerre ! Une fois perdre et l'autre fois gagner ! »

A la nouvelle de ce hardi passage et de la prise du général

qu'elle estime le plus, l'Italie entière tremble d'effroi. Les Suisses eux-mêmes s'empressent de marcher vers le Milanais pour le défendre ; mais ils s'arrêtent indécis et demandent une suspension d'armes pour se retirer à Verceil. François Ier, qui désire ardemment se réconcilier avec eux, la leur accorde.

Pendant ce temps notre armée s'avance de Turin à Verceil, de Verceil à Novare, où nous retrouvons avec une joie véritable l'artillerie que nous avions été obligés d'abandonner lors des guerres précédentes.

Enfin, en suivant toujours les Suisses à la distance de quelques lieues, et en réveillant parfois les traînards de leur arrière-garde à coups d'arbalète ou d'arquebuse, nous arrivons sur l'estrade milanaise, dans la campagne qui entoure la ville de saint Ambroise, et nous nous arrêtons à Marignan. Dans Milan, outre un corps lombard de quelques mille hommes, sont rassemblés vingt mille Suisses.

On négocie ; on parvient à s'entendre. Entre autres conditions, il est convenu que l'on va donner immédiatement cent mille écus aux Suisses, moyennant quoi ceux-ci se retireront.

Tout semble donc fini ; le roi a même réuni l'argent nécessaire et l'a envoyé à Galerate sous la conduite de Lautrec, lorsque descendent par Bellinzona, dans la plaine de la Lombardie, vingt mille nouveaux montagnards conduits par Rosten, bourgmestre de Zurich, et parmi lesquels se trouve Zwingli, le réformateur. Ils arrivent, ils voient leurs compagnons « gras et tout chargés de pillage, la poche enflée, qui leur parlent à leur arrivée de revenir ». Ce n'est pas leur affaire ; ils ne veulent rien entendre à la récente transaction.

Les vingt mille Suisses qui ont traité avec le roi, maintenant qu'ils se voient à la tête de forces doubles, regrettent eux-mêmes de lui avoir fait de si bonnes conditions. Le cardinal de Sion, Matthieu Schinner, violent ennemi de la France, fait sonner le tambourin dans la matinée du 13 septembre et rassemble tous les Suisses sur la grande place du château de Milan. Là il monte sur une chaise, et, « comme un renard qui prêche les poules, » il leur fait entendre que le roi a peu de monde, qu'on pourra facilement faire coup double, enlever le convoi d'argent qu'on leur destine

Artillerie de campagne sous François Ier.

ainsi que l'armée française. Toutefois, parmi ces quarante mille Suisses, quatorze mille environ, tant de Berne que de Zurich et d'Unterwalden, déclarent qu'ils ne fausseront pas leur serment, vu que le traité avec le roi a déjà été signé et envoyé, et se mettent en chemin pour regagner leurs montagnes.

Les vingt-six mille autres crient qu'ils veulent aller combattre, et, après s'être pendu à l'épaule des clefs d'étoffe blanche en signe de ralliement, sortent de la ville pour nous surprendre. Plusieurs milliers de Lombards et de Milanais les accompagnent.

Pendant ce temps, on fait bonne garde au camp des Français. Le connétable de Bourbon, qui commande notre avant-garde, et qui sait bien que le cardinal de Sion est notre plus mortel ennemi, n'a pas la moindre confiance dans le traité signé par les Helvétiens. Aussi redouble-t-il de vigilance, et

emploie-t-il dix à douze espions qui vont et viennent constamment de Milan à notre camp.

Notre armée se trouve établie dans une vaste plaine coupée
de canaux, de ruisseaux, appuyant son arrière-garde sur
Marignan, à cheval sur le grand chemin qui va de Milan à
Rome, lequel chemin est bordé de rizières assez profondes.
Ce jour-là, dès l'aube, notre compagnie de gendarmes sous
les ordres du gentil chevalier Bayart, ainsi que celle de Fleuranges, dès l'aube partent du camp et vont escarmoucher
jusqu'aux faubourgs de Milan. Nous formons bien là une
force de douze cents chevaux environ. Pendant les premières
heures nous n'apercevons rien d'insolite, à part quelques
coups d'arquebuses tirés par des sentinelles avancées, et
dont les balles ne font qu'égratigner les pierres de la
chaussée.

Tout à coup, vers neuf heures du matin, des ronflements
sourds et effrayants, pareils aux mugissements d'une tempête, éclatent dans les rues de la ville. A ce bruit étrange
et inaccoutumé, nous nous regardons sans mot dire; quelques
jeunes cavaliers pâlissent. « Oh! oh! dit un vieux gendarme,
qui se trouvait à la bataille de la Bicoque, voilà le taureau
d'Uri et la vache d'Unterwalden qui commencent leur musique du diable! Il va pleuvoir tantôt de bons coups d'épées
et de piques! »

Presque aussitôt une multitude de fantassins bariolés aux
couleurs de l'arc-en-ciel, et que surmonte une forêt de hautes
piques aux fers étincelants, sort tumultueusement du faubourg. En même temps le château tire sur nous une volée
de quatre couleuvrines.

Plus de doute, ce sont les Suisses qui viennent nous livrer
bataille. « Reste ici à observer l'ennemi, » dit Fleuranges à

son frère, et, prenant avec lui vingt gendarmes dont je fais partie, il pique des deux vers le camp, afin d'avertir notre roi et donner l'alarme.

Bientôt nous arrivons à Marignan, et nous nous arrêtons devant une cassine surmontée du drapeau bleu fleurdelisé d'or, où François Ier a établi son quartier général.

Fleuranges saute à bas de cheval, et entre brusquement dans une chambre où le roi essaye un harnais d'Allemagne pour combattre à pied. « D'où venez-vous donc? dit le monarque en voyant notre chef tout couvert de poussière; comment! vous êtes armé et nous attendons la paix aujourd'hui. — Sire, répond le maréchal, il n'est plus question d'attendre la paix, il faut nous armer et faire sonner l'alarme. Aujourd'hui vous aurez la bataille, ou je ne connais rien à la nation à qui vous avez affaire. »

A peine finit-il de parler, que le connétable de Bourbon arrive à son tour, accompagné d'un homme dont les vêtements ruissellent d'eau. « Sire, dit-il, voici un brave Lombard du nom de Michel de l'Estrade, tout dévoué à la France, qui arrive de Milan, après avoir été forcé de traverser à la nage de larges et profonds canaux; il m'a averti que les Suisses sont sortis de la ville afin de nous attaquer. — Est-ce vrai? dit le roi à l'Italien. — Sire, répond celui-ci en mettant le genou à terre, faites-moi couper la tête si je n'ai pas dit la vérité. »

Sur ce propos survient un gentilhomme d'armes des ordonnances que le capitaine Gombaud, qui commande aux avant-postes, a envoyé au quartier général pour avertir qu'on aperçoit en l'air une grande poussière venant de Milan, et que ce doit être l'indice d'une nombreuse armée qui s'avance.

Le roi est suffisamment éclairé. « Mon cousin, dit-il au grand connétable, faites armer les troupes, et vous, Fleuranges, allez observer les mouvements de l'ennemi. » Puis se tournant vers le général Alviano, commandant de l'armée vénitienne : « Seigneur Alviano, faites, je vous prie, diligence pour faire marcher votre armée, qui est à Lodi, et

L'alarme au camp français.

venez le plus tôt que vous pourrez, en marchant nuit et jour, car vous voyez que j'en ai besoin. »

Tous nos grands officiers sortent du pavillon royal. « Trompettes du roi, commande le connétable d'une voix éclatante, sonnez l'alarme à l'étendard ! » A cette sonnerie répétée de tous côtés, le camp s'anime : les capitaines s'assemblent, chacun court se ranger sous son enseigne. Quant à nous, nous suivons à fond de train le maréchal de Fleuranges, traversons les corps de messires de la Palice et de Bourbon, où déjà les rangs se forment, et arrivons à notre avant-garde.

Grâce aux habiles dispositions du connétable, notre armée se forme rapidement sur trois lignes. L'avant-garde s'établit près du village de San-Guiliano, en un lieu appelé *Genille;*

la bataille, commandée par le roi, s'appuie à la cassine de
Sainte-Brigitte; l'arrière-garde est à une portée d'arc en
arrière. Chaque division, formée de quatre à neuf mille
hommes d'infanterie, a la cavalerie sur les ailes, et l'artillerie, divisée en batteries, bat les avenues. Pedro Navarro,
avec les arbalétriers gascons, est sur la droite de la grande
route, retranché derrière les fossés qu'il a hérissés de pieux.
Le terrain, sillonné par des ruisseaux servant aux irrigations,
offre des retranchements naturels derrière lesquels se tient
l'artillerie de l'avant-garde. Depuis la défaite de Novare,
comme on craint l'impétuosité des Suisses, on croit plus
prudent de toujours placer l'artillerie derrière quelque
obstacle.

Il est déjà tard, environ deux heures de l'après-midi. Les
Suisses, continuant toujours leur fourberie, font divers
mouvements pour laisser croire qu'ils sont sortis de Milan
sans autre but que de chercher un lieu propre au campement. Ils avancent toujours en bon ordre et avec brave contenance. Bientôt nous n'avons plus de doute sur leurs inten-
tions. Nous les voyons jeter leurs chapeaux et bonnets, et
délacer leurs souliers pour plus fermement combattre. En même
temps leur cri de guerre : « Granson! Morat! » retentit dans
les rangs, puis s'élève le chant de guerre du célèbre Veit
Weber, le Tyrtée de la guerre des Suisses contre les Bourgui-
gnons, et dont le refrain :

> Allons! debout, tous à la fois!
> Holà! les hommes d'armes!

est accompagné par les accords à la fois stridents et doux
des *sambuques* (fifres). Notre petite troupe a rejoint les gen-

darmes du maréchal de Fleuranges. Les gentilshommes lorrains viennent se ranger à notre droite. Notre position est assez critique, car nous avons derrière nous un fossé profond, quoique guéable, qui protège le front des batteries de messire Galliot de Genouillac. Cette artillerie est sous la garde de notre infanterie et de la gendarmerie du connétable.

L'enthousiasme de notre armée est à son comble. Un immense cri de : « Vive le roi! Vive la France! » a répondu aux clameurs des Suisses. Les capitaines lèvent en l'air leurs épées, les tambourins roulent à toute volée, les trompettes sonnent à pleins poumons, les gendarmes brandissent leurs lances, les fantassins font sonner leurs piques de Biscaye et leurs arquebuses de Berne.

Fleuranges, *le jeune aventureux,* attend fièrement le premier choc de l'ennemi, la lance appuyée en terre.

Contre le maréchal se tient le comte de Sancerre, et derrière ces deux capitaines attendent deux cents hommes d'armes de cette admirable gendarmerie française, la première troupe de l'Europe, et dont notre roi fait l'éloge en ces termes : « Ma gendarmerie est le bras qui porte mon sceptre; je ne l'expose jamais au péril sans aller chercher la gloire avec elle. »

Les officiers de gendarmerie sont les plus grands généraux : la Trémouille, Gié, Bayart, Fleuranges, la Palice, Lautrec, Montmorency, etc. Les gendarmes eux-mêmes sont tous des gentilshommes, bien montés, bien équipés, et n'épargnant rien pour avoir d'excellents chevaux de bataille, de bonnes et belles armures. et des habits d'ordonnance magnifiques. Pendant la paix et dans les quartiers d'hiver, ils s'exercent aux joutes et aux tournois, et acquièrent une force et une agilité qui les rendent surtout terribles à leurs ennemis.

Au-dessus de nos grandes bandes d'infanterie flottent des enseignes mi-parties bleu et blanc, avec un semis de fleurs de lis et de F d'or. Au premier rang de cette infanterie toute française, et qui s'est révélée par la célérité de ses mouvements et les marches étonnantes qu'elle a accomplies pendant la campagne d'Italie, en 1512, se détachent les enseignes multicolores à croix blanches des vieilles bandes de Piémont, Picardie, Champagne et Navarre. Cette infanterie porte la cuirasse avec *longues tassettes* attachées à la *braconnière* et couvrant les cuisses, et est coiffée du casque appelé *bourguignote*.

Vers cinq heures du soir, les mugissements du taureau d'Uri et de la vache d'Unterwalden retentissent de nouveau. Ce sont deux cornets d'une merveilleuse grandeur qui, selon la tradition des montagnards de l'Helvétie, ont jadis été donnés à leurs pères par Pépin et Charlemagne, et qui servent à les exciter et à les rallier dans les combats.

A ce signal de massacre, les Suisses, au nombre de vingt-huit mille hommes, suivis de quelques Milanais et de quelques hommes de cavalerie, s'avancent avec un silence farouche pour s'emparer de notre artillerie et la tourner ensuite sur nous comme à Novare. Ils n'ont avec eux que dix canons; mais on compte dans leurs rangs plusieurs vieux soldats qui ont combattu à Morat et à Nancy. Ils sont divisés en trois gros bataillons de huit à dix mille hommes; une petite troupe sert à couvrir l'artillerie. Le bataillon du centre a devant lui deux mille *enfants perdus*, noms glorieux, parce que ces soldats d'élite, qui s'avancent témérairement les premiers, sont censés marcher à une mort certaine.

Encore deux heures, et la nuit va couvrir de ses ombres la plaine de Marignan; déjà le soleil commence à s'enfoncer derrière les rizières.

Les Suisses avancent toujours par rangs serrés, la pique basse, ne recourant, selon leur usage, à aucune manœuvre, n'employant d'autre art militaire que la force de leur corps et leur intrépidité. Chaque bataillon de huit mille hommes présente un front de six cents piques, les Suisses étant sur cinquante-trois hommes de profondeur, et les piquiers seuls des quatre premiers rangs pouvant baisser les piques.

Soudain cette masse prend le pas de course et roule sur notre armée comme un torrent, au son formidable des trompes d'Uri et d'Unterwalden, dont les notes cuivrées se mêlent en cadence aux sourdes batteries des tambourins et aux sons aigus des sambuques.

Enfin voilà les Suisses à bonne portée. Notre artillerie ouvre son feu, et ses boulets font d'énormes trouées dans cette longue colonne : de tous côtés on ne voit que têtes, bras et jambes voler en l'air; mais les vides sont aussitôt remplis. Ces intrépides montagnards se jettent dans les rizières pour éviter les effets désastreux de nos canons, et continuent toujours d'avancer aux cris de : « Granson! Morat! » Soudain ils débouchent sur le flanc de notre gendarmerie d'avant-garde. A peine avons-nous le temps de coiffer notre *armet* (casque).

« En avant! » s'écrie Fleuranges, et nos mille cavaliers se précipitent, la lance en arrêt, sur le front de l'infanterie suisse. En même temps les lansquenets, voyant engagés les gendarmes de Lorraine et des Ardennes, qui sont leurs compatriotes, se mettent en mouvement et commencent à traverser le canal. Après un premier choc des plus vigoureux, nos gendarmes ne peuvent arrêter l'ennemi, et sont refoulés par les longues piques des montagnards, laissant sur le terrain bon nombre de leurs camarades, que ces rustres achèvent sans pitié.

Nous repassons le canal en toute hâte. Les Suisses se jettent alors sur les lansquenets, culbutent et massacrent les sept à huit premiers rangs qui ont déjà franchi ce cours d'eau, leur criant qu'ils sont trahis, abandonnés par les Français, que c'est d'accord avec le roi qu'eux, les Suisses, se précipitent sur eux lansquenets, que François Ier veut faire aussi traîtreusement exterminer. Cette idée saisit les Allemands, qui reculent en gardant leurs rangs.

Les Suisses passent alors le canal, et tandis que les deux mille enfants perdus se jettent sur notre artillerie, le reste attend fermement, la pique en avant, le choc de la cavalerie du connétable, qui accourt à la rescousse. Celle-ci se jette en désespérée sur la masse suisse. Mais ce terrain coupé de fonds se prête mal aux charges de cavalerie. Nos chevau-légers et hommes d'armes ne peuvent entamer leurs ennemis. Les lansquenets se sont, de leur côté, remis de leur panique, et, dirigés par M. de Guise, chargent avec la plus grande ardeur, en compagnie des aventuriers français.

Malgré tant de valeur, il faut reculer encore. Notre artillerie, bien pointée, couche à terre des files entières d'ennemis, mais l'impassible colonne des Suisses avance toujours; elle s'empare même de sept canons, dont les lansquenets commis à leur garde se font massacrer sur les affûts.

Mais la fleur de notre gendarmerie est là, toute bardée de fer, hommes et chevaux. Le roi la conduit à la tête des princes et des gentilshommes de sa maison. Toute cette masse de fer s'ébranle au galop. Le sol tremble sous les pas de ses lourds chevaux, une épaisse poussière s'élève vers le ciel. En même temps deux mille aventuriers d'élite se précipitent au secours des canons de messire de Genouillac, tandis que les célèbres lansquenets de la Bande-Noire se dirigent contre leurs rivaux détestés, les montagnards des petits cantons.

Autour de nos batteries s'engage « un véritable combat de géants », et livré avec un tel acharnement, que, selon le vieux maréchal de Trivulce, les dix-huit batailles rangées auxquelles celui-ci a assisté jusqu'alors ne lui paraissent qu'un jeu d'enfants. Là s'engagent poulsis de piques, chocs d'hommes d'armes, heurts de chevaux, grands coups d'épée, chaplis de haches et de hallebardes. Trente charges exécutées sur cette « paysandaille » ne peuvent l'arrêter, ni même l'entamer.

Le connétable, les princes et seigneurs ne s'épargnent non plus que sangliers échauffés. Le roi lui-même, reconnaissable à sa haute taille et à son armet d'acier, que surmonte la couronne d'or de France, charge toujours en tête de sa maison militaire et reçoit plusieurs coups dans ses armes; sa cuirasse de buffle est percée à jour.

Le bon duc Antoine de Lorraine, qui vient de se marier tout nouvellement, se lance au milieu de la mêlée comme un vieux gendarme et a son cheval tué sous lui. Les Suisses l'entourent et vont le massacrer, quand Bayart, voyant le péril que court ce prince, se lance à son secours en criant : « Suisses traîtres et vilains maudits, retournez manger du fromage en vos montagnes, car bientôt cela ne vous sera plus possible. Demandez pardon à Dieu de votre trahison, demain il n'en sera plus temps. » Disant ces mots, il frappe sur les

Suisses à tort et à travers, à droite et à gauche, devant et derrière, et les effraye tellement par sa hardiesse, qu'aucun n'ose l'attaquer.

Là tombent les plus illustres : un François de Bourbon, frère du connétable, le brave Ymbercourt, les comtes de Sancerre et de Roye, le prince de Talmon et une foule de « gens de bien ». La mêlée devient générale. Après avoir renversé le bataillon des enfants perdus, François Ier, à la tête de deux cents gendarmes, se jette sur quatre mille Suisses détachés de la grosse bande, les renverse et les force à jeter leurs piques et à crier « France! » Enivré par ce premier succès, il tombe sur un autre bataillon de huit mille hommes qui veut tourner sa position; mais il ne peut entamer ce front impénétrable, hérissé de piques acérées.

Le soleil disparaît, mais on lutte à la clarté de la lune, jusqu'à ce qu'il fasse nuit noire.

Enfin nos gendarmes, dont le bras ne peut plus manier la lance, sont forcés d'arrêter le combat. Le grand maître de l'artillerie a eu soin de faire retirer tous nos canons qui sont exposés en première ligne et les braque plus en arrière; ces canons deviennent alors un point de ralliement; François Ier se réfugie sous leur feu à la tête de vingt-cinq gendarmes et s'efforce de réunir sur ce point ses troupes éparses. Auprès de lui se tient un trompette italien, du nom de Christophe, qui joue avec une extrême habileté de cet instrument, dont les sons éclatants guident vers le roi de nombreux combattants.

La bataille cesse complètement. Les corps français et suisses sont engagés les uns dans les autres. Chacun demeure immobile à sa place, de peur de tomber entre les mains de son ennemi. La gendarmerie reste à cheval, l'armet en tête, sans avoir bu ni mangé depuis près de douze heures. Suisses, Français, lansquenets, Milanais, sont confondus les uns avec les autres. Aucun n'ose se faire connaître de son voisin. Bonnivet, croyant soutenir les Gascons de Pedro Navarro, est enveloppé de tous côtés par les Suisses. Dans notre compagnie de gendarmes règne la plus grande tristesse : Bayart, notre vaillant chef, après avoir eu un cheval tué sous lui dans la première charge, s'est jeté à la fin de la journée sur un bataillon suisse ; ses rênes se sont brisées, et sa monture s'étant emportée, nous avons vu ce brave chevalier disparaître au plus épais des rangs ennemis, où il a dû sûrement trouver la mort.

Le roi est environné de ses gentilshommes, qui se rassemblent autour de lui autant qu'ils le peuvent. Il est éclairé par un flambeau. Épuisé par la fatigue et la soif, il demande à boire ; on lui présente dans un casque une eau bourbeuse et teinte de sang qu'il avale avec avidité et vomit avec horreur. Vandenesse vient lui annoncer qu'il n'est qu'à cinquante pas du plus gros bataillon des Suisses, et qu'il ne peut éviter d'être pris s'il est aperçu.

La retraite est dangereuse. On éteint le flambeau, et le roi, restant sur place, se repose tout armé et sans dormir sur l'affût d'un canon. Tous les feux sont éteints dans notre camp ; mais les Suisses, en ayant allumé un, autour duquel ils assemblent un conseil de guerre, fournissent ainsi un point de mire à notre artillerie, qui se remet à tirer et vient jeter l'effroi au milieu d'eux.

Un peu avant le jour une joyeuse rumeur s'élève dans les rangs de ma compagnie : « Bayart, notre brave lieutenant, vient d'échapper aux mains des Suisses et d'arriver au

camp ! » En effet, le preux chevalier a été emporté par son
cheval à travers les ennemis, jusqu'à ce qu'une de ces vignes
qui, en Italie, serpentent d'un arbre à l'autre, l'ait arrêté.
Afin de ne pas être reconnu par les Suisses, et grâce à

Les Suisses attaquent l'artillerie française défendue par les lansquenets.

l'obscurité, qui arrivait à grands pas, le preux chevalier
a mis pied à terre, a quitté son armet, ses cuissards, et,
en rampant le long des fossés, est parvenu à regagner nos
avant-postes.

Le lendemain, 14 septembre, au jour, François Ier recule
un peu sa position et place son artillerie de manière à croi-
ser son feu en avant des corps français. Les Suisses ont rallié
également tout leur monde au son des deux cornets d'Uri et

d'Unterwalden, que nous avons entendu résonner toute la nuit. Le cardinal de Sion leur a fait apporter des vivres de Milan, et les bivouacs entremêlés s'entendent encore sans se voir.

Dès que le jour paraît, la plus grande bande du centre suisse, au milieu de laquelle flottent l'étendard de Zurich et l'Ours noir de Berne, s'avance droit contre la bataille du roi. On la laisse approcher jusqu'à une portée d'arc; mais alors l'artillerie, faisant une décharge générale, ouvre de larges brèches dans les rangs de ces dix mille hommes serrés en masse. Bayart lui-même va trouver le maître de l'artillerie et lui commande de tirer sept à huit pièces par salves. Ce gros bataillon, intimidé, s'arrête : les Suisses font alors avancer leur artillerie, qui, elle aussi, fait baisser beaucoup de têtes.

Cependant le combat continue toujours au centre avec une égale fureur, et même encore plus acharné que la veille. Les Suisses s'avancent, malgré l'artillerie, et repoussent même la gendarmerie; un piquier de Berne parvient même à toucher un des canons près desquels le roi se tient, il est tué sur la pièce. Beaucoup de grands seigneurs sont jetés à terre, mais leurs armures sont si bonnes, qu'il faut que les Suisses frappent *soixante-deux* coups sur le fils de la Trémouille pour le blesser mortellement.

Heureusement les deux ailes de notre armée, n'ayant plus rien à craindre, viennent à ce moment se précipiter sur le centre. Le connétable de Bourbon avec ses gendarmes cherche à entamer les Suisses par leur flanc gauche; la grosse phalange se divise en deux, afin d'opposer un front plus large aux Français et de faire face de tous côtés. Un moment elle lutte avec avantage; les arbalétriers gascons surviennent à leur tour, et, se réunissant aux arquebusiers, font des décharges successives de flèches et de balles.

Vaincus par le nombre, ces héroïques soldats, malgré les exhortations du cardinal de Sion, qui se tient à cheval au premier rang sur son blanc destrier et drapé dans sa robe de pourpre, commencent à plier; mais cinq mille d'entre eux, qui sont les plus engagés, sont presque tous massacrés. Bien que battus, les Suisses qui ont échappé au carnage se retirent en frémissant sur la route de Milan; ils abandonnent sur le champ de bataille les cadavres mutilés de plus de quinze mille de leurs compagnons.

Au moment où les Suisses commencent à quitter ce terrain si disputé depuis vingt-quatre heures, Alviano, qui a marché toute la nuit avec ses troupes, y arrive aux cris de : *Marco! Marco!* Ce général croit la journée perdue : sur sa route, il a rencontré des Français que les efforts des Suisses ont mis en fuite, et qui lui ont dit que le roi a perdu la bataille. « Eh bien, mes enfants, a répondu Alviano, nous allons la regagner, suivez-moi. » Mais bientôt il connaît la vérité, et regrette de n'avoir pu prendre part à la victoire.

Néanmoins les Suisses conservent toujours une admirable constance dans leur retraite. On se jette sur leur arrière-garde, on la presse de toutes parts.

Nos aventuriers surprennent un millier de Suisses qui ont tourné nos derrières et se sont rendus maîtres du camp du connétable. Ces rudes mantagnards sont entourés au moment où ils vident une charretée de vin de Beaune que M. de Bourbon a reçue la veille. Les Suisses se réfugient dans une maison. Nos soldats y mettent le feu après en avoir enfoncé les portes, et huit cents Helvétiens sont brûlés vifs dans les greniers ou étouffés dans les caves. Un autre bataillon ennemi est exterminé par nos Gascons dans un bois où il s'est reformé.

Malgré tout, le gros de l'armée du cardinal de Sion se retire toujours en combattant, et tue le comte de Petiliano, commandant l'avant-garde des Vénitiens. Deux compagnies

Bayard arme chevalier François I".

suisses tiennent encore dans un village voisin de Marignan ; on les somme inutilement de se rendre. Il faut forcer ces braves et opiniâtres guerriers dans les maisons où ils se défendent, et où ils périssent misérablement brûlés jusqu'au dernier.

L'affront de Novare vient d'être vengé. La gendarmerie et l'artillerie ont triomphé des gros bataillons suisses. Le fameux cor d'Uri, qui a retenti jusqu'alors d'une manière si terrible dans les combats, s'est même perdu dans la mêlée.

Cette action nous avait coûté six mille hommes, tués ou blessés, mais elle inaugurait brillamment le règne de François Ier. La joie était grande dans l'armée française. Le le jeune roi voulait faire honneur de cette glorieuse affaire au héros de Brescia et de Guinegate : il demanda à être armé chevalier sur le champ de bataille de la main de Bayart. Celui-ci accomplit tous les rites de l'ancienne cérémonie, et, après avoir donné l'accolade au roi, il fit un bond et baisa son épée en s'écriant : « Tu es bien heureuse, ma bonne épée, d'avoir donné aujourd'hui à un si beau et si puissant roi l'ordre de la chevalerie! Certes, vous serez bien gardée comme une relique, honorée entre toutes, et je ne vous porterai jamais, si ce n'est contre Turcs, Sarrasins ou Mores. »

Bayart était le plus digne, en effet, de baptiser, au nom de la Gloire, le vainqueur de Marignan. C'était le dernier et le plus noble représentant de la chevalerie au xvie siècle.

METZ

(19 OCTOBRE 1552 — 15 JANVIER 1553)

PAR UN GENTILHOMME VOLONTAIRE

Henri II venait de s'emparer des Trois-Évêchés, Metz, Toul, Verdun, et s'était même avancé jusque sous les murs de Strasbourg. Cette pointe audacieuse de la France vers son ancienne limite excite au plus haut degré la colère de Charles-Quint. Le puissant empereur réunit les plus braves de ses soldats, les plus énergiques représentants de ses peuples innombrables, depuis la Baltique jusqu'au détroit de Gibraltar. Tout ce qui est vaillant en haute et basse Allemagne, dans les Pays-Bas, en Espagne, en Italie, est venu se joindre à lui pour prendre part à cette curée de la France.

Une armée formidable s'assemble entre Inspruch, Munich, Augsbourg et Ulm. Il y a là cent quarante-trois enseignes allemandes, vingt-sept espagnoles, seize italiennes, plus de douze mille cavaliers, cent quatorze pièces d'artillerie, en résumé près de cent mille hommes, dont soixante mille de fort bonnes troupes et sept mille pionniers.

On prévoit bien que c'est sur Metz que Charles-Quint veut marcher, car cette ville, entre nos mains, devient comme un coin qui entre au cœur de ses États. Aussi l'empereur a-t-il juré qu'après cette armée il en viendra une autre, deux autres, trois autres, et qu'il ne quittera pas Metz avant d'avoir repris cette ville impériale, dont la conquête le mènera, par la Champagne ouverte, jusqu'au cœur de la France. Il a su intéresser à sa querelle la vanité germanique ; comment laisser entre les mains des Français le duché de Lorraine et les Trois-Évêchés : Metz, Toul et Verdun? N'est-ce pas terre allemande?

La grosse querelle entre la Gaule et le Germanie, entre l'empire et la France, continue.

Henri II vient de reconquérir cette partie de « l'héritage des Francs » que les troubles de la féodalité en ont séparée. Il veut aller plus loin et reprendre tout le territoire de la Gaule jusqu'au Rhin. C'est un projet national ; toute la jeunesse des villes quitte père et mère pour se faire enrôler. On veut voir le fleuve du Rhin.

Mais les Allemands ont bien vite fait la paix entre eux. Tous les confédérés ont abandonné le roi de France. Seul le margrave Albert de Brandebourg, l'un des fondateurs de la monarchie prussienne, lui est resté, en apparence, fidèle ; mais, en réalité préoccupé de projets de trahison, il cherche uniquement à rendre cette trahison plus dangereuse pour la France.

Après avoir, étant encore à notre solde, pillé nos alliés, mis à feu et à sang, avec une véritable rage, tous les pays qu'il parcourt, après avoir essayé de s'introduire, sous couleur d'amitié, dans Metz, il demande, avec une fourberie de juif, le partage des provisions qu'on a eu tant de peine à rassembler dans cette ville. Puis, sentant que sa conduite équivoque ne va bientôt plus tromper le roi Henri II, il se jette sur un petit corps de cavalerie française qui l'accompagne, l'écrase, fait prisonnier son chef, le duc d'Aumale, frère du duc de Guise, et, le traitant avec une insolence lâche et grossière, il l'amène à l'empereur, auprès duquel il se rend avec toute son armée.

A la nouvelle de cette infâme trahison, le duc de Guise accourt à Metz pour y prendre la direction de la défense, suivi d'une foule de noblesse. Presque aussitôt un nouveau malheur vient nous frapper : une seconde armée allemande envahit le nord de la France et contraint l'armée, que le roi et le connétable de Montmorency ont amenée à Saint-Mihiel pour secourir Metz, à se rendre dans la Picardie.

Le duc de Guise n'a donc plus rien à attendre que de lui et du courage de ses soldats; mais ses soldats sont la fleur de la noblesse et de l'armée française.

Quant à lui, il montre ses qualités d'énergie, de prévoyance, de prudence et d'activité qui en font un de ces hommes de guerre dont la patrie peut être fière.

Cette défense de Metz va être la plus belle page de sa vie militaire. Il est arrivé dans la ville dès le 17 août, et, depuis ce jour jusqu'à la fin du siège, personne ne lui verra plus donner une heure à son plaisir personnel. Tout est à faire dans cette ville de huit à neuf mille pas de tour, et qui n'est réellement défendue en aucun endroit.

Metz, vieille et riche cité, est couverte de trois côtés par la Seille et la Moselle, qui s'y rencontrent; mais elle est dominée par des hauteurs voisines et facile à battre de beaucoup de côtés, et ne peut même pas cacher aux ennemis les mouvements intérieurs de la défense, les préparatifs des sorties, les travaux de fortifications. Elle est fortifiée à l'ancienne mode, c'est-à-dire de façon à ne pouvoir résister à l'artillerie : la muraille est nue, non remparée ; elle n'a aucun épaulement, aucun ouvrage avancé, aucun bastion ; le fossé est comblé en bien des endroits. Du côté sud, la place est presque ouverte et défendue seulement par un vieux boulevard. De plus elle a un développement considérable. Il faudrait une armée entière pour la défendre. Cette armée, la France, menacée sur toute sa frontière du nord à l'est, depuis Strasbourg jusqu'à Boulogne, et abandonnée par ses alliés, la France ne l'a pas.

Malgré tout, le duc de Guise se met résolument à l'œuvre dès le premier jour de son arrivée, avec l'aide de gens experts en l'art des fortifications, de l'illustre Pierre Strozzi, de Camille Marini, de M. de Gounor et surtout du vieux M. de Saint-Remy. On épaule les murailles, on creuse des fossés, des tranchées, on établit des plates-formes, on construit des bastions. On rase les faubourgs, on abat sans pitié les maisons trop voisines des ouvrages et plus de trente églises magnifiques, dont quelques-unes renfermaient les tombeaux de plusieurs rois de la race carlovingienne. Les autres églises restées debout sont changées en citadelles ; sur les hauts clochers, dont les voûtes sont fortement étançonnées à l'intérieur, on établit des plates-formes, et on y hisse des canons destinés à répondre à ceux que les ennemis ne manqueront pas de disposer sur les collines voisines.

Tout le monde travaille sans relâche ; chacun est occupé à porter la terre nuit et jour pour épauler le rempart. Princes, seigneurs, capitaines, lieutenants, généraux, M. de Guise lui-même, tous portent la hotte pour donner du courage aux soldats et aux habitants ; tous, même les femmes, se sont mis à la besogne avec une ardeur infatigable. Ceux même qui n'ont pas de hottes s'aident de chaudrons, de paniers, de sacs, de draps, de tout, en un mot, ce qui peut servir à transporter la terre. Quant à M. de Guise, il fait porter son dîner dans les endroits où il travaille, pour surveiller et encourager, et ne sort de la ville que pour aller visiter le pays et se rendre bien compte des endroits où les ennemis seront tentés de s'établir et où nous pourrons dresser des embuscades.

Le duc de Guise, forcé de pourvoir à tout, fait ensuite affluer dans la ville toutes les provisions du pays. Il crée des hôpitaux, organise un atelier pour refondre les canons qui seront mis hors de service. Les vieilles poudres déposées dans les magasins depuis quarante ans étant avariées, il fait construire des moulins pour en fabriquer de nouvelles.

Arquebusier.

Afin qu'il n'y ait dans la ville que des échanges réguliers et pas de violence, il crée une monnaie obsidionale, qu'il s'engage à reprendre au taux d'émission.

Les chevaux qui ne sont pas nécessaires aux sorties sont tués et salés. En outre, en vue de ménager ses provisions et par crainte aussi des paniques et des désordres, le duc de Guise met, quand l'ennemi approche, la population tout entière dehors, après toutefois avoir écrit aux villes voisines de bien recevoir les Messins, et fait dresser par chaque habitant un inventaire de ses meubles, pour qu'en son absence rien ne soit détourné par les soldats. Il garde seulement une centaine de prêtres pour célébrer le service divin et environ deux mille ouvriers de tous états.

L'armée impériale se met enfin en mouvement et traverse le Rhin. Elle marche avec la lenteur habituelle aux armées allemandes, mettant deux mois à faire cinquante lieues. Les capitaines que Guise envoie à la découverte rapportent que les Impériaux sont à Spire, puis aux Deux-Ponts, enfin à quinze lieues de Metz. On presse la rentrée des provisions de toute sorte, et on concentre dans la ville les petits corps répandus dans le voisinage.

La fin de septembre est venue; l'automne est aussi beau que l'hiver doit être rigoureux. L'armée allemande avance toujours, et toujours grossit. Elle touche à la Moselle, puis à la Sarre. Elle est à Sarrebrück, puis à Forbach, à sept lieues de Metz.

Tous les renseignements sont d'accord pour faire monter l'armée ennemie à plus de cent vingt mille hommes. Guise ne possède pour opposer à cette masse énorme que quatre mille cinq cents hommes de pied et six cent vingt hommes de cavalerie ; mais cette petite armée est résolue de défendre Metz jusqu'à la mort. On voit accourir à Metz notre brave noblesse, comme à un rendez-vous d'honneur, aussi pressée, aussi nombreuse, qu'aux jours des fêtes les plus brillantes.

De moment en moment entrent dans la place des volontaires de rang illustre : un prince du sang de France, le prince de la Roche-sur-Yon, deux princes lorrains, un prince de Savoie, le duc de Nemours, le duc Horace Farnèse, et une foule de seigneurs, capitaines et gens d'armes qui aident à combler les vides de la garnison.

Les ennemis approchent toujours; les escarmouches entre les deux cavaleries commencent et deviennent de plus en plus fréquentes, car de Guise, suivant le système qu'il va employer jour et nuit pendant tout le siège, ne laissera pas aux Impériaux une heure de repos.

Le 17 octobre, les coureurs de l'avant-garde allemande sont signalés aux Étangs, à trois lieues de Metz.

Dès que l'armée allemande est arrivée près de la place, les généraux opinent pour commencer par la sommer. « Non, dit l'empereur, je ne ferai pas cette démarche; François, duc de Guise, n'est pas enfermé dans la ville avec la fleur de la noblesse française pour capituler. Nous ne réussirons dans notre projet qu'à force de valeur, d'activité et d'intelligence. »

Le 19, deux des généraux ennemis les plus renommés de l'époque, le duc d'Albe et le marquis de Marignan, viennent, avec vingt mille hommes, reconnaître la ville. Le siège est commencé. Du haut de la Belle-Croix, les généraux étudient attentivement les fortifications, tandis que leurs troupes tâtent les nôtres à plusieurs endroits de la ville. L'escarmouche dure depuis onze heures du matin jusqu'au soir. Les ennemis se retirent laissant nos soldats très fiers de ce début, et pendant trois jours on est au repos. Nous en profitons pour achever nos lignes, couper les ponts et terrasser quatre des sept portes de la ville.

Le 20 du mois, à cinq heures du matin, un grand nombre de tambours battant aux champs annoncent que l'armée allemande est proche. En effet, à sept heures, quand le brouillard tombe, on voit apparaître l'avant-garde au nord de la cité. Une partie de l'armée ennemie grimpe le mont Châtillon pour y asseoir le camp, tandis que le reste se tient en bataille au nord-est, jusqu'à ce que le camp soit logé. Ce soir-là, à minuit, arrivent à Metz deux princes du sang de France, le duc d'Anguien, le prince de Condé, les deux fils du connétable de Montmorency, accompagnés d'une centaine de gentilshommes. On prend les dernières dispositions pour faire régner la plus dure discipline, pour ne laisser aux traîtres et aux espions aucune occasion d'intelligence avec les ennemis, et on distribue les postes de combat.

Les Allemands restent peu à leur cantonnement du mont Châtillon. La veille de la Toussaint, ils commencent à descendre vers la partie méridionale. Le marquis de Brabançon, avec les gens des Pays-Bas, garde cette première position et y établit un camp, que nos soldats nomment malicieusement le camp de la reine

Marche de lansquenets.

Marie. Le duc d'Albe et le gros de l'armée viennent s'établir entre les deux rivières, en face de la muraille du sud, qui est la partie la moins naturellement forte de la place. Les autres quartiers ont jusque-là donné tant d'affaires aux assiégés, que l'on n'a pu travailler beaucoup à celui-ci. On se met à la besogne avec une sorte de fureur, et au bout de huit jours on a construit derrière la muraille un rempart haut déjà de trois pieds et de vingt-quatre pieds de large. Les ennemis se sont établis dans toutes les ruines des faubourgs, des abbayes, des hameaux situés entre la Moselle et la Seille. Les tranchées sont commencées, ainsi que tous les terrassements qui doivent porter l'artillerie des assiégeants.

Pendant ces huit jours, les mauvaises nouvelles se suc

cèdent comme pour nous enlever le courage. D'abord on voit, à l'essai, que la grosse artillerie trouvée dans la ville est mauvaise. Les pièces éclatent. Il nous est impossible de nous opposer autrement que par des sorties et des escarmouches aux mouvements un peu lointains de l'ennemi. Aussi le duc de Guise est-il obligé d'improviser des canonniers, pour essayer de faire refondre les vieilles pièces.

L'armée a établi trois camps autour de nous, de manière à envelopper la ville. Celui de l'empereur, à l'est et au sud, avec les Impériaux et les Brabançons, sur les deux rives de la Seille et sur la colline de Châtillon ; le grand camp du duc d'Albe avec l'armée des Pays-Bas, au nord, sur la colline de Grimont ; et enfin le camp des vingt mille Allemands du marquis de Brandebourg, à l'ouest, sur le mont de l'abbaye Saint-Martin, en face du pont des Mores. La cité est donc entourée par une ceinture d'ennemis. Pendant la nuit, à deux lieues à la ronde, les feux gigantesques des bivouacs flambent autour de Metz : on dirait que toute la terre brûle.

Dans la nuit de la Toussaint il entre encore vingt-cinq à trente gentilshommes venant de Verdun ; mais à partir de ce jour on ne peut pénétrer dans Metz qu'avec difficulté, et cela devient bientôt impossible. Toutefois le grand médecin Ambroise Paré, grâce à un officier italien de l'armée impériale, peut forcer le blocus et rejoindre pendant la nuit les assiégés avec son apothicaire et un cheval qui porte sa pleine charge de drogues.

Bientôt les tranchées s'approchent de la ville. Les redoutes sont élevées et garnies de canons formidables. L'artillerie ennemie commence à tonner. C'est surtout du côté de la porte Champenoise que le feu est le plus violent. On l'entend non seulement de Strasbourg, mais de quatre lieues par delà le Rhin. Les boulets ennemis mordent bientôt les fortifications. Une brèche de cent pas de long est pratiquée dans la muraille; deux autres sont ouvertes à côté de la première. Les défenses établies dans l'ancien système à tours élevées à plusieurs étages croulent incessamment; mais nos gentilshommes et nos pionniers courent avec la hotte, les sacs de laine, les gabions, les fascines, appuyant, épaulant, bâtissant; et derrière chaque mur qui tombe les Impériaux voient avec une colère impuissante un et quelquefois deux remparts, aussi fièrement gardés que le premier.

Les soldats de Charles-Quint recommencent leurs feux, poussent leurs mines : rien n'y fait, et telle est notre contenance, qu'ils remettent toujours au lendemain à donner l'assaut, et ils le remettent tant et si bien, qu'ils n'assaillent pas une seule fois la brèche. A toutes les offres de capitulation nos soldats crient aux assiégeants que l'on verra plutôt la fin de la vie de l'empereur que la fin du siège A chaque cavalier que l'ennemi élève, on oppose de nouveaux ouvrages pour les contre-battre; on approfondit les fossés, on ouvre des tranchées où des arquebusiers s'établissent, de sorte que les travaux dans l'intérieur de la place et sur son pourtour sont presque aussi étendus que ceux de l'ennemi au dehors; comme au premier jour aussi, tous, princes et seigneurs, nous y mettons la main.

Chaque jour et chaque nuit, nos gens sortent par les trois portes que l'on a laissées ouvertes de la place, et vont tuer à coups d'épées les soldats ennemis dans les tranchées, donnant l'alarme aux camps impériaux, et obligeant ainsi cette immense armée à être constamment sur pied, ce qui la ruine de fatigue. Comme ils sortent en petit nombre, ils ramènent à leur suite quelque grosse troupe qui trouve toujours une bande d'arquebusiers embusquée en quelque lieu et ne se retire qu'en laissant des morts derrière elle.

Souvent aussi nos sorties mettent en fuite et pillent les fourrageurs et les convois des Allemands, battent tous les chemins entre les camps, faisant des prisonniers, du butin, du dégât.

Toutefois la tranchée des Impériaux avance toujours, et s'est approchée assez pour que les soldats des deux partis puissent échanger des injures.

Le duc de Guise, se voyant pressé par les travaux ennemis, fait

Une sortie des Messins.

adroitement tomber entre les mains des Impériaux une lettre écrite au roi son maître, dans laquelle il marque qu'il n'a plus d'inquiétude depuis que l'ennemi a pris le parti d'attaquer du côté où les fortifications sont les plus considérables et où on a eu le temps d'achever une bonne coupure. Cet artifice trompe les assiégeants, qui dirigent alors une partie de leurs batteries contre un front d'une meilleure défense que le premier. Ces variations font languir le siège et emportent beaucoup de temps.

Enfin, le 20 novembre, Charles-Quint, que ses infirmités ont tenu éloigné de la place, arrive en personne au camp, et sa venue nous est révélée par de grandes salves d'arquebuserie et d'artillerie. Il passe en revue toute l'armée. Cette arrivée décuple l'énergie des assiégeants, qui espèrent que la présence de leur empereur assurera le succès de leur entreprise. De notre côté, cette arrivée nous rend tout joyeux, car notre résistance n'en sera que plus glorieuse.

Tout étant prêt au camp ennemi, alors commence la plus terrible canonnade qu'on ait encore entendue en Europe. Une batterie de vingt-cinq à trente pièces d'un énorme calibre se met surtout à battre la muraille méridionale, aux environs de la porte Champenoise, avec une telle fureur qu'en peu d'heures on compte mille trois cent quarante-trois coups, et que la muraille est percée en plusieurs endroits. La canonnade recommence les jours suivants avec la même rage.

Pendant ce temps, de jour et de nuit, nous travaillons à bâtir un nouveau rempart derrière ce mur entamé.

Arriverons-nous avant l'ennemi, dont l'artillerie, commandée par un des plus renommés généraux de cette arme, don Juan Manrique, fait cruellement merveille? Auronsnous bâti le rempart avant l'effondrement total de la muraille?

Le 28 novembre, les ennemis, continuant leur feu infernal, ouvrent la tour d'Enfer de dix-huit à vingt pieds de large. Vers midi, tout le pan de mur entre les tours de Wassieux et des Lainières, après avoir été fortement battu assez près du sol par les gros boulets allemands, commence à pencher en dehors et à se séparer de la terre qui l'appuie. Deux heures après, sous les coups de l'ennemi, ce mur tombe tout d'un coup dans le bastion. Heureusement il s'affaisse plutôt qu'il ne tombe, rendant l'escalade malaisée pour l'assaut.

Les Allemands, en voyant la muraille se renverser, poussent de joyeux hourras, comme s'ils étaient sur le point d'arriver à la fin de leur entreprise. Mais, quand la poussière, s'étant dissipée, leur laisse voir derrière la brèche un nouveau rempart haut déjà de huit pieds, tous leurs cris d'allégresse s'éteignent subitement.

Ensemble du siège de Metz : vue prise du camp des Impériaux.

Un de nos soldats, nommé Montilly, fait alors la bravade de descendre aussitôt par la brèche, comme pour dire aux ennemis qu'il ne se soucie guère qu'on puisse aisément y monter. Nos gens de guerre, de pied et de cheval, plantent, en signe de défi, leurs enseignes, guidons et cornettes sur le rempart ; et tous les matins, au changement de garde, on ne manque pas de les y déployer. Nos soldats, par raillerie, crient aux Allemands : « Au renard, au renard, au renard! » et échangent avec eux mille injures. Mais M. de Guise défend bientôt, sous peine de mort, qu'on parle aux assiégeants, de crainte que quelque traître ne saisisse cette occasion pour dévoiler tout ce qui se passe dans la ville. Nos hommes attachent alors des chats vivants au bout de leurs piques, échangent avec eux des cris de : « Miaut! miaut! miaut! » et les lancent sur la tête des Allemands.

Les Impériaux sont furieux d'avoir dépensé tant de poudre en pure perte pour pratiquer cette brèche de quatre-vingts pas, où l'on peut entrer cinquante hommes de front, et de trouver derrière un rempart plus fort que la muraille.

Beaucoup de nos arquebusiers, comme si cette muraille n'était pour eux rien autre chose qu'un obstacle, s'établissent tranquillement dessus pour tirer dans les tranchées ou sur les cavaliers ennemis. Aussi les soldats impériaux de garde pratiquent-ils dans leurs terrassements de petites embrasures, par lesquelles ils peuvent tirer à couvert et en plein dans la brèche, pour empêcher les nôtres d'oser s'y présenter. Toutefois les gendarmes, ayant l'armet en tête et vêtus de leurs blouses de travail, montent tout au haut de la muraille pour vider les hottes de terre. Ces braves gentilshommes paraissent si peu craindre le danger, que les pionniers, et même les femmes qui travaillent au rempart, s'accoutument peu à peu à monter avec eux.

Pendant tout le reste de cette journée du 28 novembre, les ennemis tâtent à coups de canon ce rempart qui les a tellement surpris. Mais, quoiqu'il soit fraîchement élevé, il se trouve assez fort en plusieurs endroits pour arrêter le boulet. A la nuit, la canonnade cesse. Mille coups environ ont été tirés ce jour-là. Nous nous mettons au travail pendant les ténèbres, et avec plus d'activité que jamais, pour élever et renforcer le rempart et pour étayer la tour qui s'est écroulée. Le 29 novembre au matin, notre tâche est heureusement terminée.

Chaque jour nous attendons tranquillement l'assaut que le traître Albert de Brandebourg a demandé à l'empereur la faveur de nous donner, promettant de prendre la ville sans grande difficulté. Pendant ce temps, nous continuons ces sorties hardies et si furieuses, qu'un soldat allemand, que nous ramenons un jour prisonnier, déclare être faites plutôt par des esprits diaboliques que par des hommes mortels.

Nous avons réuni heureusement au dehors divers corps de troupes qui, par leur courage et leur activité, se montrent dignes de nos vaillants assiégés.

Ces troupes courent toute la Lorraine, prennent les villes occupées par les Impériaux, saccagent les villages où ceux-ci sont cantonnés, enlèvent leurs convois, exterminent les corps de troupes qui s'éloignent du camp, et se livrent à une guerre de partisans, incessante, sans pitié, guerre de toute hardiesse et de ruses, guerre dramatique, pittoresque, joyeuse même, sous la conduite de Roger de Rabutin et du maréchal de Vieilleville.

Le premier de ces deux capitaines a son quartier général à Toul, sous les ordres de M. de Nevers et du vieux gouverneur d'Esclavolles, qui, sommé de rendre cette place sans défense, a répondu sévèrement à l'envoyé de Charles-Quint : « Prenez d'abord Metz, nous causerons ensuite de Toul. »

C'est de Verdun que Vieilleville part pour ses expéditions si habilement combinées, si énergiquement exécutées, qui le font surnommer par Charles-Quint le Lion-Renard, et où il est conduit par l'irritation que lui a causée la lâche trahison du margrave Albert de Brandebourg. Il est vrai que Vieilleville joue gros jeu avec de tels personnages, avec ce vieil empereur surtout, auquel le sentiment de la générosité a toujours été inconnu, qui met à prix la tête du Lion-Renard, et jure qu'il le fera empaler.

Quant au margrave, à chaque défaite de ses soldats il court, ivre de fureur et de vin, près de son prisonnier le duc d'Aumale, lui met le couteau sous la gorge avec force paroles insultantes, lui jurant qu'il « le crèvera à coups de pistolet ». Par un raffinement de grossièreté allemande, il se venge de ses échecs en forçant le prince lorrain à garder la même chemise pendant trente-six jours, et en parant son propre corps des habits que le duc de Guise envoie à son frère.

Vieilleville continue la guerre, enlevant les convois, prenant les châteaux, les villes même, parmi lesquelles Pont-à-Mousson, exterminant les petits corps d'armée, et cherchant jusque tout près de Metz les soldats du margrave. Une nuit même, il en tue mille aux portes du camp, dans le village de Rougerieulle, situé dans la montagne, et d'où il montre à ses gens de guerre l'héroïque cité lorraine tout illuminée par les décharges des deux artilleries. Malgré tous ces efforts, notre position ne s'améliore guère. L'artillerie ennemie est tellement supérieure à la nôtre, qu'elle peut raser tout ce qu'elle veut, et de fait il y a des brèches de toutes parts.

L'hiver est arrivé avec toutes ses rigueurs, la neige tombe en épais flocons, le froid est intense. La nuit, nous entendons des bruits souterrains qui indiquent le travail des mines.

Le duc de Guise vient écouter au pied des murailles pour tâcher de saisir la direction de ses sapes, et le vieux gendarme Saint-Rémy, comme l'appellent nos soldats, cherche nuit et jour dans les caves pour trouver les endroits propres aux contre-mines, et en fait commencer plusieurs.

Les Impériaux se croient sûrs du succès. Dès le milieu de novembre, le prince de Piémont a écrit à son parent le duc de Nemours, qui est dans la place, de lui apprêter à dîner pour le dimanche suivant, qu'il viendra manger en son logis. De son côté, le marquis de Marignan envoie un trompette au duc Horace Farnèse, avec instante prière de quitter la partie, parce que les Allemands et les Bohêmes, bien sûrement, tueront, dans le sac de la ville, princes comme valets. A quoi Guise répond qu'il fait meilleur dans la ville que dehors, et que lui et ses officiers ont fait bonne chère au jour marqué, mais que les convives promis ne sont pas venus.

L'empereur, lui aussi, a juré qu'il prendra Metz et en exterminera la garnison, dût le siège lui coûter trois armées, et s'y opiniâtrer avec passion.

Le duc de Guise sait qu'il n'a pas de secours à attendre du dehors avant longtemps; aussi commence-t-il à mettre la garnison à la portion congrue, à diminuer d'un quart la nourriture des hommes, à faire tuer et manger les chevaux inutiles. Nous sommes du reste décidés à ne pas nous rendre avant d'avoir mangé ânes, mulets, chiens, chats, rats, même les bottes, les collets et les autres cuirs qu'on pourra amollir et fricasser.

Le 7 décembre, l'armée ennemie s'ébranle enfin. Nous attendons l'assaut. Chacun se rend à son poste de combat, aux brèches, aux bastions, aux places de secours, le long des murailles. Nous sommes peu nombreux pour garder une si grande ville, mais tous nous sommes prêts à bien faire. Les princes de Bourbon, de Lorraine, de Savoie et les fils du connétable sont au premier rang, à la grande brèche. Le vieux Saint-Rémy a préparé tous ses artifices à feu et engins de guerre, comme boîtes, barricades (petits barils), grenades, pots à feu, lances ardentes, torches, fusées, cercles entourés de chausses-trapes, fagots brûlants. On a en outre disposé de l'eau bouillante, du plomb, de la poudre, de la chaux vive pour brûler les yeux des assaillants.

Le duc de Guise a donné l'ordre de percer les maisons de chaque côté pour loger les arquebusiers et prendre les ennemis en flanc. Les femmes doivent dépaver les rues et jeter par les fenêtres huches, tableaux, tréteaux, escabelles pour briser les crânes épais des Allemands. Plus loin, derrière la brèche, on a établi un gros corps de garde remparé de charrettes, de palissades, de tonneaux pleins de terre, et armé de petites pièces de canon qui balayeront les assaillants et prendront ainsi les Allemands en flanc, en tête et en queue. Si ceux-ci parviennent à forcer ces défenses, ils en trouveront d'autres de cent pas en cent pas, qui seront défendues avec la même ténacité.

Mais ce n'est pas tout : quand ces ouvrages auront été pris, les soldats de Charles-Quint seront obligés de s'emparer encore de sept gros bastions, commandés chacun par un prince, et dont tous les défenseurs sont décidés à se défendre jusqu'à la dernière goutte de leur sang.

Enfin, en cas de désastre, les défenseurs de Metz ont résolu de porter les trésors, l'argent, les joyaux, les plus riches meubles, sur la grand'place, et de les réduire en cendres, afin d'empêcher les ennemis de s'en emparer. En outre, des hommes énergiques ont été choisis avec mission de mettre le feu aux maisons et de faire sauter les poudres, afin de tout détruire, la ville, les Allemands et nous, car tous nous sommes résolus de nous ensevelir sous les décombres de Metz, plutôt que de tomber entre les mains de ces cruels ennemis.

L'armée impériale cependant se range en bataille et se met en mouvement; mais, voyant la brèche garnie de morions et de corselets, elle n'ose s'aventurer et s'arrête. On reste ainsi tout le jour. Nos soldats attendent, graves, recueillis, déterminés; pas un capitaine ennemi ne s'offre pour commencer.

L'empereur, sachant que la brèche est plus que suffisante, se fait porter par quatre lansquenets sur le front de ses troupes, et, l'ayant vue, s'écrie avec colère :

« Comment, plaies de Dieu, n'entre-t-on pas là dedans? La brèche est grande et à fleur de fossé! Vertu Dieu! à quoi cela tient-il? » Le duc d'Albe lui répond que nous sommes sur nos gardes et que le duc de Guise a fait élever derrière la brèche un fort retranchement garni de feux d'artifice, d'une artillerie redoutable, et que tous les assaillants seront massacrés avant de pouvoir y atteindre.

« Mort Dieu! reprend l'empereur, que ne l'avez-vous fait essayer! Croyez-vous aveuglément ce que l'on vous rapporte?

— Nous n'avons pas affaire, réplique le duc, à une ville d'Allemagne, qui se rend quand on la menace; mais il y a là dedans dix mille hommes les plus intelligents et les plus intrépides de la chrétienté, soixante grands seigneurs, neuf ou dix princes du sang royal de France, comme Votre très sacrée Majesté a pu le connaître par les sanglantes et victorieuses sorties qu'ils ont faites sur nous. » Ce discours met

Charles-Quint en fureur : « Ah ! s'écrie-t-il, je renie Dieu. Je vois bien que je n'ai plus d'hommes ! Il me faut dire adieu à l'Empire, à toutes mes entreprises et au monde, et me confiner en quelque monastère, car je suis vendu, trahi, et, par la mort Dieu ! avant trois ans je me ferai cordelier. » A la nuit, les troupes impériales rentrent dans leur camp...

Mais avec novembre sont arrivées les pluies, avec décembre les neiges et les glaces. La peste, la faim, le froid déciment les Allemands. Capitaines et soldats demandent à grands cris qu'on les mène aux brèches, aimant mieux périr de la main de l'ennemi que de la misère.

L'empereur demande alors quels sont ceux qui se meurent, si ce sont des gens de marque. Quand il apprend que ce sont de pauvres soldats, il dit que c'est un bien qu'ils meurent, qu'il y a toujours trop de chenilles et de hannetons pour manger les fruits de la terre. Il ajoute encore qu'il prendra la ville par la force ou par la famine, car la prise de tant de seigneurs lui compensera sa dépense au quadruple, et il veut encore une fois aller visiter les bons Parisiens et se faire à Paris couronner roi de France.

Le siège continue ; mais ni brèche, ni sape, ni mine n'ont amené de résultats : nous ne sommes ni moins fréquents, ni moins hardis dans nos sorties et nos entreprises, et l'on sait que nous sommes décidés à mourir avant de nous rendre. La vie dans les camps impériaux devient intolérable. Les soldats désertent et viennent, hâves, déguenillés, presque mourants, se rendre à nos coureurs, qui les accueillent et les soignent.

Les généraux ennemis désespèrent du succès. Dès le jour de Noël, nous commençons à voir des remparts certains mouvements annonçant que l'empereur cède enfin. Mais on n'y veut pas croire.

Le 27 décembre cependant, dans une de leurs sorties, les nôtres trouvent vide le camp des Italiens.

Nous redoublons d'activité. La retraite se fait lentement et en force. L'empereur est encore au camp. Les 27 et 28, la canonnade dure plus fort que jamais.

Enfin, le 1er de l'an 1553, Charles-Quint, fuyant la vue de ce grand désastre, abandonne le siège, furieux et désespéré de cette « bastonnade », la plus rude qu'il ait reçue en toute sa vie. Il accuse la Fortune : « Je vois bien qu'elle est femme, dit-il; mieux aime-t-elle un jeune roi qu'un vieil empereur. »

Arquebusier et colonel d'infanterie.

Mais François de Guise se tient sur ses gardes, connaissant l'esprit rusé de l'empereur et craignant qu'il n'ait simulé ces mouvements pour mettre le désordre parmi les assiégés, les engager à diminuer leur surveillance, les pousser à des sorties imprudentes pour ensuite enlever la ville par surprise.

Le lendemain, vers onze heures du soir, nous voyons deux fusées s'élever du camp méridional et du camp de la reine Marie, au nord-est; le duc d'Albe et le marquis de Brabançon délogent piteusement, sans bruit de trompette ou de tambour, dans un désordre inexprimable, laissant les tentes dressées, une énorme quantité d'armes, des tonneaux pleins de poudre, des meubles à foison, une partie de leur artillerie enterrée, et abandonnant une multitude incroyable de malades.

De nombreux détachements de notre garnison se mettent aussitôt en route pour « chausser les éperons à messieurs les Espagnols » et pour activer leur retraite; mais on trouve les champs et les villages pleins de malheureux soldats en si grande misère, que les bêtes les plus cruelles auraient pitié de ces misérables tombant par les chemins et le plus souvent s'affaissant près des haies, au pied des buissons, pour devenir la proie des chiens et des oiseaux carnassiers. Nos gens les prennent en pitié et se jettent seulement sur les grosses troupes qui protègent la retraite.

Le prince de la Roche-sur-Yon, un des plus ardents à poursuivre les Impériaux, ayant joint quelques escadrons de cavalerie ennemie, leur présente le combat. L'officier qui les commande se tourne vers lui : « Eh! comment voulez-vous, lui dit-il, que nous ayons la force de combattre? Vous voyez qu'il ne nous en reste pas assez pour fuir? » Le prince, touché de ce discours, laisse ces malheureux continuer leur route.

Cependant le margrave Albert de Brandebourg est resté le dernier dans son camp de l'ouest avec une armée encore bien supérieure en nombre à toutes les troupes françaises de Lorraine. C'est sur lui que se tournent tous nos efforts. On va chercher ces Prussiens jusque dans leurs fortifications; on les larde à coups de pique dans leur logis; on espère les exaspérer, les attirer en bataille dans la plaine; mais ils restent unis et serrés, et bien leur en prend, car tous les isolés sont impitoyablement massacrés par nos maraudeurs et les gens du pays.

Enfin le duc de Guise fait porter par nos soldats (car il

n'y a plus de chevaux ni guère de pionniers) des canons
dans une île voisine du pont des Mores. Nos artilleurs
ouvrent aussitôt le feu sur le camp du margrave avec une
telle furie, que nous voyons du haut des clochers mouvoir et
remuer ces ivrognes d'Allemands aussi dru et menu que les
fourmis dans une fourmilière où l'on a jeté de l'eau chaude,
et ils ne savent de quel côté se tourner. Le margrave déloge
donc, embarquant son artillerie sur la Moselle et prenant
avec le gros de son armée le chemin de Trèves. On se met à
sa poursuite, et on a bon marché de ses gens affaiblis par le
froid, la faim et autres misères; mais, au lieu de les tour-
menter, bien souvent nos soldats leur ouvrent passage, ne
souhaitant que tenir le chef allemand pour lui faire payer
l'écot de tous.

Le 15 janvier 1553, il n'y a plus un ennemi devant la ville,
mais le spectacle que présentent les camps est horrible. On
y trouve des troupeaux de soldats de toute nation, malades
à la mort, renversés dans la neige boueuse; d'autres assis
sur de grosses pierres, ayant les jambes dans la fange et
gelées jusqu'aux genoux sans pouvoir les relever, criant miséricorde et priant qu'on les achève. Le duc de Guise, les
seigneurs et les soldats les secourent, les font soigner et
nourrir.

De tous côtés, dans ces camps, nous voyons la terre toute
labourée et levée, comme le cimetière Saint-Innocent, à
Paris, après quelque grande mortalité, puis des tas de morts
non enterrés. Des cris lamentables de souffrance sortent de
misérables logis creusés en terre et à peine recouverts d'un
peu de chaume. Les soldats qui reviennent de donner la
poursuite aux ennemis rapportent que les chemins sont pavés
de morts, de charrettes abandonnées remplies de moribonds,

de canons, d'armes, de débris noircis, restes des poudres, des meubles et harnais que l'on a fait brûler pour ne pas les laisser entre nos mains.

Par son héroïque résistance, Metz la Pucelle, comme on la nommait à bon titre, avait brisé l'orgueil et la puissance du vieil empereur, dont l'armée avait perdu trente mille hommes, soit la moitié de son effectif, par les maladies, la faim et les coups de nos soldats. Il avait fait la paix avec les princes allemands en leur promettant l'envahissement et la soumission de la France, et voilà qu'il était obligé de reculer, dès le premier effort, devant une petite troupe et une ville qu'on fortifiait au jour le jour, sous le coup et l'indication de ses canons.

La vanité germanique n'oublia pas aisément ce honteux échec. Le margrave Albert de Brandebourg s'en vengea sur le duc d'Aumale : il lui vola ses habits et lui fit payer soixante-dix mille écus de rançon.

FIN

BIBLIOTHÈQUE NATIONALE R.F. IMPRIMÉS

TABLE

29699. — Tours, impr. Mame.

LES CONQUÊTES

DE

LA MONARCHIE

2ᵉ SÉRIE

NOUVELLE SÉRIE IN-8º CARRÉ

BIBLIOTHÈQUE NATIONALE — R.F. — IMPRIMÉS.

PROPRIÉTÉ DES ÉDITEURS

Le passage du Rhin, d'après Sébastien Leclerc.

NOS GLOIRES MILITAIRES

LES CONQUÊTES

DE

LA MONARCHIE

PAR

DICK DE LONLAY

2ᵉ SÉRIE

TOURS

MAISON ALFRED MAME ET FILS

LES CONQUÊTES

DE

LA MONARCHIE

ROCROI

(19 mai 1643)

PAR UN DRAGON DE CONDÉ

A la mort de Richelieu (4 décembre 1642), nos armes triomphaient à la fois au nord de la France, sur le Rhin, les Alpes et les Pyrénées; mais quand le génie qui dirigeait cette grande lutte disparut de la scène, l'Espagne une fois encore essaya de profiter de nos discordes civiles pour ressaisir la suprématie européenne, que Richelieu venait de lui arracher.

En mai 1643, une armée espagnole est formée dans les Pays-Bas avec les fameuses bandes qui passent pour invincibles. Cette armée est forte de dix-huit mille hommes de pied, élite de l'infanterie espagnole, commandés par le comte de Fuentès, et de huit mille chevaux sous les ordres du duc d'Albuquerque. Le comte de Melos a le commandement en chef de cette armée. Les généraux espagnols, décidés à frapper un grand coup, envahissent la France et marchent sur Rocroi, aux confins des Ardennes.

Rocroi est situé dans le milieu d'une plaine environnée de bois si épais et si pleins de marécages, que, de quelque côté qu'on y arrive, il est impossible d'éviter des défilés très longs et très incommodes. Il est vrai que, du côté de la Champagne, il n'y a qu'un quart de lieue de bois et que dans le défilé même, après avoir passé le commencement, qui est fort serré, le chemin s'élargit et on découvre insensiblement la plaine. Le pays cependant étant rempli d'une bruyère fort marécageuse, on n'y peut aller que par petites troupes, hormis assez près de Rocroi, où le terrain, s'élevant peu à peu, devient plus sec que dans les bois et fournit un champ spacieux et capable de contenir de grandes armées.

Le 10 mai, don Francisco de Melos et son armée arrivent dans cette plaine, ouvrent immédiatement la tranchée et disposent de nombreux postes et batteurs d'estrade, afin de garder les débouchés de ces défilés. La place, dont les fortifications sont délabrées et dans le plus piteux état, ne paraît pas devoir résister longtemps aux Espagnols. Il faut la secourir à tout prix. Une armée française se rassemble en toute hâte à Rumigni, sous les ordres d'un général d'une vingtaine d'années, pour refouler l'ennemi, dont le plan est de se diriger sur Paris par la Champagne.

L'audace des Espagnols s'accroît en apprenant l'extrême jeunesse de notre commandant en chef; mais ils oublient sans doute que ce jeune homme s'appelle le duc d'Anguien et qu'il est le descendant de ce prince de Condé qui, à peine âgé comme lui de vingt ans, a remporté sur les bandes de Charles-Quint l'éclatante victoire de Cérisoles. Ce jeune homme sans expérience qu'ils méprisent, connu depuis sous le nom du grand Condé, est né général; l'art de la guerre semble être en lui un instinct naturel.

Le duc d'Anguien a reçu, avec la nouvelle de la mort de Louis XIII (14 mai 1643), l'ordre de ne point hasarder une bataille. Le vieux maréchal de l'Hôpital, qui lui a été donné pour le conseiller et pour le conduire, seconde par sa cir-conspection ces ordres timides. Le prince ne croit ni le maréchal ni la cour. Il ne confie son dessein qu'à Gassion, maréchal de camp, digne d'être consulté par lui. Tous les deux forcent le maréchal à mar-cher en avant, et à trouver la ba-taille nécessaire.

Le 18 mai, notre armée quitte Rumigni et s'achemine droit vers Rocroi. Notre régiment de dragons forme l'extrême avant-garde.

Arquebusier à cheval.

Une vaillante troupe que cette arme des *dragons,* qui compte déjà près d'un siècle d'existence, et a été formée par le maréchal de Brissac, pendant les guerres du Piémont, sous Henri II. C'étaient des arquebusiers à cheval, auxquels on avait donné ce nom. Dans le principe ils servaient à éclairer les marches, à couvrir les retraites, à harceler l'ennemi, à occuper un poste où l'on ne pouvait assez tôt faire marcher l'infanterie. Ils combattaient tantôt à pied, tantôt à cheval, mais le plus souvent à pied. Ils étaient armés de jaques de mailles et de cuirasses, coiffés de morions et de bourguignottes, et portaient l'arquebuse à mèche de trois pieds de long, arme d'invention française.

Coiffé du *pot en tête,* sorte de salade aux ailes aplaties

avec large couvre-nuque, et armés de l'épée suspendue en avant de la hanche gauche, ainsi que du mousquet, nos dragons sont vêtus d'un *buffletin* ou justaucorps en peau de buffle très solide et très léger, qui résiste aux coups d'armes blanches dans une certaine mesure. Les manches sont en peau d'élan. Les bottes sont évasées et dites à *entonnoir*. Les éperons sont dits *à la chevalière,* avec rosettes de cuir sur le cou-de-pied. Nos hommes, que l'on emploie de préférence pour se saisir d'un poste en diligence ou pour prévenir l'ennemi dans un passage, sont munis dans ce but d'une pelle et d'une hache suspendues à l'arçon de la selle.

Arrivé le même jour, 18 mai, à Bossu, le duc d'Anguien dispose l'ordre de la bataille, afin que chacun se prépare à cette action, dont le succès est si important à la gloire et au salut de la France.

Notre armée, composée de quinze mille hommes de pied et de sept mille chevaux, s'avance formée en deux colonnes jusqu'à l'entrée du bois où s'engage la route de Champagne. Pour couvrir l'ordre de notre infanterie, notre jeune général se porte en avant avec toute sa cavalerie : dragons, carabins, polaques, chevau-légers, gendarmes, etc., et une partie de son artillerie.

Melos presse vigoureusement Rocroi, dont on entend le canon retentir au loin comme un tocsin désespéré, et qui peut tout au plus résister encore deux jours. Le général espagnol peut, en ménageant bien l'avantage des bois et des marécages, arrêter notre armée de secours avec une partie de ses troupes et achever avec l'autre partie de réduire Rocroi, qui est à bout de forces. Mais l'ambition de Melos ne se borne pas à la prise de Rocroi ; il s'imagine que le gain d'une bataille lui ouvrira le chemin jusqu'au cœur de la France. Sûr d'écraser notre armée, il se décide à un combat général, et, afin d'y engager le duc d'Anguien, il ne tente pas le moindre effort pour nous disputer le passage du défilé.

En approchant du bois, le maréchal de Gassion prend un escadron de notre régiment ainsi qu'une troupe de *polaques,* cavaliers polonais au service de la France, qui ont conservé leur costume national et les armes de leur pays : un manteau d'armes, une hache, un cimeterre et une *polache* ou longue épée. Dragons et polaques, nous partons au galop. En approchant de l'entrée du défilé, nous apercevons onduler un tourbillon de fumée fouettée par le vent ; un hameau brûle ; entre les toits de chaume tout pétillants,

Cavalier polaque.

passent les bestiaux épouvantés. Un nuage lourd et criblé d'étincelles s'épand au loin, et quand l'incendie gagne une meule de paille ou quelque grange remplie de foin, un jet de flamme coupe le sombre rideau de ses éclairs rouges et tordus.

A notre vue, les trompettes des batteurs d'estrade ennemis qui pillent le hameau sonnent le rappel ; les bandes dispersées de toutes parts se réunissent et se rangent à l'entrée du défilé. Ce sont des cavaliers wallons à l'uniforme blanc à retroussis jaunes et à la culotte noire. Ils sont bien là plusieurs centaines, mais qu'importe ! Le maréchal de Gassion nous montre du bout de son épée le hameau flamboyant : « En avant ! » crie-t-il d'une voix tonnante.

Nos chevaux dévorent l'espace. Les Espagnols nous

attendent en poussant mille cris. Le choc est terrible ; la fusillade éclate, et les cavaliers s'abordent l'épée et le pistolet au poing ; bientôt les ennemis, pressés par la fougue ardente de nos dragons et polaques, qu'enflamme l'exemple de M. de Gassion, mollissent et lâchent pied ; un soldat regarde en arrière, un autre tourne bride, dix ou douze décampent, un escadron plie tout entier, puis tous enfin reculent dans un désordre affreux. « En avant ! » crie de nouveau M. de Gassion en poussant son cheval sur les derniers combattants. Espagnols et Wallons partent au galop, jetant leurs mousquetons, et nos sabres hachent les fuyards.

Le défilé est traversé en un clin d'œil, et notre petite troupe, faisant halte à son extrémité, aperçoit au loin Rocroi entouré d'un cercle de fumée et dans la plaine l'armée de don Francisco de Melos qui se réunit en toute hâte, sans paraître toutefois vouloir prendre l'offensive.

Le maréchal de Gassion va aussitôt informer le duc d'Anguien de son facile succès, le défilé est à nous. « En avant ! » commande le jeune général. Le vieux maréchal de l'Hôpital veut encore s'interposer. « Paix ! dit le duc d'Anguien d'un ton de maître, je réponds de tout, je me charge de l'événement. » Le maréchal ne conteste plus et se met à la tête des troupes qu'il doit commander.

Le duc d'Anguien fait défiler l'aile droite, que commande M. de Gassion ; vient ensuite l'aile gauche avec le maréchal de l'Hôpital, et le corps de réserve avec M. de Sirot. Afin d'assurer le passage de l'armée, le duc d'Anguien s'avance au galop avec toute sa cavalerie, débouche dans la plaine et couronne une éminence à demi-portée du canon des Espagnols.

Si Melos chargeait en ce moment le duc d'Anguien, il le

culbuterait aisément ; mais notre jeune chef a si bien couvert le haut de cette éminence avec ses escadrons, que les Espagnols ne peuvent voir ce qui se passe derrière lui. Le général ennemi ne peut s'imaginer qu'un si grand corps de cavalerie se soit ainsi avancé sans être soutenu par l'infanterie. C'est pourquoi il se contente d'essayer, par les escarmouches, s'il pourra voir le derrière de ces escadrons ; mais, n'ayant pu se faire jour au travers, il ne songe qu'à ranger ses troupes en bataille.

Il est six heures du soir ; l'armée française vient de terminer le passage du défilé.

Dans la soirée, le duc d'Anguien règle définitivement la bataille du lendemain : l'aile droite, sous ses ordres ; l'aile gauche, sous le maréchal de l'Hôpital ; le centre, composé de toute l'infanterie, sous les ordres du comte d'Espenan ; et enfin le corps de réserve de M. de Sirot. Ces dispositions prises, le jeune général se rend au bivouac des officiers et des soldats du régiment de Picardie, et, s'étendant sur son manteau près d'un feu de campement, s'endort si profondément, qu'il faudra le réveiller le lendemain pour donner la bataille.

La nuit est fort obscure ; mais, la forêt étant voisine, les soldats allument un si grand nombre de feux, que toute la plaine en est éclairée.

Les deux armées sont enfermées dans cette enceinte de bois comme si elles avaient à combattre en champ clos. Leurs avant-postes sont si proches les uns des autres, qu'on ne peut distinguer ceux des Français et ceux des Espagnols. Les deux camps semblent n'en former qu'un seul. On n'entend aucune alarme, et, à la veille d'une très sanglante bataille, il semble qu'il y ait entre eux une espèce de paix.

Dès qu'il fait jour, le jeune général donne le signal pour marcher. Une furieuse canonnade se fait aussitôt entendre. Le soleil n'est pas encore levé, et un épais brouillard sorti des marécages couvre la plaine. Notre cavalerie se porte rapidement en avant, contre un bois que nos batteurs d'estrade nous ont signalé comme garni d'un millier de mousquetaires espagnols.

Le duc d'Anguien marche en avant de tous, la ceinture blanche bouclée sur son armure d'acier, ses longs cheveux blonds ombragés par le haut panache de son feutre. Une petite escorte d'élite, composée de gendarmes, de dragons et de chevau-légers, le suit et entoure l'étendard du prince, qui est de couleur chamois aux armes de la maison de Condé, avec un soleil d'argent qui allume un bûcher placé sous un gril, accompagné de cette devise : *Da materiam, splendescam* (donnez-moi de la matière, je resplendirai).

Le jeune général est superbe d'audace et de résolution. Déjà, au moment où nous nous mettions en marche, le maréchal de Gassion lui ayant demandé ce que l'on deviendra si l'on perd la bataille : « Je ne m'en mets point en peine, a répondu le prince, parce que je serai tué auparavant. »

Arrivés à cinq cents mètres du bois, notre cavalerie fait halte. Le duc d'Anguien vient se placer en tête de notre régiment : « Braves dragons, nous dit-il, à vous l'honneur de commencer la bataille ! En avant ! » Nos soldats enthousiasmés brandissent leurs épées aux cris mille fois répétés de : « Vive le roi ! Vive monsieur le Prince ! » et partent au galop.

Le jour est complètement levé. Les boulets espagnols sillonnent le terrain en faisant voler la poussière. Sur la lisière du bois nous apercevons de rudes visages aux moustaches aiguës, couchés sur une rangée de mousquets étincelants. Nous approchons toujours.

Tout à coup un roulement de tambours retentit; une voix à l'accent métallique s'écrie en espagnol : *Fuego !* Une décharge terrible éclate : le bois disparaît dans la fumée. Beaucoup de nos dragons frappés à mort lâchent leurs épées,

Le duc d'Anguien et son escorte de dragons et chevau-légers.

tombent sous les pieds des chevaux ou roulent à terre avec leurs montures. Les survivants sautent par-dessus ces monceaux de corps et arrivent sur le bois l'épée haute, aux cris de : « Pas de quartier! » Les mousquetaires, surpris par cette attaque impétueuse, n'ont pas le temps de recharger leurs lourds mousquets, et s'enfuient à travers les arbres; mais, embarrassés dans leurs bandoulières garnies de cartouchières, ils s'empêtrent dans les fourreaux d'épée ou butent contre des souches. Nous les rejoignons, les entourons, et les sabrons sans miséricorde. Pas un de ces malheureux n'échappe au massacre.

Le bois est à nous; mais, pour empêcher notre cavalerie de se rompre en le traversant, le duc d'Anguien fait con-

tourner cette position et apparaît tout à coup en présence
de la cavalerie de l'aile gauche de l'armée ennemie, que commande le duc d'Albuquerque.

L'air retentit des fanfares de nos régiments. A cette

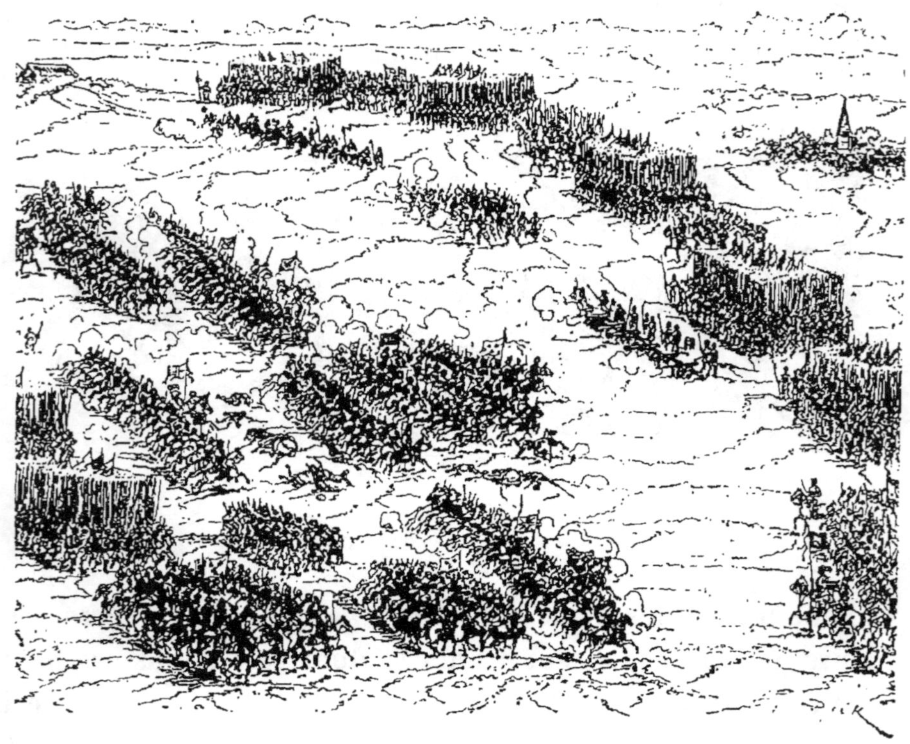

Commencement de la bataille de Rocroi.

musique guerrière succède un silence profond et menaçant.

Condé et Gassion s'embrassent à la vue de l'armée et volent
chacun à la tête de sa ligne. A cinquante pas, le duc d'Anguien donne le signal ; le duc d'Albuquerque, à la tête de la
première ligne ennemie, marche en avant. Les deux cavaleries s'approchent escadron contre escadron, cavalier contre
cavalier, car la charge en haie a été supprimée et remplacée
par la charge en escadron.

On dirait un duel d'armée à armée, d'homme à homme,
et non une bataille. Chacun présente le pistolet, attendant
dans un profond silence, sans aucun mouvement, que l'ennemi ait tiré. Condé nous avertit que nous allons avoir un
choc furieux à soutenir, mais que, ce danger essuyé, la victoire est à nous. Tandis qu'il parle, l'ennemi plus impétueux
fait une décharge terrible. Presque tous les officiers de notre
premier rang sont blessés ou démontés.

Le duc d'Anguien, à la tête de notre régiment, enfonce
l'épée à la main le régiment qui lui est opposé ; les autres
régiments de dragons, qui forment notre première ligne,
l'imitent et triomphent comme lui de ces premiers adver-
saires ; mais la seconde ligne ennemie, composée de redoutables gardes wallonnes, s'ébranle, attaque et arrête notre
élan.

A ce moment les gendarmes et les chevau-légers, qui
forment notre seconde ligne sous les ordres de Gassion,
chargent à leur tour la cavalerie ennemie avec une vigueur
irrésistible, la prennent en flanc, la rompent et la culbutent
en un clin d'œil. Laissant Gassion poursuivre les ennemis,
le duc d'Anguien rétablit nos régiments de dragons, quand
tout à coup un aide de camp du maréchal de l'Hôpital arrive
au galop, la cuirasse faussée de coups. « Venez vite à notre
secours, monsieur le Prince ! s'écrie cet officier : nos troupes
de l'aile gauche battent en retraite. » Tous les regards se
portent de ce côté, où nous voyons les lignes de fumée de
l'ennemi avancer rapidement, pendant que son artillerie fait
des décharges terribles.

En effet, pendant que nous attaquions le bois, les troupes
du maréchal de l'Hôpital, dont les troupes, prises en écharpe
par les gros canons de la droite des Espagnols, souffraient

beaucoup et commençaient à se débander, s'est vu forcé de s'avancer à l'attaque. Sa cavalerie charge vigoureusement; mais, étant partie de trop loin au galop, elle se met hors d'haleine avant de joindre les ennemis. Ceux-ci l'attendent de pied ferme et la rompent du premier choc.

Le maréchal, après avoir combattu avec une valeur extrême, a le bras cassé d'un coup de pistolet et voit en un instant toute son aile se replier en désordre. Les Espagnols la poursuivent avec énergie, taillent en pièces quelques bataillons d'infanterie et s'emparent de notre artillerie. Le maréchal de la Ferté, fou de rage, refuse de se retirer et reste au milieu de nos canons, où il tombe percé de plusieurs coups et demeure au pouvoir de l'ennemi.

Les fuyards vont donner dans le corps de réserve que commande Sirot et crient que la bataille est perdue. « Elle n'est pas perdue, répond ce brave général, puisque Sirot et ses compagnons n'ont pas combattu ! » En un instant il rallie les régiments de Picardie, de Piémont, de la Marine, de Persan et les Suisses de Molondin, qui ont été fort mal-traités, et joignant ces différents corps aux régiments d'Har-court, de Bretagne, des Royaux et à son régiment de cava-lerie, charge à son tour les troupes espagnoles et arrête leur offensive.

A ce moment Condé arrive comme un lion à la tête de nos régiments de dragons. A la vue du danger de notre aile gauche, ce jeune héros a tourné court contre l'aile droite espagnole. Chargeant avec furie, il passe sur le ventre de toute l'infanterie wallonne et allemande; l'infanterie italienne prend la fuite à toute jambe; sans daigner la poursuivre, nous passons au galop derrière l'infanterie espagnole et tom-bons sur la cavalerie, qui donne la chasse à notre aile gauche. Ces escadrons, qui sont débandés dans la poursuite, sont facilement rompus, et Gassion, les rencontrant dans leur fuite, les taille en pièces. L'échec du maréchal de l'Hôpital est vengé; notre artillerie est reprise, et le maréchal de la Ferté dégagé.

Condé a cependant tout brisé, tout rompu aux ailes de l'armée de Melos. De toute cette armée il ne reste plus à vaincre que cette fameuse infanterie espagnole, qui forme une masse profonde resserrée autour de dix-huit pièces de canon. Le bon ordre où elle est et sa fière contenance montrent assez qu'elle veut se défendre jusqu'à la dernière extrémité. Aussi forte, aussi serrée que la phalange grecque, mais s'ouvrant avec une agilité que la phalange n'avait pas pour laisser passer les décharges de l'artillerie qu'elle a au milieu de ses bataillons, elle reste immobile au milieu du champ de bataille et lance des feux de toutes parts.

Au centre, entouré de ses officiers, le col raidi dans une énorme fraise empesée, l'écharpe de soie rouge en travers du justaucorps, où se détache la croix écarlate du Calatrava, le vieux comte de Fuentès commande cette infanterie. Ce valeureux soldat, qui a servi sous les ordres du duc d'Albe et a pris part aux guerres de religion, est aujourd'hui âgé de quatre-vingt-trois ans. Accablé par la goutte et par l'âge, il se fait porter dans un fauteuil au milieu du carnage et donne ses ordres partout.

Le duc d'Anguien, apprenant que Beck marche avec six mille hommes à l'entrée du bois au secours de l'ennemi, ne balance pas à attaquer cette infanterie, bien qu'il n'ait qu'un petit nombre de cavaliers auprès de lui. C'est à nos braves dragons que revient encore l'honneur d'attaquer les premiers ce redoutable carré. Vigoureusement enlevés par le lieutenant-colonel de Sillart, et débouchant au milieu d'un nuage de poussière, l'épée au poing et l'arquebuse au crochet du baudrier, nous nous lançons à corps perdu sur la masse ennemie.

Les Espagnols nous attendent avec une fermeté extraordinaire. Au moment où nous arrivons à cinquante pas de leur front, leurs rangs s'ouvrent un instant pour laisser passer la décharge de dix-huit canons chargés de cartouches, que suit une grêle de mousquetades. L'effet de ce feu est terrible : ceux d'entre nous qui restent debout vont se heurter contre la forêt de piques espagnoles et sont obligés de faire demi-tour.

Le duc d'Anguien rallie les débris de nos escadrons et recommence une seconde et une troisième attaque. Ces trois charges successives, qu'il dirige en personne, sont inutiles ; il ne peut rompre ces murailles vivantes, car les bataillons espagnols présentent sans cesse à notre cavalerie, ravagée par les décharges de ses canons, un front hérissé de fer et de mousqueterie.

Notre vaillant général combat avec une extrême bravoure et reçoit plusieurs coups dans ses armes. Son aide de camp, François Goyon de la Moussaye, est blessé auprès de lui. Enfin il fait avancer sa réserve, à laquelle se joignent plusieurs escadrons de Gassion. Cette fois l'infanterie, enveloppée de toutes parts, est chargée avec une fureur, avec une impétuosité nouvelle. Dans cet effort désespéré, nos hardis cavaliers brisent avec leurs sabres la phalange ennemie et la rompent sur tous les points.

Les officiers espagnols voient la résistance impossible ; les plus avancés nous font signe du chapeau pour nous montrer qu'ils demandent quartier. Monsieur le Prince s'avance pour

Bataille de Rocroi.

recevoir leur parole et pour leur donner la sienne. Sur son ordre, nous arrêtons l'attaque.

Par une fatale erreur, les fantassins espagnols croient qu'il veut recommencer une nouvelle attaque et l'accueillent par une décharge à bout portant, et ce péril est le plus grand qu'il ait essuyé de la journée. A cette fusillade inattendue, nous poussons un cri de fureur; une clameur sinistre : « A mort ! à mort les traîtres ! » s'élève dans nos rangs.

Rien cette fois ne peut maintenir nos soldats : furieux de ce qu'ils croient être une mauvaise foi de la part des Espagnols, ils les chargent de tous côtés sans attendre d'ordre, entrent l'épée à la main au milieu des bataillons et vengent par un carnage épouvantable le danger qu'a couru leur général. Quelque effort que tente le duc d'Anguien pour arrêter leur fureur, ils ne font aucun prisonnier. Le prince va partout criant que l'on donne quartier. Les officiers espagnols, et même les simples soldats, se réfugient autour de lui et se jettent à ses genoux pour trouver un asile contre la fureur des soldats vainqueurs. Don Georges de Castelui, mestre de camp, est pris de sa main. Enfin tout ce qui peut échapper au carnage accourt en foule pour lui demander la vie et le regarder avec admiration.

Aussitôt que le prince a donné des ordres pour la garde des prisonniers, il rallie ses troupes et se met en état de combattre le général Beck, si celui-ci repousse Gassion et ose s'engager dans la plaine. Mais Gassion revient de la poursuite des fuyards et dit au duc d'Anguien que Beck n'est pas sorti du bois, se contentant de recueillir dans le défilé quelques débris de la défaite. La terreur des soldats de Melos s'est du reste tant communiquée à ceux de Beck, que

ce général se retire avec une précipitation incroyable, abandonnant même deux pièces de canon.

La victoire est entièrement assurée. Dragons, gendarmes,
chevau-légers, couverts de sang, poussent de joyeux vivats
et viennent jeter aux pieds de leur jeune général de nombreux étendards ennemis, aux couleurs jaunes et rouges,

La prière après la bataille.

écartelés des lions de Léon et des tours de Castille. Mais
lui, il fait un signe : « Pied à terre ! » commande-t-il ; tous
nous descendons de cheval. « Genou terre ! » ajoute le prince
d'une voix vibrante en découvrant ses cheveux blonds
noircis par la poudre ; et tous, fléchissant le genou dans la
poussière ensanglantée au milieu des morts, des mourants
et des débris de la lutte, nous remercions le Dieu des
armées d'avoir sauvé la France.

En parcourant le terrain de la lutte, on découvre, entouré
de monceaux de cadavaes, le corps du vieux comte de
Fuentès percé de coups et étendu près de sa chaise. Condé,

en apprenant cette triste nouvelle, dit qu'il voudrait être mort comme lui s'il n'avait pas vaincu. Des dix-huit mille hommes de pied qui composaient l'armée de Melos, huit mille étaient tués sur place, et près de sept mille prisonniers ; outre le comte de Fuentès, les Espagnols avaient aussi à regretter la mort de deux mestres de camp, Valandia et Vilalva. Tous leurs officiers étaient pris ou tués. Vingt pièces de campagne et six pièces de batteries étaient tombées en notre pouvoir, ainsi que trente drapeaux ou étendards. Le pillage était grand : outre le butin du bagage on trouva l'argent d'une montre entière que l'armée espagnole devait toucher après la prise de Rocroi.

Le soir de la bataille, un de nos généraux interrogeait un officier espagnol, et lui demandait combien ils étaient avant la bataille : « Il n'y a, répondit le fier Castillan, qu'à compter les morts et les prisonniers. »

De notre côté, nous avions perdu environ deux mille hommes tués.

Cette journée célèbre était la première bataille du grand Condé. Il l'avait gagnée par ce coup d'œil qui voit à la fois le danger et la ressource, par cette activité exempte de trouble qui le portait à propos dans tous les endroits.

Rocroi fut l'œuvre de la cavalerie, et particulièrement des dragons, qui combattirent toujours en première ligne. Ils furent si grands à cette bataille, qu'ils arrêtèrent pendant quelque temps les progrès de l'art militaire et enlevèrent à l'infanterie sa naissante considération. On crut qu'avec les dragons on pouvait remporter toutes les victoires.

La vieille réputation des bandes espagnoles, le respect qu'on avait en Europe pour ces soldats si redoutés en Flandre, tout fut englouti dans les plaines de Rocroi sous

les charges de nos dragons. Aussi, auprès du nom du grand
Condé, l'histoire s'empresse-t-elle d'écrire celui des dragons. Dès ce jour, la gloire des armées espagnoles disparut. Pavie et Saint-Quentin venaient d'être noblement
vengés.

FRIBOURG-EN-BRISGAU

ou

JOURNÉES DES ABATIS

(3, 4, 5 AOUT 1644)

PAR UN SOLDAT DU RÉGIMENT DE PICARDIE

Une année après sa première victoire, le grand Condé livre les trois combats de Fribourg, véritables luttes de géants, où la bravoure française apparaît avec plus d'éclat peut-être qu'à Rocroi même.

Le maréchal de Guébriant, qui commandait l'armée des Weimariens, ayant été mortellement blessé devant Rottweill, ses soldats, obéissant mal à plusieurs chefs, se laissent surprendre par les Impériaux à Duttlingen dans des cantonnements trop séparés. Turenne, nommé maréchal à trente-deux ans, rassemble les débris de cette armée et la recompose; mais il ne parvient à réunir que huit mille hommes et vingt pièces de canon à opposer aux armées bavaroises et impériales du généralissime comte de Mercy. Ne pouvant tenir tête à son adversaire avec cette faible armée, il est obligé de se replier et de le laisser s'emparer de Fribourg.

A cette nouvelle, Condé arrive avec dix mille hommes à marches forcées au secours du maréchal, passe le Rhin à Brissac vers la fin de juillet 1644, et s'apprête, malgré l'avis de Turenne, à forcer les lignes des ennemis à Fribourg.

Frisbourg-en-Brisgau est situé au pied des montagnes Noires, qui s'élargissent en cet endroit en forme de croissant. Au milieu de cet espace on découvre auprès de la place une petite plaine, bornée sur la droite par des montagnes fort hautes, et entourée sur sa gauche par un bois marécageux.

On ne peut entrer dans la plaine, du côté de Brissac, que par un des défilés, auprès d'une montagne presque inaccessible qui la commande de tous côtés; l'entrée est encore plus difficile par les autres chemins.

C'est dans cette position que s'est retranchée l'armée ennemie. François de Mercy la commande. Ce général lorrain, au service de la Bavière, passe pour un des plus grands capitaines de l'Europe. Il a tiré tout le parti possible de sa position. Son infanterie est à gauche, sur une montagne élevée, couverte d'abatis et de retranchements. Des saillants de ces retranchements ont pour appui des redoutes garnies de deux ou trois canons. Sur le côté droit de la montagne, à mi-côte, est un fort palissadé, muni de cinq pièces qui battent la plaine en avant et à droite. Dans cette plaine, la cavalerie ennemie s'étend en longues files avec une douzaine de canons. Devant elle sont des bois, des marais dont les défilés sont défendus par des abatis de troncs de sapins et par des bataillons avec leurs pièces régimentaires.

C'est cette inexpugnable forteresse que le duc d'Anguien a résolu de forcer. Mercy a quinze mille hommes de troupes et vingt-huit pièces de parc. Les deux armées de Turenne et de Condé réunies présentent un effectif de vingt mille

hommes; mais l'artillerie n'est composée que de trente-sept
pièces de petit calibre. Il faut quelque chose de plus que de
l'audace et du courage pour déloger Mercy des positions qu'il
peut successivement occuper en arrière de Fribourg. Aussi
le plan adopté est-il celui-ci : Condé, avec son corps
d'armée, se chargera d'attaquer de front et d'emporter les

Infanterie : mousquetaire, officier et piquier (1644).

redoutes, pendant que Turenne, avec ses huit mille hommes
et ses vingt pièces de canon, prenant un chemin détourné
par un étroit défilé, tombera sur le flanc gauche des
ennemis, que défend une ravine profonde avec un épais
abatis de bois. Le succès dépend de la simultanéité de ces
deux attaques, qui doivent se faire en même temps, quelques
heures avant la nuit.

Le 3 août au point du jour, le maréchal de Turenne se
met en mouvement, pendant que les troupes du duc
d'Anguien attendent, l'arme au pied, le moment de commencer l'attaque.

Notre brave régiment de Picardie a été désigné pour
monter aux retranchements bavarois, sous les ordres du

comte d'Espenan. Le comte de Tournon doit nous soutenir avec les régiments de Conti, de Mazarin et de Bourbon. L'ensemble de cette infanterie s'élève à six bataillons de huit cents hommes chacun. Le maréchal de camp de Paluau doit protéger le mouvement des bataillons avec la cavalerie du régiment d'Anguien. La gendarmerie est postée à l'entrée de la plaine pour empêcher les ennemis de prendre en flanc l'infanterie pendant son attaque.

Quel beau et magnifique corps que notre régiment de *Picardie,* qui avec *Champagne, Navarre* et *Piémont* forme ce qu'on appelle les *vieux corps,* considérés comme les meilleurs de toute l'armée, et servant de modèles aux autres pour la discipline et la bravoure! C'est dans ces régiments que commence à prendre l'esprit de corps et cette rivalité de gloire et de dévouement qui va enfanter tant de belles actions parmi les régiments provinciaux.

Chacun de ces corps a déjà ses traditions glorieuses et ses faits d'armes.

Champagne se glorifie de sa belle défense de la citadelle de Saint-Martin dans l'île de Rhé.

Picardie raconte l'histoire de ses cinq colonels tués sous le drapeau, face à l'ennemi, et sa conduite au combat de Veillane (2 août 1630), où il s'est emparé de dix-sept drapeaux et étendards, pendant qu'un autre régiment, celui des gardes, prenait à la même affaire dix-neuf trophées, parmi lesquels les insignes du régiment de Galles.

Navarre rappelle avec orgueil sa conduite au siège d'Amiens en 1597 et cite cette particularité, que le gouverneur espagnol ne faisait jamais de sortie lorsque le régiment était de jour à la tranchée; il rappelle aussi ses glorieuses campagnes de la Valteline.

Piémont tire vanité de son origine, qui remonte aux fameuses *bandes noires*, de ses guerres d'Italie sous le maréchal de Brissac et de sa belle défense de Corbie en 1636, où seul il a empêché pendant douze heures l'armée de Picolomini de passer la Somme, et perdu treize capitaines, quatorze lieutenants, seize enseignes, trente-deux sergents et sept à huit cents soldats tant tués que blessés.

Les régiments créés après ces derniers corps ont été les régiments de *Normandie*, de la *Marine*, de *Rambures*, de *Silly*, d'*Auvergne*, de *Sault*, d'*Espagny*, qui ont pris le nom de *petits vieux* et ont, comme les premiers, des distinctions, des privilèges, tels que de prendre rang immédiatement après les vieux corps, de n'être pas cassés après une guerre, mais seulement d'avoir un certain nombre de soldats réformés, d'avoir un prévôt de justice, etc.

En 1644, un régiment d'infanterie se compose ordinairement de deux bataillons, et chaque bataillon de dix-sept compagnies ayant chacune un capitaine, un lieutenant et un sous-lieutenant pour officiers à hausse-col; deux sergents, trois caporaux, trois anspessades pour sous-officiers; quarante et un soldats et un tambour. L'état-major de chaque régiment comprend : un colonel, un lieutenant-colonel, un major et autant d'aides-majors qu'il y a de bataillons. Dans l'ordre de bataille, le colonel commande le premier bataillon; le lieutenant-colonel, le second.

Chaque bataillon est composé de mousquetaires et de piquiers dans la proportion de deux à un. Les *piquiers*, coiffés du casque à visière arrondie, portant encore la cuirasse et armés de la pique de quatorze pieds, forment le centre de la résistance, autour duquel les mousquetaires s'abritent pour faire usage de leurs armes.

Vers 1621, le *mousquet* a dans notre infanterie remplacé *l'arquebuse*. Cette arme a été diminuée de poids et pourvue d'une platine à serpentin, renfermant une mèche qui doit être allumée de façon qu'en s'abaissant sur le bassinet le feu est mis à la poudre, qui, enflammée, communique au canon par le *pertuis* de lumière et fait partir le coup. Cette arme a l'inconvénient d'obliger le soldat à avoir toujours du feu ou la mèche allumée. Aussi les ratés sont-ils nombreux, surtout par le vent et la pluie. Le soldat armé du *mousquet* se nomme *mousquetaire*. Il est coiffé du feutre et vêtu de la casaque-buffletin, d'un grand hausse-col pour protéger la poitrine, de trousses de drap arrêtées au genou par des jarretières et de souliers de cuir.

La bandoulière de cuir qui soutient le mousquet supporte les charges renfermées dans de petits étuis cylindriques en buis ou en fer-blanc, recouverts de cuir et fermés avec un bouchon; les étuis sont fixés à la bandoulière par de longues lanières de cuir. Chaque mousquetaire a douze de ces charges, et porte en outre une bourse en cuir contenant les balles et dix aunes de mèche, une poire à poudre et un *poulvérin* qui sert à amorcer et en même temps de clef pour le ressort.

Pour charger, le mousquetaire enlève le bouchon de chaque étui avec ses dents. Ce mode de chargement est extrêmement lent; aussi les soldats ont-ils pris l'habitude de vider les étuis à poudre dans leurs poches et de mettre les balles dans la bouche, d'où est venue l'expression de *balle en bouche* en parlant d'une troupe qui, dans la capitulation, obtient les honneurs de défiler avec armes et bagages; on dit : *mèches allumées, balles en bouche*. Chaque mousquetaire est également muni d'une fourche ou *forquine*, bâton

garni d'un fer fourchu pour appuyer le mousquet pendant
le tir.

Vers cinq heures du soir, notre infanterie se met en
marche, les bataillons conser-
vant un intervalle de trente à
quarante pas.

Arrivée au pied de la montagne, notre infanterie fait une
nouvelle halte. La position à
attaquer est des plus formidables. Pour aller aux ennemis, il faut monter sur une
côte fort escarpée au travers
d'une vigne dans laquelle il y a,
d'espace en espace, des murailles de quatre pieds de haut,
qui soutiennent les terres et
servent comme autant de retranchements aux Bavarois.

Il est six heures du soir;
dans deux heures il fera nuit.
Condé, supposant que Turenne

« Picardie, en avant ! »

doit avoir en ce moment atteint le but de sa marche, ordonne
aussitôt l'attaque.

Le comte d'Espenan vient se placer en avant de notre front,
et, nous montrant les retranchements ennemis de la pointe
de son épée : « *Picardie!* en avant! » commande-t-il. Tambours et fifres battent et sonnent la charge.

Les soldats de *Picardie* marchent avec beaucoup d'ardeur,
malgré la côte escarpée qu'ils ont à gravir, et poussent droit
sur un premier retranchement de bois de sapins, derrière

lequel les Bavarois font un feu très vif et très meurtrier. Serrant les rangs à un pas de distance sous une grêle de balles qui les déciment cruellement, piquiers et mousquetaires se jettent sur cette barricade d'arbres entrelacés.

Un de nos officiers se précipite en avant de tous sur les Bavarois, le drapeau du premier bataillon à la main et avec soixante hommes de bonne volonté. Tous sont tués; seul il échappe à la mort, bien que grièvement blessé. Mais l'élan est donné. Picardie arrive en masse : le retranchement est à nous; on court alors sur les retranchements de la seconde ligne; mais les rangs se sont rompus dans la première attaque; nos soldats, haletants, épuisés, à bout de forces, sont repoussés.

Le régiment de *Bourbon* accourt à notre aide. Clisson, enseigne de la compagnie colonelle de ce régiment, va planter audacieusement son drapeau bleu fleurdelisé sur le parapet d'une redoute, et tombe mort, frappé par une balle ennemie. Cette seconde attaque échoue également.

Sur ces entrefaites, le duc d'Anguien accourt au galop suivi de ses gardes, au justaucorps couleur chamois, et de mousquetaires rouges. En un clin d'œil, avec son regard d'aigle, il constate que les hommes de *Picardie* et de *Bourbon* sont, partie entre le retranchement de sapins et le camp des ennemis, et partie dehors, ne fuyant ni n'avançant.

L'impétueux Condé résolut alors de faire une nouvelle attaque par le milieu de la ligne; descendant de cheval, il se met à la tête des régiments de *Mazarin* et de *Conti*, qui forment sa réserve, et marche aux ennemis. Deux mille Français vont attaquer, la poitrine découverte, trois mille Allemands bien retranchés et enorgueillis de l'avantage qu'ils viennent de remporter. Toute la noblesse, tout ce qu'il y a d'officiers et de volontaires a suivi l'exemple du prince et s'élance à pied à la tête des soldats.

Dans cette nouvelle attaque, l'infanterie française montre une vigueur et une intrépidité qui prouvent à quel degré de discipline elle est déjà arrivée. Le duc d'Anguien, donnant l'exemple du plus rare courage, passe le premier l'abatis de sapins sous les foudres d'une nombreuse artillerie qui couvre la montagne de feu et de fumée. Son ardeur a tellement électrisé officiers et soldats, qu'ils arrivent en même temps au pied des retranchements. L'élan est irrésistible. L'ascension a été si rapide, que les mousquets sont devenus inutiles. Plusieurs les ont abandonnés pour se servir de l'épée. Les uns coupent les pieux qui relient les travaux des tranchées; les autres, avec leurs piques, fouillent dans les fondations des murailles, ébranlent les pierres, les arrachent avec leurs mains; plusieurs plantent des échelles et jettent çà et là de la terre dont est formé le glacis des parapets, pour mettre les Espagnols à découvert. Il y en a de si déterminés qu'ils vont dans les embrasures des canons, et, malgré ceux qui les défendent, s'attachent aux roues des coulevrines et en jettent quelques-unes hors des tranchées.

Tant d'intrépidité porte la terreur au milieu des Bavarois, qui prennent la fuite en abandonnant leurs retranchements et redoutes à nos braves fantassins. La ligne de défense est rompue, et l'on se poste sur la croupe de la montagne dont les soldats de Mercy ont bravement disputé tous les échelons.

Mais le fort tient encore, et la nuit approche. A ce moment seulement le canon de Turenne se fait entendre au loin; ce maréchal, embarrassé par son artillerie et obligé de faire un long détour dans une route qui n'a pas été reconnue et au milieu d'obstacles de toute espèce, a commencé son attaque très tard. Après avoir forcé les premières défenses qui ferment l'étroite entrée où se porte son attaque, Turenne rencontre une vigoureuse résistance et les meilleures troupes du comte de Mercy : des combats meurtriers ont lieu à chaque pas. Il ne peut pénétrer et s'étendre dans la plaine où repose le camp ennemi, mais il occupe le passage à portée des Bavarois.

La nuit arrête les combattants dans cette position, qu'on croit retrouver le lendemain. Le prince de Condé décide pour le 4 août de marcher par les hauteurs sur le camp bavarois, afin d'obliger Mercy à venir contre lui avec une partie de ses forces et de faciliter ainsi à Turenne l'entrée de la plaine. Mais le général de Mercy pénètre le dessein de son adversaire; abandonnant le fort au duc d'Anguien, l'entrée de la plaine au vicomte de Turenne, il fait retirer ses troupes et son canon sur le plateau de la montagne Noire, voisine de Fribourg, où il improvise de nouveaux retranchements.

Cette nouvelle ligne appuie sa gauche à une montagne très élevée. Sept pièces de canon défendent cette partie. La ligne se déploie ensuite sur le long et étroit plateau de la montagne Noire, dont la crête est bordée de retranchements défendus par quelques canons; à l'extrémité droite du plateau est établie une batterie de dix pièces, qui flanquent l'étroite vallée entre ce plateau et Fribourg. Des retranchements garnis de cinq canons barrent cette vallée; enfin les grosses pièces de Fribourg flanquent parfaitement toute la droite de la position.

Le 4 août au matin, nos troupes aperçoivent les positions occupées la veille par les Bavarois entièrement évacuées, et

les nouveaux retranchements où les attend l'habile général
de Mercy. Condé et Turenne pénètrent sans obstacle dans la
plaine et opèrent leur jonction. Une forte pluie et la fatigue
du combat précédent obligent nos troupes à se reposer toute
cette journée.

Le 5 août, au point du jour, nous nous avançons contre

Marche de Turenne et de Condé dans la vallée de Fribourg
(4 août).

le nouvel obstacle créé par Mercy. Condé a décidé de forcer
vigoureusement la gauche des Bavarois, pendant que la
cavalerie et une partie de l'artillerie observeront la droite,
qui est un véritable gouffre de feu, et que l'on fera une
fausse attaque sur le centre.

Au matin, le vainqueur de Rocroi, accompagné des maréchaux de Turenne et de Gramont et du comte de Marsin,
est monté sur un des points culminants de la montagne pour
reconnaître les derrières de l'ennemi, en attendant l'arrière-
garde, qui n'a pu rejoindre à cause du mauvais état des

chemins, lorsqu'un événement imprévu l'oblige à changer ses dispositions et décide du sort de la journée.

Le maréchal de bataille de l'Échelle, qui commande mille mousquetaires, a reçu l'ordre de ne commencer l'attaque de ce côté que lorsqu'aura lieu la fausse attaque sur le centre. D'Espenan, qui commande l'infanterie du prince, ayant détaché quelques hommes pour enlever une petite redoute qui est en avant de la position des ennemis, un combat s'engage insensiblement de part et d'autre. Des Bavarois soutiennent leurs soldats ; d'Espenan renforce les siens.

Tout à coup sur notre droite éclate une violente fusillade. D'épais nuages de fumée s'élèvent en avant du front des mousquetaires de l'Échelle. Au bruit de l'escarmouche engagée au centre, le maréchal de bataille croit que le moment d'engager l'action est arrivé. Emporté par un excès d'ardeur, il se jette en avant, entraînant ses troupes à l'assaut des retranchements ennemis, et les aborde avec furie. Le combat sur ce point devient terrible. Nos malheureux mousquetaires, qui reçoivent à bout portant les décharges de l'infanterie bavaroise et qui sont foudroyés par le feu de flanc des batteries de la ligne, tiennent ferme sous cette épouvantable canonnade, et redoublent d'efforts ; mais de l'Échelle tombe mortellement atteint, et ses soldats reculent tout mutilés. Ce mouvement déconcerte les plans de Condé. Dès que le prince s'en est aperçu, il accourt en toute hâte vers ce point et trouve les troupes dans le plus grand désordre. Sa présence les ranime ; elles retournent à l'attaque avec la plus vive ardeur.

Le combat recommence. Le carnage est affreux. Tous les coups de l'ennemi portent. Deux bataillons bavarois qui soutiennent le retranchement commencent à plier ; mais ceux

qui le bordent font de si furieuses décharges, que les ennemis, favorisés par la position, repoussent encore nos intrépides soldats. Condé fait alors cesser l'attaque sur ce point
et change aussitôt ses dispositions. Abandonnant la gauche
des ennemis, il laisse quelques troupes sur ce point, et, prenant ce qui lui reste de forces disponibles, il va rejoindre
sa cavalerie dans la plaine et tombe sur la droite des Bavarois.

Alors commencent de terribles et opiniâtres combats sous
le feu d'une nombreuse artillerie qui tonne sans relâche.
Français et Bavarois tirent avec tant de furie, que, le bruit et
la fumée confondant toutes choses, ils ne se reconnaissent
plus qu'à la lueur des décharges des canons et des mousquets. Tous les bois d'alentour retentissent avec un mu-
gissement effroyable et augmentent encore l'horreur du
combat.

Il se passa entre les deux troupes, également encouragées
par la présence de leurs chefs, une de ces luttes terribles,
sanglantes, frénétiques, qu'aucune expression ne peut rendre.
Des ruisseaux de sang inondent les parapets, des cadavres
encombrent les fossés. Rien n'arrête nos braves fantassins,
qui s'épuisent en efforts prodigieux; ivres de fureur, ils
avancent sur les morts et les mourants, franchissent les fossés et gravissent les parapets. On jette le mousquet, on se
charge à coups de pistolet, à coups de sabre, à coups de
pique, à coups de pierres.

Notre infanterie revient sept fois à la charge. Condé court
les plus grands dangers de sa personne et fait preuve du
plus intrépide sang-froid, car il reste toujours à cheval à
trente pas des retranchements. Tous ses aides de camp, les
vingt officiers de sa suite qui l'accompagnent sont frappés

à ses côtés; son cheval est tué; deux autres, quand il les prend, sont blessés; il reçoit lui-même une contusion à la cuisse et vingt balles dans ses armes et dans ses habits. Le pommeau de sa selle est emporté d'un coup de canon, le fourreau de son épée rompu par une balle de mousquet.

Un moment, dans un accès de rage, il jette sa canne par-dessus les retranchements. Nos soldats s'y précipitent en foule pour la lui rapporter, la reprennent, mais sont forcés de se retirer.

Condé reste impassible au milieu de ce feu terrible. Les soldats eux-mêmes, à la vue de tant de courage, tombent et meurent avec une sorte de délire; aucun ne songe à reculer.

Tous nos régiments d'infanterie sont successivement engagés et éprouvent des pertes énormes. « Allons, les Picards, nous crie le prince, enlevez-moi les retranchements! » Sous un feu épouvantable, notre régiment s'élance les piques basses. Un de nos capitaines saisit un drapeau et court le planter au milieu du parapet. Atteint d'une balle en pleine poitrine, ce brave officier roule dans le fossé avec son étendard. Les Bavarois sautent par-dessus le parapet et s'emparent de ce trophée; mais nos piquiers, à cette vue, s'élancent tête baissée, culbutent tout ce qui s'oppose à eux et reprennent bientôt leur enseigne.

Condé et Turenne font alors avancer leur réserve, composée de Weimariens et de Hessois, les seules troupes qui n'aient pas encore donné. Les dignes soldats du grand Weimar accourent sous un feu épouvantable, resserrent leurs rangs à mesure que la mitraille y fait des vides, mais, malgré des efforts surhumains, se voient obligés de reculer en frémissant de rage. Notre cavalerie elle-même, entraînée par tant d'héroïsme, prend part à la lutte. Nos gendarmes, com-

mandés par la Boulaye, chargent sur les retranchements
d'arbres comme de simples fantassins, et escarmouchent
très longtemps à coups de pistolet.

Tout est inutile, les ennemis conservent leur position.
Condé, désespérant de l'enlever de vive force, forme le pro-

Condé jette sa canne dans les retranchements bavarois
(5 août).

jet de couper les communications aux ennemis, de Fribourg
à Willengen, villes situées au débouché des montagnes, du
côté de la Souabe.

Mercy devine le projet du prince, et, abandonnant le plateau, se met en retraite aussitôt à travers la forêt Noire,
faisant défiler son artillerie en avant, pendant que ses troupes
bordent les montagnes latérales. Mais, serré de près et chargé
énergiquement par notre cavalerie lancée à sa poursuite, le

général bavarois est contraint de se jeter dans les défilés, abandonnant une partie de son bagage, six canons, deux mortiers et soixante-treize étendards.

Telles furent les trois journées de Fribourg : journées sanglantes, où notre infanterie fit des prodiges de valeur, d'audace et d'énergie, mais fut presque entièrement anéantie.

Condé et Turenne, après la retraite de Mercy, se jetèrent sur les deux rives du Rhin, qu'ils nettoyèrent d'ennemis, et en deux mois se rendirent maîtres du fleuve de Bâle à Coblentz, prenant Philippsbourg, Mayence, Spire, Worms, Landau et plusieurs autres places de moindre importance.

PASSAGE DU RHIN

(11 JUIN 1672)

PAR UN CUIRASSIER DE REVEL

L'invasion de la Hollande en 1672 fut « un coup de foudre dans un ciel serein ». Cent mille Français abandonnent à la fois leurs cantonnements de la Flandre, et, traversant la Sambre et la Meuse, pénètrent dans les Pays-Bas.

Notre armée s'empare tout d'abord de Rhimberg, d'Orsoy, de Wesel, de Rurich, et chasse devant elle l'ennemi épouvanté. Des succès si rapides enflamment l'ardeur des troupes; le pays de Liège, soumis, ouvre l'accès de la république; on laisse de côté Maestricht, dont le siège pourrait retarder la marche de notre armée, et l'on pousse en avant. Grol vient de tomber aux mains de M. de Luxembourg, lorsque, le 10 juin, le roi Louis XIV en personne arrive aux bords du Rhin. Le prince de Condé est avec lui, le duc de Luxembourg rejoint le grand capitaine. Le Rhin franchi, il n'y a plus que l'Issel entre le roi et Amsterdam.

Le quartier royal est établi sur les hauteurs de Sherenberg, d'où l'on découvre le cours du Rhin et de l'Issel, le Welaw et le Belaw; l'île de Bétuwe est défendue par le fort de

Schenk et couverte par le Wahal, dont le courant impétueux la met à l'abri de toute attaque.

Le prince d'Orange a laissé sur la rive droite du Rhin un de ses lieutenants, Montbas, commissaire général de la cavalerie des États, avec huit régiments, divisés en trois camps qui surveillent les passages depuis le fort de Schenk jusqu'à Arnhem : l'un sous Hussen, l'autre à Borgschott et le troisième à Tollhuyrs. Derrière ces trois camps s'étend un pays sablonneux, semé de digues et tout coupé de haies et de fossés. Des partis de cavaliers rôdent à toute heure sur le rivage, épiant les opérations des troupes françaises, qui n'ont pour s'introduire au cœur de la Hollande que l'espace compris entre Arnhem et le fort de Schenk. Plus haut c'est le Wahal, rapide comme un torrent; plus bas il y a un rempart de villes fortes.

Dès le jour même de son arrivée à Sherenberg, le roi prend ses dispositions pour franchir le Rhin sur-le-champ. Tout d'abord il veut faire passer un corps de troupes avec douze canons dans l'île de Betuwe, au moyen d'un pont de pontons en cuivre, inventés par Martinet; mais, le lendemain 11 juin, n'ayant encore que six pontons de jetés, sans espérance de pouvoir achever de tout le jour, il forme le projet de traverser ce fleuve à la nage, et s'informe si l'on pourra trouver un passage plus facile. Des gens du pays avertissent le prince de Condé que la sécheresse de la saison a formé un gué sur un bras du Rhin, à une lieue environ en dessous du fort de Schenk, vis-à-vis d'une maison de péage établie dans une grosse tour entourée d'une bonne muraille qu'on appelle *Tollhuyrs* (la maison du péage). Sur la plate-forme de cette tour, l'ennemi a installé trois canons qui peuvent battre au loin la campagne.

Pendant la nuit le comte de Guiche, accompagné du chevalier de Lavedan, du baron de Bégolles, de Sponheim et de la Villette, va reconnaître ce gué. Ces cinq braves volontaires, après avoir enveloppé de linge les sabots de leurs chevaux, s'approchent sans bruit du fleuve. On voit sur l'autre rive les feux des bivouacs hollandais, et l'on entend au milieu du silence de la nuit les cris des vedettes qui se répondent. L'eau du Rhin file avec un sourd frémissement.

Le comte de Guiche et ses compagnons explorent minutieusement le gué, le sondent, et constatent que l'eau est assez basse à l'entrée et à la sortie, de sorte qu'il n'y a pas plus de deux cents pas à nager. En outre le courant, très rapide en cet endroit, peut néanmoins être

Trompette et officier de cuirassiers (1672).

coupé par plusieurs chevaux marchant de front. Au moment où ces gentilshommes finissent leur reconnaissance, ils sont aperçus par des vedettes ennemies; une douzaine d'éclairs illuminent la rive droite du Rhin, suivis d'autant de détonations, mais les balles n'atteignent que les saules de la rive que nous occupons, et les cinq Français, filant sans bruit, rentrent à Ettenberg, où campe l'armée.

Le roi n'hésite plus et fait donner des ordres en conséquence. Notre armée se met aussitôt en marche et arrive sur le bord du Rhin avant l'aurore; toutefois son mouvement a été signalé à l'ennemi, qui envoie le général Wurtz, avec trois escadrons de cavalerie et deux régiments d'infanterie, s'opposer à notre passage, et fait commencer aussitôt à élever des retranchements.

Dès le point du jour, le prince de Condé ordonne de dresser deux batteries en face de Tollhuyrs pour protéger le passage et de préparer un pont de bateaux. Des hauteurs de Sherenberg, Louis XIV examine les positions de l'ennemi.

En arrière de ces batteries s'étendent les lignes de notre infanterie. Il y a par bataillon dix-sept compagnies de cinquante hommes, dont une de *grenadiers*; chaque compagnie est commandée par un capitaine, un lieutenant et un enseigne. Douze soldats ont des piques, quatre des fusils avec des baïonnettes à manche de bois, et le reste des mousquets à mèche.

Les grenadiers sont armés de fusils. Tous les soldats portent une épée suspendue à un baudrier auquel les mousquetaires et les fusiliers attachent les étuis cylindriques renfermant les charges ou cartouches. Chaque bataillon est rangé sur six rangs et partagé en trois divisions appelées *manches*; les piquiers forment celle du centre, et les mousquetaires les deux autres.

Deux mille cavaliers doivent franchir le fleuve à la nage. Cette force s'est avancée jusqu'au bord du fleuve en se couvrant d'un petit rideau bordé de saules.

Notre régiment de *cuirassiers* forme la tête de la colonne de cavalerie qui doit tout à l'heure se jeter dans le Rhin. Levé en 1665 par le maréchal d'Aumont, sous le nom de régiment de cuirassiers du roi, il a pris dans l'ordre le n° 7, immédiatement après le royal-étranger, qui a le n° 6. Seul des régiments de cavalerie, il porte le nom de cuirassiers et a conservé la cuirasse. Il est armé du pistolet et de l'épée, qui se porte avec le baudrier. Les étendards sont en soie bleue, soleil au milieu, quatre fleurs de lis brodées aux coins, et frangés d'or.

La tenue est la même que celle des autres régiments de cavalerie : l'habit est bleu, vestes et culottes jaunes; collet, revers et parements rouges, boutons blancs; le chapeau est garni intérieurement d'une calotte en fer, pour protéger la

M. de Revel, mestre de camp du *royal-cuirassiers*.

tête contre les coups de sabre. Les tiges des bottes sont très rigides; les brides de l'éperon, très larges.

Le comte de Revel nous commande : c'est sous les ordres de ce vaillant mestre de camp que nous allons avoir l'honneur d'inaugurer nos drapeaux devant le grand roi et le vainqueur de Fribourg.

Quand tout est prêt pour tenter le passage, Louis XIV descend des hauteurs de Sherenberg et passe au milieu des troupes, où il est accueilli avec le plus vif enthousiasme. Derrière lui marchent les plus fameux capitaines de l'époque, les gentilshommes les plus illustres par leur naissance ou leur mérite. Tous portent une légère cuirasse d'acier, recouverte d'un costume bleu, rouge et blanc, couleurs royales. La coiffure se compose d'un large chapeau de feutre orné de panaches. L'épée, suspendue à un large baudrier, se porte en verrou. A cheval, on ne l'engage que dans un des passants pour qu'elle se tienne droite. L'usage des perruques est général. Enfin une ceinture blanche, frangée d'or, insigne de commandement, se noue à la taille.

Avant de donner le signal du passage, le prince de Condé, accompagné du duc de Longueville, se rend avec le comte de Guiche à l'entrée du gué pour en examiner une dernière fois les abords, et est salué par une salve, heureusement inoffensive, des vedettes hollandaises. Sur l'ordre du prince, le comte de Guiche court à nos escadrons et les fait avancer. Les maîtres (cavaliers) se déchargent alors de tout ce qui pourrait les embarrasser : sacs, manteaux, etc., puis desserrent les sangles de leurs chevaux et leur ôtent la gourmette pour qu'ils puissent nager plus aisément.

Le comte de Guiche fait remarquer à tous ces braves gens que le roi et M. le Prince sont là, et leur dit de rang en rang tout ce qui peut les obliger à bien se comporter. La gaieté avec laquelle tous lui répondent donne une confiance pleine et entière pour le succès de l'entreprise.

Les six premiers escadrons de la brigade de Pilois, commandés par ce mestre de camp, sont : deux des cuirassiers de Revel, deux de Pilois et deux de Bligny. Le reste de l'aile vient ensuite ; mais, dès que ces six premiers escadrons sont prêts, M. le Prince nous fait avancer jusqu'au bord du fleuve.

Le comte de Guiche marche le premier, suivi des quatre gentilshommes avec lesquels il a reconnu le gué la nuit der-

nière, de dix cuirassiers de notre régiment et de dix volontaires des gardes du corps. Comme la petite avant-garde
touche au rivage, on rencontre une troupe de gentilshommes.
Il y a là le prince de Marcillac, le duc de Coislin, le marquis de Thermes, le comte de Saulx, le chevalier de Vendôme, M. de Maurevert et plusieurs autres de la première

Dans le Rhin.

noblesse du royaume. Ces jeunes seigneurs ont revêtu leurs
uniformes les plus beaux, espérant bien qu'on se battra un
peu, et sont tout couverts d'aiguillettes et de rubans.

M. le Prince, suivi du duc de Longueville, est venu jusqu'à l'entrée de l'eau, et donne le signal. Aussitôt la petite
troupe se jette dans l'eau; sur ses talons, M. de Revel se
lance dans le Rhin à la tête du premier escadron de ses
cuirassiers, que dirige le major de Langalerie; viennent
ensuite les cinq autres escadrons de M. de Pilois, qui s'est
élancé en avant à côté du comte de Guiche. Les autres
escadrons se rangent sur le rivage, prêts à partir au premier signal.

Les vedettes ennemies ont signalé notre mouvement; aussi

aperçoit-on sur la rive opposée trois escadrons hollandais qui viennent d'accourir au galop et se rangent en bataille; dans la tour de Tollhuyrs, les canonniers sont à leurs pièces, la mèche allumée. L'élan de nos soldats est prodigieux : le prince de Condé a été obligé de retenir par la bride de son cheval le duc de Longueville, qui veut passer à toute force.

La petite troupe du comte de Guiche, composée d'une quarantaine de personnes, s'avance rapidement. Les cuirassiers, plus pesamment armés, restent un peu en arrière; les gardes du corps, ardents et bien montés, marchent les premiers. Tantôt on avance à gué ayant de l'eau jusqu'aux sangles ; tantôt on nage ayant de l'eau jusqu'à la ceinture. Vers le milieu du fleuve, un cuirassier perd pied tout à coup et disparaît; un peu après, un garde du corps et son cheval roulent dans l'eau, le fleuve passe sur leur tête, on ne les voit plus. « En avant ! » crie le comte. « En avant ! » répètent les gentilshommes, l'épée haute.

A la vue de cette petite troupe qui s'avance hardiment contre eux, les trois escadrons hollandais descendent vers le fleuve et entrent dans l'eau jusqu'aux étriers.

Le comte de Guiche et les braves jeunes gens qui l'accompagnent ne s'effrayent pas de la différence du nombre. Poussant leurs chevaux, ils abordent résolument l'ennemi aux cris de : « Vive le roi ! » Leurs pistolets sont mouillés, l'épée seule leur reste, mais ils la manient en gens de cœur. Un instant on peut croire que cette poignée d'hommes va être anéantie par ces trois escadrons. Mais il se produit ce qui arrive souvent dans ces périlleuses circonstances : l'audace des uns intimide les autres. Les Hollandais exécutent une décharge et se débandent aussitôt. Les pieds des quarante chevaux mordent le rivage, et les quarante cavaliers s'élancent sur l'ennemi. On se joint corps à corps, et la mêlée devient terrible.

La tour de Tollhuyrs, qui a dédaigné de tirer sur notre avant-garde, ouvre le feu contre les cuirassiers de M. de Revel, que suivent les escadrons de MM. de Pilois et de Bligny. C'est un spectacle saisissant de voir ces troupes, qui sont magnifiques, nager en bataille au milieu d'un fleuve si large et si rapide.

Les boulets et la mitraille fouettent l'eau; à tout instant un cavalier disparaît. Au bout de cinq minutes c'est un affreux désordre. Les chevaux, effrayés par le feu des Hollandais, piaffent dans le Rhin, perdent pied et tombent dans des courants où ils s'enfoncent, les rangs sont rompus, les cavaliers marchent à l'aventure, l'œil sur la mêlée qui pétrit le rivage opposé; le fleuve est tout couvert de cadavres flottants, de blessés qui tendent les bras vers le ciel, d'étendards, de chapeaux abandonnés, de chevaux qui se débattent dans l'agonie.

Cependant les cuirassiers arrivent les uns après les autres; le major de Langalerie fait former sur deux rangs les quarante premiers qui touchent au rivage; M. de Revel se jette avec eux sur la droite des Hollandais, mais ils sont repoussés et leur chef blessé. M. de Revel, tout sanglant, les rallie et fond sur les ennemis, qui, déjà rompus et découragés, se dispersent de toutes parts.

Le prince de Condé fait serrer les escadrons avec une telle diligence, bien que des hommes se noient sans cesse, qu'en un moment les six escadrons commandés par M. de Pilois ont traversé le Rhin. Cette cavalerie, trouvant une petite plaine, commence d'étendre sa droite vers le Rhin, qui fait un coude en cet endroit, et sa gauche au village de Tollhuyrs, son front étant vers le Betaw.

Les Hollandais se rallient derrière des haies et des palissades, que le lieutenant de Montbas, Wurts, a garnies d'infanterie. On sonne la trompette, et nos soldats, un instant dispersés, se rangent autour de leurs cornettes. Il y a devant les escadrons français quatre à cinq mille hommes protégés par de nombreux fossés et des travaux d'art : au moins, avant de les attaquer, faut-il se mettre en ordre de bataille. Le canon des batteries dressées sur la rive gauche du Rhin foudroie maintenant la tour de Tollhuyrs et protège le passage des renforts.

Le prince de Condé, n'y tenant plus, se jette dans un batelet en cuivre avec M. le duc de Luxembourg, le duc d'Anguien et le duc de Longueville ; leurs chevaux les suivent à la nage. Deux régiments entiers de dragons, *Colonel-général* et *Royal*, viennent d'entrer dans le fleuve, pendant que sur un autre point la maison du roi et des volontaires passent également le Rhin.

Quand le prince de Condé et les gentilshommes de sa suite arrivent sur la plage semée de cadavres, les escadrons de MM. de Revel, de Pilois et de Bligny sont engagés contre des partis d'ennemis sortis des retranchements pour soutenir les fuyards. On se bat avec une impétuosité extraordinaire du côté des Français, qui sont un contre dix ; avec consternation du côté des Hollandais, qui ne s'attendaient pas à une attaque si furieuse et si soudaine.

Le prince de Condé et le duc de Luxembourg mettent l'épée à la main, et comme au temps où ils guerroyaient ensemble contre M. de Turenne, en Flandre, ils se jettent tête baissée contre les ennemis. La fièvre du combat les a saisis. Quand on les voit accourir, des cris d'enthousiasme s'élèvent du milieu de nos cavaliers.

Trente à quarante gentilshommes dirigés par M. le Prince tombent la pointe haute sur un gros de cavaliers hollandais, qui les accueillent à coups de mousqueton. Trois ou quatre gentilshommes roulent de selle. Un capitaine hollandais, nommé Ossembrœk, court au prince de Condé et lui appuie son pistolet à la tête. Le prince par un mouvement détourne le coup, qui lui fracasse le poignet droit. C'est la seule blessure que Condé reçut jamais dans toutes ses campagnes. Son épée s'échappe de sa main. Près de lui, le marquis de la Force tombe sous les pieds des chevaux. Un gentilhomme ramasse l'épée du prince et la lui rend. « Donnez, monsieur, donnez! s'écrie Condé, qui la saisit de la main gauche, et faisons voir à cette canaille que le fer a raison du plomb! » Et, passant par-dessus le cadavre du marquis de la Force, il charge les Hollandais, qui tournent bride.

Le chevalier de Vendôme fond sur un officier hollandais, le tue d'un coup d'épée, prend son drapeau, et, armé de ce trophée, continue sa course téméraire; le marquis d'Aubusson veut le suivre et tombe frappé d'une balle au cœur; le duc de Longueville saute par-dessus son corps expirant et va se mettre au premier rang.

La tour de Tollhuyrs cesse bientôt son feu : elle est démantelée et vaincue. Les deux batteries du prince de Condé tournent leurs canons fumants vers la plaine, où l'on aperçoit les Hollandais derrière leurs haies et leurs palissades.

L'élan est donné. Il ne dépend même plus des chefs de l'arrêter; à vrai dire, aucun d'eux n'y pense, et, bien loin de vouloir contenir leurs troupes, ils les pousseraient même si elles en avaient besoin. Les princes du sang se battent eux-mêmes comme des officiers de fortune. La présence du prince de Condé, de son fils le duc d'Anguien, du duc de Luxembourg et du jeune duc de Longueville, communique une ardeur extrême aux soldats qui viennent si audacieusement de franchir le Rhin. On ne prend pas garde à la mousquetade qui éclaircit les rangs. Nous arrivons pêle-mêle aux barrières, soldats et gentilshommes, les mieux montés en avant, les autres en arrière.

Cuirassier au bivouac.

Les officiers hollandais sont parvenus à rétablir un peu d'ordre parmi leurs compagnies, qui s'imaginent que toute l'armée française va tomber sur elles; les cavaliers, ralliés derrière un premier fossé, font le coup de pistolet.

Le comte de Revel, qui a reçu cinq blessures et a eu un premier cheval tué sous lui, est toujours resté à la tête de notre régiment; enlevés par ce chef indomptable, nos cuirassiers sautent par-dessus le fossé. Nous arrivons aux palissades, le duc de Longueville en avant de tous. Poussé par sa bouillante ardeur, il sabre un officier ennemi; au même instant l'infanterie hollandaise couche en joue notre troupe. La décharge éclate. Un vent de mort passe sur nos escadrons et fait tomber les plus hardis.

Le duc de Longueville, percé de cinq ou six balles de mousquet, roule dans les rangs hollandais ouverts par son

élan. Nous entrons dans la barrière au milieu d'un nuage de
fumée. Les ennemis lâchent pied de tous côtés; beaucoup
d'entre eux, poursuivis l'épée dans les reins, restent sur le
carreau; un plus grand nombre se rend à discrétion.

Les deux régiments de dragons prennent possession des
camps ennemis abandonnés. M. de Luxembourg attache
alors son regard perçant sur l'horizon, où dans les vapeurs
du soir on voit les clochers de dix villes. « Utrecht est à
nous, » dit-il.

En ce moment mille cris s'élèvent de tous côtés, les tambours battent aux champs, les cavaliers agitent leurs chapeaux au bout des épées, et les clairons sonnent. Louis XIV
passe le Rhin.

Au milieu des retranchements enlevés avec tant de courage,
un groupe de gentilshommes, noircis par la poudre et tout
couverts de sang, entourent une civière sur laquelle on
a couché un cadavre. Il y a là le prince de Condé, le duc
d'Anguien et le chevalier de Vendôme; le jeune chevalier
pleure comme un enfant, après s'être battu comme un
soldat; le duc d'Anguien laisse tomber de grosses larmes le
long de ses joues; le prince de Condé s'essuie les yeux d'une
main mutilée. La tête livide et souillée de sang, le duc de
Longueville repose sur un lit de drapeaux. On voit encore
sur son visage pâli l'expression ardente et fière de son jeune
courage. La mort l'a surpris au moment du triomphe. Il est
tombé comme un chêne frappé par la foudre d'un seul coup.
Ceux d'entre les gentilshommes qui sont blessés se relèvent
pour dire un dernier adieu à celui que l'avenir entourait de
tant d'espérances, et qui n'est plus qu'un cadavre; les vivants
lui font un cortège morne et désolé.

Le Rhin franchi, la Hollande fut ouverte à l'invasion. Il

n'y avait guère d'heures dans la journée où le roi ne reçût la nouvelle de quelque conquête. Un officier nommé Mazel mandait à M. de Turenne : « Si vous voulez m'envoyer cinquante chevaux, je pourrai prendre avec cela deux ou trois places. » Le 20 juin 1672, Utrecht envoya ses clefs. Les trois provinces d'Over-Yssell, de Gueldre et d'Utrecht s'étaient soumises sans essayer de se défendre.

MOLSHEIM

(1674)

PAR UN DRAGON DE LISTENOIS

Les alliés avaient médité pour les années 1674-1675 une double et formidable invasion de la France, par la Lorraine et par les Pays-Bas. Turenne devait arrêter l'une, Condé l'autre. Mais l'ennemi met tant de lenteur à entrer en opération, que la conquête de la Franche-Comté par nos troupes est terminée avant qu'il ait dessiné son mouvement.

Turenne peut même prendre l'offensive : il passe le Rhin à Philippsbourg avec vingt mille hommes, brûle le Palatinat pour empêcher les Allemands d'y subsister, et livre une foule de petits combats à Sintzheim, à Laudenbourg (8 juillet 1674), où il montre les ressources d'une tactique inconnue avant lui. Cependant sa science militaire ne peut toujours suppléer au nombre. Les Impériaux, déjà beaucoup plus forts que les Français, ont été augmentés par les troupes des Cercles, par celles de Brunswick, de Saxe, de Hesse, de Munster, de Trèves et de Cologne.

Soixante-dix mille Allemands pénètrent en Alsace par le pont de Strasbourg, qui viole ainsi sa neutralité. La cour, qui alors réglemente notre armée comme à toutes les époques d'intrigue, la cour est tout effrayée, et le marquis de Louvois, ministre de la guerre, écrit à Turenne d'abandonner l'Alsace pour conserver la Lorraine. Turenne ne tient aucun compte de la lettre du marquis. Loin d'abandonner une province, le maréchal veut, au contraire, livrer bataille. Son armée vient d'être renforcée et portée à vingt-cinq mille hommes; aussi se décide-t-il à aller combattre une armée de cinquante mille Allemands commandée par le duc de Bournonville et campée près du village d'Ensheim, à quelques lieues de Strasbourg.

Turenne est le père de ses soldats, et comme il n'y a à craindre avec lui ni une fatigue ni un danger inutiles, il peut tout obtenir de leur dévouement. Henri de la Tour d'Auvergne, vicomte de Turenne, passe pour le plus habile capitaine de l'Europe. Grand politique, il est presque sans égal par cette élévation d'âme qui le met si fort au-dessus de l'intérêt et ne lui laisse de passion que pour la véritable gloire. Peu de généraux ont des vues plus étendues que lui dans l'art militaire : il n'a pas toujours eu des succès heureux à la guerre; aussi dit-il qu'il a commis des fautes, et il est assez grand pour l'avouer. Il n'a jamais fait de conquêtes éclatantes, et n'a point donné de ces grandes batailles rangées dont l'issue rend quelquefois une nation maîtresse de l'autre; mais il a toujours réparé ses défaites et fait beaucoup avec peu.

Laissant Strasbourg sur sa gauche, Turenne marche rapidement à l'ennemi. Nos deux régiments de dragons du *Royal* et de *Listenois* forment l'avant-garde.

A cette époque, les dragons, qui sont l'arme favorite de Louis XIV, comptent quatorze régiments, connus plus tard sous le nom des *quatorze vieux*. En 1668, Sa Majesté a institué la charge de colonel général des dragons en faveur du comte de Peguilin, depuis duc de Lauzun.

L'uniforme de ces régiments diffère dans les uns et les autres; le vert, le rouge, le bleu dominent cependant dans l'habillement : la différence d'un régiment à l'autre est accusée par la couleur des revers, le métal des boutons et la forme des poches. En 1674, sur ces quatorze régiments de dragons, deux, *Royal* et *Dauphin*, ont l'habit bleu; dix, dont *Listenois*, revêtent l'habit rouge; deux enfin, l'habit vert.

Dragons coiffés du *pokalem*.

En service et devant l'ennemi, les dragons portent le *pokalem*, bonnet en drap de la couleur de l'habit, galonné de blanc, ayant au bas un épais bourrelet ou retroussis, soit en drap de la couleur des retroussis, soit en peau ou en peluche. La pointe de ce bonnet, formant une queue garnie d'une houppe, retombe sur l'épaule. Cette coiffure, simplifiée et modifiée, devint par la suite le vieux et légendaire bonnet de police de nos grenadiers. En dehors du service les dragons se coiffent d'un chapeau de feutre noir, galonné

Hautbois des dragons.

d'argent et orné d'une cocarde noire. Une calotte de fer garnit intérieurement ce chapeau, et peut amortir un coup de sabre porté sur la tête. Comme ils doivent souvent mettre pied à terre pour se battre, au lieu de la botte forte de la cavalerie, ils chaussent par-dessus leurs bas blancs de longues guêtres ou houseaux de cuir se bouclant jusqu'au genou, et munis d'un éperon recourbé à la chevalière.

Chaque dragon est armé d'un sabre droit ou forte épée, dont la lame mesure deux pieds neuf pouces de longueur; du mousqueton, plus léger et plus petit que celui de l'infanterie, avec une baïonnette à manche de buis se fourrant dans le canon; d'un pistolet porté à l'arçon gauche de la selle; sur l'autre arçon est accrochée soit une bêche, soit une pioche, soit une hache pour les travaux de tranchées ou pour s'ouvrir des passages à travers les broussailles. L'équipage du cheval, housse, tapis, couvre-fontes, est de la couleur de l'habit, galonné de blanc, comme l'uniforme des cavaliers. Les chevaux des dragons ne peuvent être plus hauts que de quatre pieds deux pouces, ni plus bas que de quatre pieds, et diovent tous être à longue queue.

Chaque régiment est ordinairement formé de deux escadrons à cinq compagnies. En temps de paix, chaque compagnie compte vingt-cinq hommes, dont dix de pied. Mais, en temps de guerre, la compagnie est portée à quarante hommes, dont vingt-cinq cavaliers et quinze piétons. Ce qui donne au régiment un effectif de quatre cents dragons sur pied de guerre, et deux cent cinquante sur pied de paix.

Chaque régiment est commandé par un mestre de camp. L'état-major se compose d'un lieutenant-colonel, d'un major et d'un aide-major, qui devient plus tard le quartier-mestre trésorier. Les officiers de la compagnie sont : un capitaine, un lieutenant et une cornette, qui porte le *guidon* de la compagnie. Dans notre arme des dragons le drapeau s'appelle *guidon*, tandis qu'il porte celui d'*étendard* dans les autres régiments de cavalerie.

Le guidon est très petit, l'extrémité flottante taillée en forme de deux demi-cercles. Chaque compagnie possède un guidon, porté par un cornette et escorté par deux cavaliers d'élite. Ces étendards, pour les quatre régiments royaux, portent les fleurs de lys d'or; pour les autres, un soleil, emblème du grand roi, et au revers la devise et les couleurs

Dragons mettant pied à terre pour combattre.

du mestre de camp. En outre, chaque compagnie possède un tambour, quelques-unes des hautbois. Ce tambour est plus petit de forme que ceux de l'infanterie, afin de pouvoir être battu à cheval.

Après une marche continue et des plus pénibles d'un jour et d'une nuit, Turenne arrive sur les hauteurs de Molsheim, d'où nous découvrons les positions de l'ennemi, qui ne sont qu'à une lieue de là. Mais pour arriver aux Impériaux il faut traverser la Brusch et le ruisseau de Molsheim; il y a au delà de ces cours d'eau une plaine dont on peut faire un beau champ de bataille. Les ennemis ont négligé de rompre deux ponts, et même de les garder; Turenne les fait occuper par nos dragons, et seuls ces braves soldats protègent le passage de toute l'armée. On se prépare des deux côtés à la bataille.

Le duc de Bournonville range les Impériaux sur deux lignes longues et épaisses, et place au corps de réserve ses plus habiles guerriers. Il occupe un petit bois sur sa gauche, y fait passer de l'artillerie et du canon, protège ses différents corps par des retranchements de toute espèce, et attend notre armée avec l'espérance de la vaincre.

Dragons de Listenois (1674).

Turenne place aussi nos troupes sur deux lignes, compose la première de dix bataillons et de vingt-huit escadrons, également protégés sur les deux ailes; à la seconde se trouvent seulement huit bataillons, mais autant de cavalerie. Cinq escadrons sont placés entre les deux lignes, derrière l'infanterie de la première. Deux escadrons et six bataillons forment la réserve. Tous nos escadrons sont entremêlés de pelotons d'infanterie qui les soutiennent.

Lorsque toutes nos troupes sont rangées dans la plaine, nos dragons, sur l'ordre de Turenne, engagent l'action, se dirigent vers les bois, attaquent et enfoncent en un clin d'œil deux corps de cavalerie qui en défendent l'approche.

Trois bataillons et deux pièces d'artillerie chargées à mitraille sont adossés à ce bois et opposent une résistance opiniâtre.

Les capitaines de Frière et de Courtagnan, qui forment la tête de notre colonne d'attaque avec cent dragons de notre régiment de Listenois, font mettre pied à terre à leurs hommes. Après avoir essuyé le feu de trois bataillons impé-

Dragons escortant un général.

riaux, nos soldats escaladent l'épaulement, massacrent les canonniers et s'emparent des deux canons. Mais là un nouvel obstacle se présente : il faut enlever un nouveau retranchement, armé de six pièces d'artillerie et tirant à cartouches.

Le chevalier de Boufflers, depuis duc et pair et maréchal de France, alors mestre de camp de *Royal-Dragons,* dirige cette nouvelle attaque. « En avant ! » crie-t-il aux dragons de *Royal* et de *Listenois.* Les tambours battent la charge, les hautbois des compagnies font entendre leurs sons criards. Ces intrépides soldats, malgré la mitraille qui creuse dans leurs rangs de profonds sillons, sautent par-dessus les abatis d'arbres, la baïonnette enfoncée dans le canon du mousquet.

En un instant les longs bonnets bleus et rouges couronnent l'épaulement, où sont plantés les guidons bleus et blancs aux fleurs de lys et soleils d'or; puis, chargeant l'ennemi à la baïonnette, les dragons le foudroient avec sa propre artillerie, dont ils viennent de s'emparer et qu'ils tournent contre lui.

Mais ce poste est tellement fortifié, que pendant près de trois heures la victoire est balancée. Le combat devient terrible. Tour à tour on gagne et on cède du terrain. Cinq cents mousquetaires se joignent à nos dragons. Une grosse pluie d'orage vient tout à coup suspendre la fureur des combattants. On s'arrête de part et d'autre; mais enfin la pluie cesse, la carnage recommence avec plus de force.

Turenne et Bournonville envoient chacun des corps nombreux soutenir les combattants. Le combat devient de plus en plus sanglant et terrible. Pendant trois heures on se charge avec furie dans les vides du bois. Les ennemis se retirent d'arbre en arbre. On forme une nouvelle attaque à chaque pas, on se presse corps à corps. Le péril est à son comble, et le succès incertain.

Français et Impériaux sont confondus. Tous les uniformes sont pêle-mêle : justaucorps bleus et écarlates des dragons, habits gris de notre infanterie, habits jaunes et verts des Allemands. Chacun a peine à se reconnaître, tant la fumée est épaisse, au milieu de ces nuages sombres que rayent de rapides éclairs les lueurs des mousquets et des pistolets, ainsi que l'acier des baïonnettes et des épées. L'ennemi se rallie sept fois et charge huit fois, mais est toujours repoussé par nos dragons.

Notre brave colonel, M. de Listenois, est tué; à côté de lui, le chevalier de Boufflers tombe blessé. Un capitaine de *Listenois,* saisissant le guidon de sa compagnie, court, suivi de quelques dragons, sur un dernier retranchement et plante son drapeau sur le parapet, en criant : « Vive Turenne! »

Cet acte d'intrépidité enhardit nos soldats en même temps qu'il intimide l'ennemi; le retranchement est emporté, et l'armée, qui gagne du terrain pied à pied, marche en admirant les dragons.

Turenne, monté sur sa fameuse jument blanche et noire, connue de tous les soldats sous le nom de *la Pie,* vient par-

Les dragons de *la Reine* chargent les cuirassiers de *l'Empereur.*

tager le danger; sa présence fixe la fortune. Tout fuit, tout se disperse. Nous restons enfin maîtres du bois, et poursuivons vigoureusement l'ennemi, l'épée dans les reins, jusqu'au village d'Ensheim. Mais là Bournonville nous attend avec des forces supérieures, et fond à son tour sur notre corps de bataille. Nos dragons le reçoivent avec l'intrépidité que la gloire ajoute au courage. Il se retire.

A ce moment une masse de cavaliers ennemis, la cuirasse noire bouclée sur l'habit jaune, se jettent sur notre aile droite. Ce sont les redoutables cuirassiers de l'Empereur, que commande le comte de Caprara, et qui n'ont pas encore combattu. Notre première ligne, déconcertée, se replie sur la seconde; celle-ci se précipite sur le corps de réserve, qui s'avance pour la soutenir, et l'ébranle. Les Impériaux nous pressent de toutes parts ; ils triomphent après avoir été vaincus.

Nos dragons de *Royal* et de *Listenois* sont épuisés, à bout de forces : nos rangs commencent à flotter. Les valets se sauvent vers les bagages. Ceux qui les gardent prennent la fuite avec eux. Tout est perdu.

Heureusement à cet instant une colonne de secours, commandée par les comtes de Lorges et d'Auvergne, arrive au pas de course, arrête l'ennemi et rétablit le combat.

Les dragons de *la Reine* accourent le sabre haut, prennent en flanc les cuirassiers de *l'Empereur,* les culbutent et les mettent en déroute aux applaudissements de toute l'armée. L'infanterie allemande, de son côté, recule à cette vue pas à pas. Les ennemis se défendent avec vigueur ; mais enfin, rompus de toutes parts, ils cherchent leur salut sous les fortifications d'Ensheim, après un combat de dix heures, où ils avaient perdu trois mille hommes, trente drapeaux ou étendards, dix canons et une partie de leurs bagages. La victoire avait coûté la vie à près de deux mille Français.

STEINKERQUE

(3 AOUT 1692)

PAR UN MOUSQUETAIRE GRIS DE LA MAISON DU ROI

En juin 1692, Louis XIV, jaloux de couvrir par une action d'éclat notre désastre maritime de la Hogue, vint en personne mettre le siège devant Namur, la plus forte place des Pays-Bas par sa situation au confluent de la Sambre et de la Meuse, et par une citadelle bâtie sur les rochers. Cette place est investie et prise comme l'a été Mons l'année précédente, après sept jours de tranchée nouvelle. Le siège a offert cette particularité remarquable, que Vauban a attaqué le fort de *Cohorn*, défendu par Cohorn lui-même, *le rival de Vauban*, comme on disait alors, *mais jamais son égal.*

Les princes du sang s'y couvrent de gloire. Le duc de Chartres, le duc du Maine, se portent bravement au milieu du danger, et rendent le roi ivre d'orgueil de la valeur de sa race. Le petit comte de Toulouse, à peine âgé de douze ans, y est blessé en chargeant à la tête de son régiment. C'est cet enfant du sang royal qui a mis en honneur parmi les gentilshommes de porter les fascines au pas : glorieux préjugé, que le roi est obligé de défendre, car il coûtait la vie aux plus nobles officiers.

Louis XIV retourne à Versailles après cette conquête, laissant au maréchal de Luxembourg ses instructions et son commandement. Pendant que nos troupes assiégeaient et enlevaient Namur, ce grand homme de guerre avait empêché, par sa seule présence, le roi Guillaume de passer la Mehaigne à la tête de l'armée anglo-hollandaise et allemande, forte de quatre-vingt mille hommes, et de venir faire lever le siège. Le souverain d'Angleterre n'a pas osé attaquer l'armée du maréchal de Luxembourg, composée de l'élite de la noblesse de France, et dont il connaît la valeur : il attend l'occasion de la surprendre.

En août 1692, notre armée vient camper à Steinkerque, village de la province de Hainaut, situé sur la Senne. Cette armée est entièrement composée de troupes d'élite, déjà éprouvées en vingt combats. La maison militaire du roi, où se trouve notre compagnie des mousquetaires gris, en fait partie.

Quel spectacle imposant que ce corps d'élite, la gloire et l'orgueil de la France, la terreur de nos ennemis ! Entre mille actions d'éclat, qui ne connaît en Europe la brillante journée de Leuze, livrée le 18 septembre 1691, où vingt-huit escadrons de la maison du roi et de la gendarmerie en ont culbuté soixante-quinze de l'armée de Guillaume d'Orange, et leur ont pris quarante étendards ? L'origine de ce corps d'élite remonte à Charles VII. Les chefs en sont nommés par le roi, et les simples gardes eux-mêmes sont choisis parmi l'élite de la noblesse : le blason de tous ces jeunes gentilshommes doit être sans reproche. Il faut avoir fait ses preuves d'une manière brillante pour entrer dans ce corps, qui compte autant de nobles souvenirs qu'il a vu de combats.

La maison du roi forme deux divisions, qui se distinguent par la couleur des habits : la *maison bleue*, composée de quatre compagnies des gardes du corps, chacune formée de trois cents gentilshommes, parmi lesquels il y a beaucoup de jeunes cadets sans paye, assujettis comme les autres à la régularité du service.

La *maison rouge* comprend les deux compagnies des mousquetaires *gris* et *noirs*, présentant un effectif de cinq cents gentilshommes choisis, tous parés de leur jeunesse et de leur bonne mine; la

Mousquetaires et garde du corps en tenue de service du palais.

compagnie des chevau-légers de la garde (200 maîtres), la compagnie des chevau-légers du roi (200 maîtres).

Une division de cavalerie de réserve est formée de six compagnies de gendarmes : de *la Reine* (154 maîtres), de *M. le dauphin* (209 maîtres), *d'Anjou* (105 maîtres), *d'Orléans* (154 maîtres); une compagnie de gendarmes écossais (105 maîtres), une compagnie de gendarmes anglais (105 maîtres); trois compagnies de chevau-légers : de *M. le dauphin* (108 maîtres), *d'Orléans* (157 maîtres) et Anglais (110 maîtres).

Puis viennent les gardes de la manche, de la porte, de la prévôté de l'hôtel, les gentilshommes à bec de corbin, les Cent-Suisses.

Deux superbes régiments d'infanterie : les gardes françaises, fort de trente compagnies à cent hommes, et les gardes suisses, fort de dix compagnies à deux cents hommes, sont adjoints à la maison du roi.

Tous ces corps ont de nobles et beaux états de service. Tous rivalisent de gloire et de dévouement dans les combats.

La première compagnie des gardes du corps a été formée, selon les uns en 1423, selon les autres en 1448. Louis XI en a créé deux autres en 1474 et 1475; François Iᵉʳ, une quatrième en 1544. Ces quatre compagnies se distinguent par la couleur de leurs bandoulières. La première, dite *Écossaise*, porte la bandoulière d'argent plein; la deuxième (*Tresme*), la porte verte; la troisième (*Charost*), bleue; la quatrième (*Aumont*), orange. Les *gardes du corps* sont chargés du service intérieur; ils veillent aux portes dans les appartements. Quand le service de table commence, ils accompagnent les plats; quand l'écuyer verse à boire, ils suivent des yeux et saluent la coupe du roi.

Après les gardes du corps viennent les mousquetaires, corps magnifique, au costume élégant, qui escortent le roi quand il sort, mais qui n'entrent jamais dans les appartements. Aussi portent-ils de larges bottes à calice, tandis que les gardes du corps sont chaussés de petits souliers à talons et bas rouges. Sous Henri IV, il existait dans sa maison militaire une compagnie de carabins qui prit, sous Louis XIII, la dénomination de *mousquetaires* lorsque ce prince l'arma de mousquets. Il se proclama leur capitaine et désigna, pour commander sous ses ordres, un capitaine-lieutenant, un sous-lieutenant, un enseigne, un maréchal des logis et deux brigadiers. Les mousquetaires faisaient alors le service à pied et à cheval, et avaient des trompettes et des fifres. Une seconde compagnie de cette arme ayant été créée pour la garde du cardinal de Richelieu, et par suite pour celle du cardinal Mazarin, la mort de celui-ci fit passer cette compagnie dans la maison du roi; seulement elle n'y fit d'abord son service qu'à pied.

Les deux compagnies portaient dans le principe un costume irrégulier; mais en 1673 on régla que le costume serait de drap rouge avec une croix brodée sur la poitrine; que la

Mousquetaires (tenue de campagne).

première compagnie aurait le bouton et la boutonnière d'or, et la seconde le bouton et la boutonnière d'argent. Les mousquetaires de la première compagnie montent des chevaux de poil gris-pommelé, tandis que ceux de la seconde ont des chevaux de poil noir, ce qui a amené les dénominations de *mousquetaires gris* et de *mousquetaires noirs*.

En campagne, et lors même que le roi ne commande pas, il y a toujours à l'armée un détachement de mousquetaires faisant le service auprès du maréchal de France général en chef. En 1677, à Valenciennes, les mousquetaires ont excité l'admiration de toute l'armée en montant les premiers à l'assaut, comme de simples fantassins.

Les *gendarmes* sont le plus vieux corps de la maison du roi, celui qui a le plus de privilèges. Cette compagnie a le souverain pour capitaine et deux commandants sous le titre de capitaines-lieutenants. Ce corps est composé de gens d'élite; ils marchent après les gardes du corps et ont le pas sur les chevau-légers. Lorsque la cornette revient de l'armée,

Garde écossaise.   Garde de la porte.
Cent-Suisse.   Garde de la manche.

un certain nombre de gendarmes sont détachés pour accompagner les étendards jusqu'à la chambre du roi et à la ruelle de son lit. Un pareil détachement va les prendre à cet endroit, lorsque la compagnie est assemblée pour passer une revue ou marcher en campagne. Les quatre étendards des gendarmes et ceux des chevau-légers sont les seuls qui soient portés chez le roi, comme capitaine de ces deux compagnies. Tous les officiers sont montés sur des chevaux gris, et les gendarmes sur des chevaux bais.

Les *chevau-légers* sont un des plus beaux corps de la maison du roi. L'origine de cette compagnie remonte à 1570. A cette époque, Henri de Navarre, âgé à peine de seize ans, reçut le commandement d'une compagnie de cavalerie dont il fut si satisfait, qu'il l'attacha à sa personne sous la dénomination de compagnie d'ordonnance. Henri IV, monté sur le trône, porta à deux cents le nombre d'hommes de cette compagnie et lui donna le nom de chevau-légers. Cette compagnie n'a pour chef que le monarque en personne; son uniforme est des plus magnifiques.

Les *gardes de la manche* se composent de vingt-cinq gentilshommes, qui ont pour mission de veiller sur la personne du roi et de ne le point quitter.

Les *gardes de la porte* passent pour le corps le plus ancien chargé de veiller sur la personne du souverain; on croit que dans l'origine ils se sont appelés *ostiarii*. Ils

Gentilhomme à bec de corbin.

sont au nombre de cinquante, qui veillent pendant le jour aux portes intérieures du palais du roi.

Les *gardes de la prévôté de l'hôtel*, placés sous les ordres du prévôt de l'hôtel du roi, ou grand prévôt de France, servent à maintenir la police et à faire exécuter les règlements dans tous les lieux où se trouve le souverain.

Les *gentilshommes à bec de corbin*, préposés à la garde particulière du souverain, portent pour arme et insigne de leurs fonctions une courte canne d'armes qui a une sorte de ressemblance avec un bec de corbeau, d'où leur vient ce nom.

Les *Cent-Suisses* ont été organisés en 1458. Sous Louis XI, en 1496, ils ont pris la dénomination de compagnie des Cent-Suisses ordinaires du corps du roi. Les hommes de cette compagnie sont costumés à l'espagnole, avec habit bleu galonné d'or. Ils sont divisés en piquiers et en mousquetaires ou en deux manches.

La compagnie des *gendarmes* se compose de cent gentilshommes, et, depuis Charles VII, fait partie de la garde des rois de France. Le capitaine prend le titre de premier capitaine des gardes du corps des rois de France; au sacre, il se tient debout près de la personne du roi, et la robe du sacre lui appartient de droit. La compagnie écossaise a le pas sur les trois autres compagnies des gardes; elle occupe le chœur à l'église et reçoit les clefs de la maison ou du logis du roi; aux enterrements des souverains, vingt-cinq gardes écossais portent le

Gendarme de la garde.

corps de Paris aux caveaux de Saint-Denis. Les gardes de cette compagnie ont la toque écossaise ornée d'un panache, avec une petite figurine de la Vierge en argent. Une croix brodée en argent brille sur leur costume bariolé de vert et de rouge. Quelques-uns se couvrent du plaid et sont armés de la *claymore,* épée dont la poignée couvre entièrement la main, et du *dirk,* poignard au manche enrichi d'opales.

La maison du roi, qui campe à Steinkerque, comprend seulement la maison militaire, c'est-à-dire les gardes du corps, les mousquetaires, les gendarmes, les chevau-légers, les gardes françaises, des gardes suisses et les douze compagnies de cavalerie de réserve. Le guidon proprement dit, c'est-à-dire les gardes de la manche, de la porte, de la prévôté de l'hôtel, les Cent-Suisses, les gentilshommes à bec de corbin, qui ne quittent jamais le souverain, sont retournés avec Louis XIV à Versailles.

A côté de notre maison militaire campent deux magnifiques corps de cavalerie de récente formation : les *carabiniers* et les *grenadiers à cheval*.

Louis XIV, qui, en 1657, a placé quatre grenadiers dans chaque compagnie d'infanterie, a voulu créer pour la cavalerie une semblable institution et a ressuscité les carabins des chevau-légers ou les carabiniers de la gendarmerie. Dès l'année 1676, le roi a fait prendre des carabines ou plus exactement des mousquetons à canon rayé à

Carabinier.

quatre gardes du corps de chaque brigade, puis à quinze et dix-sept par brigade. La bravoure des carabiniers, les services qu'ils rendent à la bataille de Fleurus (1er juillet 1690), où le maréchal de Luxembourg les a rassemblés et formés en corps, engagent le roi à en créer une compagnie dans chacun des régiments de cavalerie; cette compagnie est composée d'un capitaine, de deux lieutenants, d'un cornette, d'un maréchal des logis et de trente maîtres. Cette compagnie, le capitaine excepté, est armée d'une carabine rayée; toutefois la carabine des officiers inférieurs est plus courte que celle des maîtres.

Depuis l'année 1691, les compagnies de carabiniers ont été réunies et composent une brigade séparée sous le commandement d'un brigadier et de deux mestres de camp. Ce nouveau corps est destiné à aller en parti. L'armement se compose de la carabine rayée, de trente pouces de canon, d'une épée de trente-trois pouces de lame et du pistolet. Ils portent la demi-cuirasse et un calot de fer à l'intérieur du chapeau, galonné d'argent. L'uniforme est bleu à revers rouges. Sur les étendards du corps est brodée la devise même de Louis XIV : *Nec pluribus impar*. Tous les chevaux sont noirs et doivent avoir quatre pieds dix pouces au moins.

Les grenadiers à cheval ont été créés en 1676. Le nouveau corps s'est tellement distingué en 1691 à Leuze, qu'à la suite de ce combat glorieux il reçoit un étendard sur lequel le roi a fait broder cette devise : *Undique terror, undique lethum.*

Le 1er août 1692, la maison du roi, campée à Steinkerque, reçoit l'ordre de tenir ses chevaux au piquet; alors seulement on peut prévoir que l'ennemi n'est pas éloigné. Comme je l'ai déjà dit, Guillaume d'Orange attendait l'occasion de surprendre notre armée. Un espion français que le maréchal de Luxembourg a auprès du roi Guillaume, et qui est découvert, fournit à ce souverain l'occasion tant désirée. Le malheureux espion, avant d'être pendu, est forcé à écrire un faux avis au général français, qui est campé à Steinkerque dans une complète sécurité. Sur ce faux avis le maréchal prend des mesures qui doivent le faire battre, car Guillaume est trop actif et trop vigilant pour ne pas profiter de ses fautes.

Le 3 août, comme nous sommes à la messe, à la pointe du jour nous entendons sonner le boute-selle; une vive fusillade retentit en même temps sur notre front de bandière. A l'instant même où la trompette se fait entendre, le prêtre, tournant vers nous son visage pâle, élève les mains au ciel et dit : « Le Seigneur soit avec vous! » Chacun court à son

cheval, les décharges se rapprochent et deviennent de plus
en plus terribles, de bruyants hourras éclatent de tous côtés,
ce sont les Anglais qui viennent de surprendre notre armée;
déjà Guillaume d'Orange a enfoncé une de nos brigades, que
le maréchal de Luxembourg l'ignore encore.

Déjà de nombreux soldats débandés se précipitent dans
nos campements de cavalerie. La position est terrible. Notre
armée, inférieure en nombre à celle du roi d'Angleterre, se
trouve surprise dans un terrain parsemé d'obstacles, qui
nous empêche de voir les mouvements de l'ennemi. Il faut
le génie et la résolution de Luxembourg, le courage et l'intrépidité de nos soldats pour échapper à un grand désastre.
Il va falloir des prodiges enfin de la part des chefs et des
soldats, et ils en feront.

Le maréchal duc de Luxembourg a dans le caractère les
traits du grand Condé, dont il est l'élève : un génie ardent,
une exécution prompte, un coup d'œil juste.

François-Henri de Montmorency-Bouteville, né en 1628,
est un fils posthume de ce comte de Bouteville que Richelieu a fait décapiter parce qu'il avait bravé l'édit royal contre
les duels; sa famille est alliée aux Montmorency.

Aide de camp du prince de Condé à la journée de Lens,
en 1648, il s'est constamment attaché à lui. En 1656, il a
épousé l'héritière de la maison de Luxembourg et a pris ce
nom, qu'il doit rendre glorieux. Malgré une bosse médiocre
par-devant, mais très grosse et fort pointue par derrière, il
a un feu, une noblesse et des grâces naturelles qui brillent
dans ses plus simples actions.

Au moment où les Anglais ont surpris ses troupes endor-
mies, Luxembourg est malade, circonstance funeste dans un
moment qui demande une activité nouvelle; le danger lui

rend des forces. Changer de terrain, donner un champ de bataille à son armée qui n'en a point, rétablir la droite tout en désordre, rallier trois fois ses troupes, tout cela ne demande pas même deux heures au maréchal, que tous les officiers généraux secondent habilement.

La maison du roi s'est formée rapidement en bataille et va à l'ennemi au trot et par escadron. Tous ces jeunes gentilshommes, la tête haute, excitent leurs chevaux, s'appellent et se tiennent de gais propos. Ceux d'entre nous qui n'ont pas encore vu le feu sont heureux de pouvoir enfin gagner leurs éperons. Nous avançons à travers des champs de blé ravagés et foulés aux pieds des chevaux. La bataille prend des proportions colossales et se déploie sous nos yeux, simple et sublime. Des arbres verts, de grandes plaines avec leurs buissons, des coteaux verdoyants, des chaumières çà et là, puis au milieu de l'amphithéâtre de longues colonnes d'infanterie, des escadrons serrés, des chariots, des canons, les cris des combattants, le sifflement des balles et le ronflement des boulets.

« Messieurs les maîtres, nous dit notre vieux capitaine, soyez dignes de votre étendard! » Toute cette vaillante jeunesse répond par les cris mille fois répétés de : « Vive le roi! » et en brandissant ses épées. Un instant nous faisons halte. L'armée se range, et la maison du roi prend position, lorsqu'elle est brusquement attaquée par un gros de cavalerie ennemie.

Notre compagnie soutient ce premier choc avec sa vigueur ordinaire; mais force nous est de céder au nombre. Les gardes du corps commencent à s'ébranler, le maréchal de Luxembourg en tête, ainsi que les princes, qui donnent l'exemple du courage et du dévouement, lorsqu'un escadron de ceux qui nous attaquent, abandonnant sa ligne, s'avance vers nous à grands pas. Les nôtres prennent la charge ; l'ennemi est taillé en pièces et repoussé jusqu'à la troisième ligne.

Au plus fort de la mêlée, les chevau-légers, les gendarmes et les gardes du corps font des prodiges de valeur. Il s'établit une noble rivalité entre eux et les mousquetaires. Nous sommes victorieux dans cette première charge : il nous en coûte le jeune prince de Turenne, neveu du héros tué en Allemagne en 1675, et qui périt en homme de cœur. Il donnait déjà des espérances d'égaler son oncle. Ses grâces et son esprit l'avaient rendu cher à la ville, à la cour et à l'armée. Sur le terrain où vient de se passer cet engagement, il y a un affreux mélange de morts et de mourants, d'hommes et de chevaux, de vêtements déchirés, d'armes abandonnées.

La retraite sonne pour notre cavalerie, lorsque nous apercevons celle de l'ennemi qui se rallie sur notre droite et reçoit des renforts. Jaloux de l'enfoncer, nous prenons la charge au grand trot. En tête de la maison du roi galopent le duc de Luxembourg et cinq princes du sang royal : Louis de Bourbon et le prince de Condé, petit-fils et petit-neveu du grand Condé ; le duc de Vendôme, petit-fils d'Henri IV ; son frère le grand prieur et Philippe duc d'Orléans, alors duc de Chartres, depuis régent du royaume, et qui n'a pas alors plus de dix-huit ans.

Déjà, au début de la bataille, le prince de Conti et Louis de Bourbon ont été les premiers à rétablir le désordre, ralliant des brigades et en faisant avancer d'autres. La cavalerie ennemie vient au-devant de nous le pistolet à la main et nous tue beaucoup de monde. Le duc de Chartres est blessé, mais malgré sa blessure il ne cesse de nous encourager par

son exemple. Rien ne peut arrêter l'ardeur de tous nos
escadrons, en voyant ce petit-fils de France, encore enfant,
chargeant en première ligne avec les gardes du corps, blessé
dans le combat, et revenant encore à la charge malgré sa
blessure.

Charge des gardes du corps.

La maison du roi culbute enfin la cavalerie ennemie; mais
l'infanterie de Guillaume demeure inébranlable. Il faut surtout chasser un corps d'Anglais qui garde, sur les hauteurs
de Steinkerque, un poste avantageux dont dépend le succès
de la bataille. Ce sont les gardes du roi d'Angleterre, reconnaissables à leur habit rouge et à la large plaque de cuivre
en forme de mitre qui orne le devant de leur bonnet. Les
princes, suivis de nos compagnies d'ordonnance, se jettent
sur eux. La maison du roi et les gardes anglaises sont les
meilleures troupes qui existent au monde; aussi le carnage
est-il grand.

Les mousquetaires noirs et gris sont en tête de la charge.

Malgré les champs de blé en pleine maturité que nous traversons, et dont les hauts épis embarrassent nos chevaux, nous tombons sur le front ennemi, tout hérissé de piques et de baïonnettes. Mais notre charge a perdu de son ensemble, et nos efforts viennent se briser dans ce gouffre de fer et de feu. Les gardes du corps, les gendarmes, les chevau-légers arrivent successivement à la charge, et ne sont pas plus heureux que nous.

Tout à coup, sur notre droite, nous entendons retentir de nombreux tambours battant la charge à la française. Bientôt à travers la fumée nous apercevons un corps de notre infanterie marchant rapidement aux Anglais, les piques et les baïonnettes basses. A ses drapeaux verts, écartelés de la croix blanche, nous reconnaissons le fameux régiment de *Champagne*. Tous ces braves gens ont un entrain indicible. En défilant près de nous ils s'écrient : « Courage, les mousquetaires ! courage ! » Rien ne peut résister à leur élan. En un clin d'œil les gardes anglaises sont enfoncés, culbutés, massacrés et perdent tous leurs drapeaux. Nous nous jetons à la suite de *Champagne,* à travers les rangs rompus de l'infanterie ennemie, et nous en achevons impitoyablement les débris.

Les gardes anglaises une fois anéantis, il reste encore à vaincre l'infanterie hollandaise et allemande. Notre cavalerie est épuisée : tous nos chevaux, après ces nombreuses charges exécutées dans des terres labourées ou dans les moissons, sont haletants, à bout de forces.

A ce moment même, la marche bien connue des dragons du roi se fait entendre. C'est Boufflers qui accourt de quelques lieues du champ de bataille avec huit régiments de dragons, et marche avec une diligence prodigieuse. Bientôt les bonnets fourrés débouchent sur les hauteurs de Steinkerque. A la vue des habits bleus et écarlates, l'ennemi, qui espère pouvoir encore nous résister, s'arrête frappé de stupeur, comme à l'aspect d'une tête de Méduse. Deux régiments de dragons mettent pied à terre et se portent rapidement le long des haies, d'où ils fusillent les ennemis que chargent leurs camarades.

L'armée du roi Guillaume cède sur tous les points, et se retire avec autant d'ordre qu'elle a attaqué, laissant sur le champ de bataille les cadavres mutilés de sept mille de ses soldats. Nos pertes, il est vrai, étaient cruelles : la maison du roi était décimée. Les braves dragons qui avaient décidé de la victoire avaient été également très éprouvés.

Cette bataille gagnée valut aux jeunes princes un véritable triomphe. Le prince de Conti, Louis de Bourbon, le duc de Vendôme, le duc de Chartres et leurs amis trouvaient, en s'en retournant, les chemins bordés de peuple. Les acclamations et la joie allaient jusqu'à la démence. Les hommes portaient alors des cravates de dentelles, qu'on arrangeait avec assez de peine et de temps. Les princes, s'étant habillés avec précipitation pour le combat, avaient passé négligemment ces cravates autour du cou : les femmes portèrent des ornements faits sur ce modèle; on les appela des steinkerques. Toutes les bijouteries nouvelles étaient à la Steinkerque. Le maréchal de Luxembourg, en rendant compte au roi de cette bataille mémorable, ne daigna pas seulement l'instruire qu'il était malade quand il fut attaqué.

NEERWINDEN

(29 JUILLET 1693)

PAR UN GRENADIER DU RÉGIMENT DE CHAMPAGNE

Les victoires de Fleurus (1690) et de Steinkerque (1692) avaient livré au maréchal de Luxembourg le Hainaut et la province de Namur. En 1693, Louis XIV, voulant frapper un grand coup contre Guillaume, réunit en Flandre cent dix mille hommes, commandés par le dauphin et par les maréchaux de Luxembourg et de Boufflers, puis une magnifique artillerie, dirigée par les lieutenants généraux de Vigny et Saint-Hilaire. Il se met lui-même à la tête de ses troupes et pénètre dans le Brabant méridional ; mais, étant tombé malade, il laisse Luxembourg diriger seul les opérations. Celui-ci compte sous ses ordres cent cinquante-cinq escadrons et soixante-quinze bataillons des meilleures troupes de France. Il a pour lieutenants généraux les maréchaux de Villeroi et de Joyeuse, le prince de Conti, les ducs de Chartres et de Bourbon. L'armée des alliés est composée de cent douze bataillons et cinquante-un escadrons, tous soldats d'élite. Une foule de princes partagent avec le roi d'Angleterre les fatigues et les soins du commandement. Il y a longtemps qu'on n'a vu deux armées si redoutables ; toute l'Europe a les regards fixés sur elles : leur destinée va régler celle du monde entier.

Le 28 juillet, notre armée se met tout à coup en mouvement. Il s'agit d'atteindre Guillaume III, qui est campé près de Lœwe, sur la petite Geete, entre Liège et Louvain. La cavalerie prend les devants et marche fort vite, faisant néanmoins quelques haltes pour attendre notre infanterie. Vers huit heures du soir, on arrive, à trois lieues au delà de Warem, dans une plaine où les troupes sont mises en bataille. Peu après, tous ces escadrons se remettent en colonne et s'avancent un quart de lieue plus près de l'ennemi.

Nos infatigables dragons sont, comme toujours, à l'extrême avant-garde. Seize escadrons de cette arme, placés à la droite, contiennent la cavalerie ennemie, et, profitant des dernières lueurs du crépuscule, reconnaissent les gués de la Geete et préparent le succès de la journée du lendemain. Notre cavalerie passe le reste de la nuit en colonne, tandis que l'infanterie et l'artillerie achèvent d'arriver. Malgré une étape de huit heures, tous nos soldats sont joyeux et remplis d'entrain à l'idée d'avoir à marcher à l'ennemi. Pendant toute la nuit nous entendons dans le camp des Anglais beaucoup de bruit et de mouvement, ce qui fait craindre un instant qu'ils ne soient mis en retraite.

Le 29 juillet, au point du jour, vers quatre heures, le canon des alliés commence à se faire entendre ; nos batteries, disposées un peu trop loin, ne peuvent être prêtes qu'une heure après. La canonnade devient alors des plus vigoureuses des deux côtés. On reconnaît que l'attaque sera difficile.

Guillaume a pris habilement ses dispositions de combat,

et, profitant de la nuit, s'est retranché, suivant le système
traditionnel des Anglais, dans une forte position ; il espère
voir s'y briser l'impétuosité française. Son armée occupe
toutes les hauteurs. L'aile droite s'étend depuis le village
d'Elixem et le château de Wang jusqu'au village de Neerwinden. Elle est protégée par des haies épaisses, des chemins

Marche d'infanterie.

creux et un ruisseau profond. L'aile gauche, couverte du
ruisseau de Landen, s'étend jusqu'à Neerlanden. Tous ces
villages ont été barricadés et fortement mis en état de défense.
Le roi d'Angleterre, ayant remarqué que le terrain est ouvert
depuis Neerwinden jusqu'à Landen, a fait construire un long
retranchement, avec beaucoup de petites redoutes, qui
s'étend jusqu'auprès d'un grand ravin à la droite, et derrière
lequel il a mis une partie de son infanterie. Quatre-vingts
pièces de canon bordent ce terrible rempart. En outre, trois
lignes de cavalerie font face aux villages de Laren et de
Neerwinden.

Aussitôt que le jour du 29 juillet a éclairé cette savante

disposition, Luxembourg, étonné, balance quelques instants sur le parti qu'il doit prendre. L'attaque présente des difficultés inouïes. Pour aller à l'ennemi, on doit passer entre les deux villages de Neerwinden et de Neerlanden, ce qui obligera nos troupes à ne pas s'étendre et à se masser sur plusieurs lignes. Enfin, emporté par l'amour de la gloire, le maréchal de Luxembourg se décide à livrer bataille. Notre infanterie de droite occupe le village de Landen, et celle de gauche se range vis-à-vis du village de Neerwinden. Entre ces deux villages il fait former sa cavalerie en ligne et en place derrière une autre d'infanterie, afin que ces différentes troupes puissent se soutenir réciproquement.

Notre infanterie est magnifique d'allure. Toutes ces vieilles bandes, qui ont combattu naguère à Fleurus et à Steinkerque, frémissent d'impatience en attendant le moment de marcher à l'ennemi. Toutes ces longues files de nos bataillons présentent un très bel aspect avec leur uniforme blanc gris à grands parements, aux couleurs de la maison de Bourbon : bleu, blanc et rouge.

Notre brigade, composée des régiments de *la Couronne* et de *Champagne,* jouit entre toutes d'une réputation de bravoure et d'intrépidité, et est connue dans l'armée sous le nom de *la brigade de fer*. La *Couronne* montre orgueilleusement sur ses drapeaux une couronne d'or, que Louis XIV lui a donnée en 1673 pour sa brillante conduite au siège de Maestricht, avec l'inscription suivante : *Hanc coronam Mastreka dedit.*

Qui ne connaît la devise de notre brave *régiment de Champagne?* Le 8 juillet 1652, ce régiment est assiégé dans Miradoux. Sommé par Condé de se rendre, avec menace d'être pendu et de voir son régiment passé au fil de l'épée s'il tarde encore, le baron Lamothe-Vedel, colonel du régiment, se contente de répondre ces simples paroles, devenues la devise du corps : *Je suis du régiment de Champagne.* Il justifie la hauteur de sa réponse par une belle défense, qui donne au comte d'Harcourt le temps de venir le dégager.

Officier.   Mousquetaire.   Porte-drapeau et fusilier   Mousquetaire.
du régiment du roi.

Infanterie française en 1693.

Voilà quels étaient les soldats de Neerwinden.

Enfin le maréchal de Luxembourg donne le signal d'engager la bataille. De vives acclamations et des milliers de cris de « Vive le roi ! » s'élèvent d'un bout à l'autre de nos lignes. Nous avançons et bravons durant deux heures le feu de l'ennemi, qui fait un ravage affreux dans nos rangs. A chaque instant une file disparaît, broyée, enlevée par un boulet. Aucune émotion, aucun flottement dans les rangs,

qui se resserrent au commandement des officiers et sergents :
« Serrez les rangs ! »

Vers six heures du matin nos régiments se rangent en colonne, et, d'un air fier, descendent dans la plaine, aux sourds roulements des tambours et aux notes aiguës et criardes des fifres. Une file d'escadrons de dragons et de cavalerie légère nous précède pour déblayer le terrain.

Un régiment de cavalerie sort du grand retranchement ennemi et s'avance sur nos dragons. Son aspect est sinistre. Les cavaliers qui le composent, au visage sévère, les cheveux coupés ras, entièrement vêtus de noir, chantent un psaume de la Bible. C'est le régiment de Ruvigni, entièrement composé de gentilshommes français, que la fatale révocation de l'édit de Nantes a forcés de quitter et de haïr leur patrie.

Guillaume III charge en tête d'une troupe si animée. Ces fanatiques, aux cris de : « A bas les papistes ! A mort nos persécuteurs ! » renversent d'abord, avec une impétuosité terrible, les premiers escadrons qui se présentent contre eux ; mais, à leur tour, ils sont bientôt ramenés et sabrés jusqu'au dernier. Le roi d'Angleterre est lui-même renversé sous son cheval tué, et dégagé à grand'peine par son régiment des gardes royaux, qui chargeait en seconde ligne. La retraite de la cavalerie ennemie derrière ses retranchements a laissé le champ libre à notre infanterie. Deux fortes colonnes sont formées sous les ordres des maréchaux de Villeroi et de Joyeuse, et doivent attaquer, la première Neerlanden (à notre droite), la seconde Neerwinden (à notre gauche).

Aux sons entraînants de la charge, nous courons sur ces deux villages en poussant de grands cris. De terribles décharges nous accueillent. Morts et mourants roulent en rugissant sur le sol. Les survivants, emportés par leur élan, sautent par-dessus les cadavres et courent toujours en avant. Enfin on arrive sur les positions ennemies. Le maréchal de Villeroi, suivi de près par le prince de Conti, saute le premier dans les retranchements de Neerlanden.

De son côté le lieutenant général de Montchevreuil, devançant la première ligne de grenadiers de la colonne du maréchal de Joyeuse, arrive au galop en avant de tous à l'entrée de Neerwinden, arrache le premier cheval de frise de la barricade ennemie, mais, frappé en pleine poitrine par une balle, tombe sans vie entre les bras des soldats qui accourent à son aide.

Un autre lieutenant général, M. de Rubentel, le remplace. Le combat est terrible, la mêlée sanglante. On s'entre-choque, on se frappe avec fureur. On enfonce, on recule tour à tour. Peu de journées ont été aussi meurtrières. Enfin l'électeur de Bavière, qui commande la droite des ennemis, ayant mis en mouvement un grand corps qui n'a pas encore combattu, tombe sur nos bataillons avec tant de furie, qu'il les oblige à se retirer de Neerwinden. Le duc de Berwick est fait prisonnier.

A Neerlanden, nos troupes ont également rencontré une aussi vive résistance, et, après mille efforts, sont repoussées ; mais, grâce au prince de Conti, leur retraite s'opère en bon ordre, comme à la parade.

M. de Luxembourg, voyant l'infanterie presque rebutée par ce premier échec, fait avancer toute la cavalerie au petit trot, pour forcer les retranchements du front et entre les deux villages. Cette cavalerie, les compagnies d'ordonnance en tête, s'avance dans un ordre magnifique. Nous voyons les uniformes de la maison bleue et de la maison rouge toucher

au pied des retranchements. « Ils sont entrés! En avant!
crions-nous. — Non, pas encore! Attendez! » répondent nos
officiers. Ils disent vrai. Toup à coup une décharge terrible
éclate tout le long des retranchements : l'infanterie ennemie
a laissé approcher notre cavalerie plus près que la portée de
pistolet et l'a alors accueillie par une grêle de balles qui la
ramènent dans le plus affreux désordre. Ralliés aussitôt par
les officiers généraux, nos escadrons reviennent encore deux
fois successives à l'attaque avec une égale furie, mais aussi
avec le même insuccès. Ce n'est pas que M. de Luxembourg
comptât faire entrer la cavalerie dans ces retranchements,
qu'on pouvait à peine escalader à pied; mais il espérait, par
un mouvement général et audacieux de cette cavalerie, les
faire abandonner par les Anglais.

Après ces attaques malheureuses, notre cavalerie se reforme
en bataille et reste immobile pendant plus de quatre heures,
exposée en plein aux décharges meurtrières des canons
ennemis et sans s'ébranler que pour resserrer les rangs à
mesure que les files sont emportées. Le roi Guillaume,
étonné que le feu continuel et plongeant de son canon
n'ébranle pas notre cavalerie, va à ses batteries, fort en
colère, accusant le peu de justesse de ses pointeurs. S'étant
assuré, au contraire, que tous les coups portent, il tourne
bride et s'écrie d'admiration et de dépit : *Oh ! l'insolente
nation !*

Pendant ce temps, vingt-deux de nos meilleurs régiments
d'infanterie, formés en deux colonnes, se précipitent sur le
château de Wang. Les Anglais le défendent avec courage :
ils repoussent plusieurs fois les assaillants. Épuisés, ils abandonnent ce poste. Nos soldats s'y retranchent. Tout à coup
l'ennemi revient à la charge; le vainqueur est à son tour

vaincu et chassé. Luxembourg survient et les ramène à la charge. Les Anglais se retirent une seconde fois; ils fuient. Guillaume les arrête; ils retournent au poste abandonné, chargent les Français et les repoussent encore.

Le carnage est à son comble. Dans ces deux attaques, Luxembourg s'est exposé plus que jamais et est entré un des premiers, l'épée à la main, dans les retranchements ennemis. Son fils aîné, le duc de Montmorency, qu'on appelait auparavant le prince de Tingry, voyant un soldat anglais ajuster le maréchal à bout portant, s'est jeté entre celui-ci et l'ennemi, et a reçu la balle destinée à son père. Près de là, un boulet de canon brise la jambe de bois du lieutenant général de Rivarolles : « Au diable les sots, s'écrie gaiement le brave officier, qui ne savent pas que j'en ai d'autres dans mon équipage! »

Excités par tant de courage et furieux à la vue des nombreux cadavres de leurs camarades qui jonchent le terrain, nos soldats combattent et meurent en véritables héros. Que de prodiges de la fermeté la plus rare et de la valeur la plus héroïque! Les balles manquent à quelques soldats, — ils arrachent les boutons de leurs habits pour y suppléer. Les tambours quittent leurs caisses pour charger. Les blessés crient à leurs camarades : « Mon fusil est encore chargé; prenez-le, vengez-nous! » Dans la chaleur de l'action, le maréchal de Luxembourg, voyant revenir du combat un soldat aux gardes qui a quitté son corps, lui dit d'un ton menaçant : « Où vas-tu? — Je vais, mon général, répondit le soldat en ouvrant son habit ponr faire voir sa blessure, je vais mourir à quatre pas d'ici. »

Afin de soustraire sa cavalerie à une destruction complète, Luxembourg la fait reculer un peu dans une espèce de bas-fond où le canon ne peut l'incommoder de volées, mais seulement de bonds, et où elle demeure plus d'une demi-heure. Les trois maréchaux de Luxembourg, de Villeroi et de Joyeuse tiennent alors un rapide conseil de guerre sur le front de *Royal-Roussillon cavalerie*.

A ce même instant notre infanterie, encore repoussée, semble dans le plus grand désordre. Luxembourg accourt; il rallie les fuyards. Comme les soldats fatigués hésitent pour une nouvelle attaque, le maréchal, ôtant son chapeau devant ses officiers, s'écrie : « Messieurs, il s'agit de la gloire de la France! » La colonne se reforme aussitôt.

Le duc de Bourbon, de son côté, insiste pour un nouvel effort et demande d'être chargé de le faire.

Cette proposition, digne du petit-fils du grand Condé, est acceptée, et l'exécution va en être si heureuse, cette charge sera si entraînante, qu'elle décidera du gain de la bataille.

Berwick a prévu cet événement dans le temps où nos affaires paraissaient le plus désespérées. Fait prisonnier au milieu des efforts inutiles et meurtriers qu'on a tentés pour s'emparer de Neerwinden, il est conduit à Guillaume : « Je crains, dit ce prince avec l'air de satisfaction que donne la certitude de vaincre, je crains que M. de Luxembourg n'ait à se repentir de m'être venu attaquer. — Encore quelques heures, monsieur, repartit Berwick, et vous vous repentirez de l'avoir attendu. »

Seize bataillons français marchent droit à Neerwinden, qu'ils attaquent d'abordée avec furie. En tête, les régiments des gardes françaises et suisses, les régiments de la *Sarre* et de *Champagne,* dirigés par le prince de Conti. Un combat aussi sanglant et aussi opiniâtre que les précédents a lieu sur les décombres ensanglantés de ce malheureux village.

Ce jour-là, pour la première fois, notre infanterie charge résolument à la baïonnette, exemple que les régiments de Catinat suivront, deux mois après, à la Marsaille. Un sergent des grenadiers de *Champagne* arrive sur une pièce d'artillerie anglaise, chargée à mitraille, au moment où un servant va y mettre le feu et foudroyer notre compagnie. Sans songer

Les régiments de *Champagne* et de *la Sarre* attaquent à la baïonnette
les retranchements de Neerwinden.

à se défendre, le sous-officier se précipite au milieu des Anglais, et, appliquant le fer de sa hallebarde à plat sur la lumière du canon, empêche l'artilleur d'y poser sa mèche. Un officier anglais le traverse d'un coup d'épée à travers le corps; mais nos grenadiers ont eu le temps d'accourir et s'emparent de la pièce. Notre capitaine s'approche de l'héroïque blessé, qui se soulève : « Êtes-vous content de moi, mon capitaine? » dit le brave homme; et sa tête retombe sur sa poitrine pour ne plus se relever.

Dès que le maréchal de Luxembourg a vu que nous nous sommes emparés des jardins et des premières maisons retranchées, il fait alors avancer la maison du roi, les carabiniers et toute la cavalerie. Chaque escadron défile par où il peut à travers les fossés comblés, les haies, les jardins, les houblonnières, les granges, les maisons, dont on abat ce que l'on peut de murailles pour faire des passages ; pendant ce temps, plus avant dans le village, l'infanterie, de part et d'autre, attaque et défend avec une vigueur extraordinaire.

Bientôt notre cavalerie commence à déboucher de Neerwinden dans la plaine et à se remettre du désordre d'un si étrange défilé. Tant d'audace fait désespérer dé la victoire les soldats de Guillaume, qui commencent à se retirer dans le retranchement du front et à abandonner le village de Neerwinden, dont le curé, réfugié dans le clocher, voit tout ce grand et long spectacle. Le cavalerie ennemie, qui n'a pas encore été engagée, sort à cet instant de derrière le grand retranchement et s'avance en bon ordre dans la plaine où la nôtre débouche.

La maison du roi, cette troupe d'élite jusqu'alors invincible, mais qui n'a pas eu le temps de se former et de bien se mettre en bataille, en sortant de ces fâcheux passages du village, plie sous l'attaque des Anglais et est vivement ramenée par les gardes du prince d'Orange, ceux de M. de Vaudemont et deux régiments de *Dragoons-Grey's*. Mais cette troupe victorieuse vient se heurter aux chevau-légers de la garde, fièrement campés autour de leur étendard, où est brodée la noble devise du corps : *Vicere gigantes*, et ne peut les entamer ni leur faire perdre un pouce de terrain. Bien plus, les autres escadrons se rallient en un clin d'œil derrière cette compagnie d'élite, et tous bientôt font merveilles, tandis que le reste de notre cavalerie débouche et se forme à mesure qu'elle sort du village.

De furieuses charges de cavalerie se livrent alors. Ce même Philippe, duc de Chartres, qui s'est déjà distingué à Steinkerque, où il a été blessé, se montre encore à Neerwinden le digne petit-fils de Henri IV par sa valeur et sa présence d'esprit. Il chargeait pour la troisième fois à la tête des braves escadrons de la maison du roi, quand, par un retour offensif de l'ennemi, il se trouve isolé dans un chemin creux, environné de tous côtés d'hommes et de chevaux tués ou blessés. Un escadron ennemi s'avance et lui crie de se rendre : on le saisit, il se défend seul, blesse l'officier qui le retient prisonnier et s'en débarrasse. Les gardes du corps reviennent à la charge, le marquis d'Arcy, son ancien gouverneur, en tête, et le dégagent. Sur un autre point, M. de Saint-Mars, commandant le régiment *Colonel-général*, est tué en chargeant à la tête de ses dragons.

Cependant toute notre cavalerie, passée et formée dans la plaine, exécute cinq charges successives, et à la fin, après une vigoureuse résistance de l'armée ennemie, la précipite dans la Geete, dont les eaux sont bientôt rougies de sang et où la plupart de ces malheureux se noient, emportés par le courant.

Notre infanterie, pendant cette défaite de la cavalerie ennemie, a fini par emporter le village de Neerwinden, sous l'habile direction du duc de Bourbon et du prince de Conti. Ces deux princes de sang royal, les héros de Steinkerque, viennent de combattre comme de simples officiers de fortune et ont été obligés de tuer des ennemis de leur main, pour échapper eux-mêmes à la mort.

Le prince de Conti a reçu une contusion au côté et un coup

de sabre sur la tête, que le fer de son chapeuu a paré. Aussitôt après la prise de Neerwinden, ce prince, toujours infatigable, se met à la tête de plusieurs escadrons de la maison du roi, et, aidé par l'infanterie, il prend à revers et en flanc le grand retranchement.

Les troupes ennemies restées dans cette dernière position l'évacuent et battent en retraite. A la vue de la maison du roi qui accourt à toute bride, les Anglais s'arrêtent et se forment en carrés; mais nos brillants escadrons, enivrés par le succès, pénètrent dans ces carrés, s'y maintiennent après les avoir brisés, et en font un horrible massacre.

Vers quatre heures du soir tout est terminé, après douze heures d'une action acharnée, par un des plus ardents soleils de tout l'été. Guillaume, qui a déjà éprouvé à Steinkerque la supériorité de notre cavalerie, vient aussi d'apprendre à connaître celle de notre infanterie. Désespéré, il fait sa retraite et abandonne enfin la victoire.

Peu de journées furent plus meurtrières. Les vainqueurs avaient perdu huit mille hommes, parmi lesquels un grand nombre de gentilshommes des premières maisons de France. La perte des vaincus était bien plus considérable. Douze mille alliés jonchaient de leurs cadavres le champ de bataille.

Notre armée s'était emparée de deux mille prisonniers, soixante-seize pièces de canon, huit mortiers, neuf pontons, soixante étendards et vingt-deux drapeaux. Ces quatre-vingt-deux enseignes furent présentées à Versailles à Louis XIV par le comte d'Albergotti, lieutenant-colonel du *Royal-Italien*. Ces drapeaux furent ensuite portés à Notre-Dame de Paris. Luxembourg s'y étant rendu peu après le prince de Conti, ce prince dit en écartant la foule qui embarrassait la porte : « Messieurs, laissez passer le tapissier de Notre-Dame. »

Cette journée de Neerwinden entraîna la prise de Charleroi. Après la bataille, Luxembourg écrivit à Louis XIV cet événement très considérable et très glorieux sur un chiffon de papier : « Artaignan, lui dit-il, qui a très bien vu l'action, en rendra bon compte à Votre Majesté. Vos ennemis y ont fait des merveilles, vos troupes encore mieux. Pour moi, Sire, je n'ai d'autre mérite que d'avoir exécuté vos ordres. Vous m'avez dit de prendre une ville et de gagner une bataille ; je l'ai prise et je l'ai gagnée. »

Louis XIV dit en apprenant cette victoire : « Luxembourg a attaqué en prince de Condé, et le prince d'Orange a fait sa retraite en maréchal de Turenne. » Si quelque chose pouvait consoler des horreurs attachées à la guerre, ce serait ce que dit le comte de Salm, blessé et prisonnier dans Tirlemont. Le maréchal de Luxembourg lui rendait des soins assidus : « Quelle nation êtes-vous donc? lui dit ce prince ; il n'y a point d'ennemis plus à craindre dans une bataille, ni d'amis plus généreux après la victoire. »

DENAIN

(24 juillet 1712)

PAR UN GRENADIER DU RÉGIMENT DE *NAVARRE*

Jamais la France ne s'était trouvée plus menacée qu'au commencement de 1712. Toute l'Europe contre elle! Eugène et Marlborough, les deux plus grands capitaines de cette époque, à la tête des armées ennemies. Les désastres succédant aux désastres et augmentant de gravité d'année en année. Les plénipotentiaires français demandant la paix à Utrecht et ne rencontrant que les exigences les plus odieuses, et l'insolence croissant avec les demandes. Déjà même les brigades ennemies ravageant une partie de la Champagne et courant jusqu'aux portes de Reims; Paris inquiété.

Cette année 1712 a donc commencé sous les auspices les plus fâcheux. Toutefois, bien qu'épuisée d'hommes et d'argent, la France peut encore réunir une dernière armée en Flandre. Villars, le glorieux vaincu de Malplaquet, en reçoit le commandement. Avant d'aller se mettre à la tête de ses troupes, il a, à Marly, une conférence mémorable avec Louis XIV. Les courtisans ont déjà agité la question de savoir si le roi se retirera à Chambord, sur la Loire. Mais, plein d'une noble confiance dans son peuple, le vieux souverain déclare qu'en cas d'un nouveau malheur il convoquera toute la noblesse de son royaume, qu'il la conduira à l'ennemi, malgré son grand âge de soixante-quatorze ans, et qu'il périra à la tête de ses gentilshommes.

Dans les premiers jours d'avril, les armées ennemies s'ébranlent et vont prendre position en deçà de l'Escaut : la droite à Bouchain, la gauche vers Cateau-Cambrésis, et occupent cinq lieues d'étendue en front de bandière. Le 10 avril, le maréchal de Montesquiou, comte d'Artagnan, place notre armée derrière la Scarpe et la Sausie. Le 19, la maison du roi part pour se rendre sur la Somme. Le 20, le maréchal de Villars arrive à Péronne.

La situation est critique. Nous avons devant nous cent quatre-vingts bataillons ennemis, auxquels nous pouvons tout au plus en opposer cent quarante. L'artillerie des alliés compte cent pièces de canon admirablement attelées ; et pour tenir tête à cette puissante artillerie nous ne pouvons disposer que d'une trentaine de pièces, traînées par les chevaux des bagages. Notre pauvre armée est dans la plus profonde détresse. Nos subsistances ne sont nullement assurées et ne viennent que journellement et petit à petit. On n'a guère que du pain d'avoine : les blessés manquent de bouillon, de linge et de médicaments. Notre cavalerie est obligée de se retirer en arrière de nos lignes, de peur de s'affamer. Nos ennemis, au contraire, ont tout sous la main et autour d'eux. Leurs approvisionnements sont immenses. Ils se font suivre par tous les chariots du pays, outre leurs caissons.

Villars néanmoins réussit à nous faire supporter la misère en affectant la confiance et en ramenant dans l'armée la gaieté « qui, dit-il, est l'âme de notre nation », et donne des bals jusque sous le feu de l'ennemi. D'ailleurs nos soldats ont toujours été admirables de dévouement. Déjà, à Malplaquet (11 septembre 1709), on a vu au commencement de la bataille ces braves gens, mourants de faim, jeter à terre le pain qu'ils venaient de recevoir afin de courir plus rapidement à l'ennemi.

Le 28 avril, les alliés investissent le Quesnoy, que Villars a la douleur de voir se rendre sans avoir fait une sérieuse défense. L'année fatale se continue comme elle a commencé. On est au 17 juillet. Ce même jour l'armée du prince Eugène, que Marlborough toutefois vient d'abandonner avec ses Anglais, passe l'Escaillon et se place le long de la Seille. Cependant cette armée nous est encore de beaucoup supérieure en nombre.

Officier et soldat du régiment de *Navarre* (1712).

Le 10, au point du jour, la générale retentit dans les quartiers de nos troupes, qui se portent au delà de l'Escaut, laissant la plaine libre entre elles et les ennemis. Mais, au lieu de profiter de cette liberté ainsi que de la supériorité de ses forces, le prince Eugène, à la tête de cent mille hommes, investit Landrecies, sur la haute Sambre, comptant s'en faire une barrière contre Maubeuge et Charleroi.

Le 20 juillet, le duc de Villars reconnaît les forces du

prince Eugène, et les trouve placées entre la Sambre et l'Escaut, couvertes en front par la Seille. Dans cette position, elles ne peuvent être attaquées qu'avec un très grand désavantage.

Le 21, notre commandant en chef va examiner les lignes de circonvallation. Les ennemis travaillent avec la plus grande activité à leurs lignes, qu'ils appellent *le chemin de Paris* car, Landrecies tombé, ils ne voient plus de place forte entre Paris et leur armée. Mais les constants succès des alliés dans les dernières campagnes ont inspiré au prince Eugène une confiance qui lui a fait commettre une imprudence grave. Tous ses approvisionnements lui arrivent de la mer par l'Escaut : comme nous tenons encore Valenciennes et Condé, qui barrent ce fleuve, Eugène a été contraint d'établir ses magasins sur un des affluents, à Marchiennes, sur la Scarpe. De Marchiennes à Landrecies il y a au moins quinze lieues. Le prince Eugène a relié ces deux points par un corps qu'il établit à Denain sur l'Escaut, dans un camp retranché, et en se portant lui-même derrière la Seille, à proximité de Landrecies, afin d'en couvrir le siège. Ces lignes sont trop étendues. Le dépôt des magasins ennemis dans Marchiennes est trop éloigné de Denain : ce dernier poste, où se trouve le général Albemarle, ne peut être secouru à temps s'il est attaqué.

Un conseiller de Douai, nommé Le Fèvre d'Orval, et un curé, se promenant ensemble vers ces quartiers, sont les premiers qui s'aperçoivent combien il serait facile d'enlever Denain. Le Fèvre donne son avis à l'intendant de la province, celui-ci au maréchal de Montesquiou, qui le communique au commandant en chef. Le maréchal de Villars n'a pas voulu s'opposer au siège de Landrecies, tant il craint de compromettre sa dernière armée. Il attend une occasion favorable : elle se présente. Aussi s'empresse-t-il de la saisir avec son activité bien connue; il se détermine à l'attaque de Denain, et appelle en conseil Montesquiou et les officiers de son état-major particulier : Contades, Puységur, Beaujeu, Montevieil et Bongard.

Le succès dépend de donner le change au prince Eugène et de simuler une fausse attaque vers Landrecies, pour l'obliger à y porter lui-même ses principales forces, pendant que les nôtres se dirigeront sur Denain. Afin de mieux tromper l'ennemi, Villars trompe sa propre armée en lui faisant appuyer bruyamment sa droite vers la Sambre. Personne, pas même nos officiers généraux, n'est dans le secret de l'opération qui va être tentée. Des hussards sont envoyés en vedette sur les avenues de Bouchain et sur les bords de la Seille, afin qu'aucun déserteur ne puisse passer du côté des ennemis, et nul d'entre eux du nôtre.

Du reste, toute l'attention est portée sur Landrecies. Villars envoie le comte de Coigny préparer les ponts sur la Sambre; il lui prescrit de se procurer un grand nombre de fascines et de les faire porter le plus près de la circonvallation qu'il sera possible, afin qu'on puisse les trouver sous la main quand il voudra attaquer. « Partez, lui dit-il, allez à toutes jambes, afin que ces préparatifs ne souffrent aucun retard. » Aussi l'opinion s'établit rapidement dans l'armée que nous devons certainement attaquer le corps assiégeant; le prince Eugène partage notre erreur et rapproche la plus grande partie de son infanterie sur ce point, affaiblissant d'autant sa communication sur Marchiennes.

Nos officiers généraux eux-mêmes sont pris à cette idée. Le 23 juillet, vers cinq heures du soir, les marquis d'Albergotti et de Bouzoles, lieutenants généraux, vont trouver le maréchal de Villars ; le premier, qui commande l'infanterie, expose respectueusement à son chef qu'il croit de son devoir de lui représenter qu'il va tenter une entreprise trop dangereuse et qu'il ne peut croire qu'elle puisse réussir. « Allez vous reposer quelques heures, monsieur d'Albergotti, lui dit le maréchal pour toute réponse ; demain, à trois heures du matin, vous saurez si les retranchements des ennemis sont aussi bons que vous le croyez. »

Ordre est donné à tous nos officiers généraux de se trouver avant la fin de la nuit à la tête de leurs lignes, et de faire ce qui leur sera dit par les officiers de détail que Villars leur enverra à ce moment.

Au jour tombant, le marquis de Vieux-Pont fait un à gauche avec trente bataillons, et court à l'Escaut avec des pontons qu'il doit jeter en arrivant, à quelque heure que ce soit. Le comte de Broglie marche le long de la Seille, avec trente escadrons, en s'approchant de l'Escaut. En même temps Villars sort de son quartier, et les officiers de détail vont porter les ordres aux premières et secondes lignes de cavalerie de la droite et de la gauche de l'infanterie. La persuasion de la marche sur Landrecies est si forte par toute l'armée, que, lorsque ces officiers communiquent aux lieutenants généraux qui commandent les ailes l'ordre de faire marcher la droite pour retourner en arrière, plusieurs hésitent un moment ; à la fin tout s'ébranle.

A l'aube, toute notre infanterie est réunie sur le bord de l'Escaut. Le jour se lève et éclaire les longues files blanchâtres de notre infanterie, toutes pailletées par l'acier des baïonnettes qui brillent sous les premiers rayons du soleil.

Un léger brouillard flotte encore sur le fleuve et nous

Bataille de Denain (1712), d'après le tableau de Jean Allaux.

masque la rive opposée. Tous nos soldats sont remplis du plus vif entrain. En première ligne, notre brigade composée des régiments de *Navarre* et *Royal,* qui s'est déjà couverte de gloire à Malplaquet, le 11 septembre 1709, en pénétrant jusqu'au milieu des batteries ennemies, où elle s'est emparée de douze canons, et en rentrant sur la ligne de bataille avec

Tambour, soldats, officier et drapeaux de *Bourgogne* et de *Bretagne*
(1712).

onze drapeaux anglais et hollandais. A cette même bataille, *Champagne* a eu la gloire d'arborer sur son front de bandière neuf drapeaux qu'il a pris; *Bourbonnais* en a enlevé cinq, et *Charost* deux.

Aussitôt notre infanterie réunie, le marquis de Vieux-Pont mande au maréchal de Villars, qui se trouve à deux lieues de l'Escaut, qu'il est découvert et le prie de lui faire savoir ce qu'il doit faire. Puységur propose de masquer le camp à l'endroit où l'on est. « A quoi diable pensez-vous? lui répond le maréchal; avançons. » En même temps il envoie des officiers au galop, dire à Vieux-Pont de jeter les ponts, et saute lui-même dans une chaise de poste pour aller plus vite. Quand Villars arrive à l'Escaut, il trouve plusieurs bateaux déjà posés; nulle résistance de la part de l'ennemi; du reste, la rive opposée paraît entièrement déserte : nulle trace d'avant-postes ennemis. Le maréchal s'arrête devant le front de nos grenadiers de *Navarre :* « Mes amis, dit-il aux soldats, puisque nous en avons le temps, buvons deux coups. » Puis, se faisant attacher une cuirasse en peau de buffle, la seule arme défensive dont il se serve quelquefois, il passe l'Escaut, précédé par un maréchal des logis et dix hussards.

Au delà du fleuve se trouve un marais de l'accès le plus difficile. Un instant Villars pense que le peu d'obstacles qu'il a trouvés de la part de l'ennemi à l'établissement de ses ponts, vient de la confiance que les alliés ont en ce marais. Mais rien ne peut arrêter l'impétueux maréchal. Il ordonne à la colonne qui passe sur les ponts de la droite de suivre une chaussée qui mène à une ferme, à deux cents pas de là, et qui, selon les apparences, tient à la terre ferme. Quant à lui, se retournant vers notre brigade : « *Navarre* en avant! » commande-t-il; et, faisant sauter son grand cheval noir à l'eau, il se précipite dans le marais. Nos soldats, dans la fange et la boue jusqu'à la ceinture, le suivent avec la plus grande ardeur.

La colonne de la droite, suivant la chaussée, ne trouve aucune difficulté. On se forme en bataille, et l'on marche rapidement vers ces lignes que les ennemis appellent *le chemin de Paris.* C'est une double ligne, au milieu de laquelle passent les convois qui viennent de Marchiennes, et elle aboutit au camp retranché de Denain.

Nos hussards nous précèdent en ligne de fourrageurs. Bien curieuse de types et d'aspect, cette troupe de nouvelle création! Son nom vient du nom hongrois *husz,* qui veut dire *vingt,* parce que dans le xve siècle, pendant les guerres contre les Turcs, les Hongrois ont levé un homme sur vingt pour former cette milice. Les premiers hussards ont été amenés en France en 1689 par le magnat de Hongrie Berchiny. Ce régiment, qui portait le nom de son colonel, a été supprimé à la paix de Ryswick, mais remplacé bientôt par un autre régiment donné au roi en 1701 par l'électeur de Bavière, et qui portait le nom de hussards de Rattky.

Au moment où notre infanterie s'ébranle pour marcher au fameux *chemin de Paris,* les hussards de Rattky sont lancés à la découverte. Suivant l'usage national, les chefs de ces Hongrois, avant de partir, prennent conseil de leurs cavaliers, qui discutent et donnent bruyamment leurs avis motivés; puis tous partent au galop, les étriers fort courts, les éperons près des flancs du cheval et debout au-dessus de leurs selles. Bientôt ils rencontrent une compagnie ennemie placée en grand'garde. Suivant leur usage, ils l'enveloppent, et, poussant des cris sauvages, tourbillonnent autour, grâce à leurs chevaux, qu'ils manient fort adroitement. Cette malheureuse compagnie est massacrée jusqu'au dernier homme.

Nous arrivons au pas de course sur la double ligne qui conduit à Denain. Les quelques redoutes qui la défendent sont emportées sans peine, et Villars fait mettre son infanterie en bataille dans le terrain qui est entre ces deux lignes. En même temps la nombreuse garnison de Valenciennes, avertie d'avance, sort et prend l'ennemi à revers; mais, ne voyant pas arriver l'armée ennemie, que ses mouvements auraient dû attirer sur l'Escaut, il craint que le prince Eugène n'ait pris le parti de tomber sur son arrière-garde. Il retourne donc au galop à ses ponts de bateaux, et envoie l'ordre à tous les officiers généraux commandant les troupes qui n'ont pas encore passé l'Escaut, au lieu de suivre en colonne, de marcher en bataille et d'entrer dans les anciennes lignes que les ennemis ont faites autour de Bouchain, afin que, si le prince Eugène veut marcher contre cette partie de l'armée, il la trouve placée et retranchée.

Ces dispositions prises, Villars retourne à toute bride à notre infanterie, qui s'est mise en bataille; mais, au moment où il la rejoint, il aperçoit l'armée ennemie qui court sur l'Escaut en plusieurs colonnes. Le comte d'Albemarle, qui se trouve retranché dans Denain avec dix-sept bataillons, a été informé par ses hussards de la marche inattendue de l'armée française. Il en a aussitôt averti le prince Eugène, en lui disant qu'il se fait fort de résister pendant quelques heures, mais qu'il ne répond pas de la bataille avant le coucher du soleil, et qu'il attend de prompts renforts.

Le prince Eugène accourt, mais de sa personne seulement, à Denain; il exhorte le duc d'Albemarle à tenir ferme, en lui promettant de prompts secours, et, pour en accélérer la venue, il se porte sur une hauteur d'où il découvre déjà ses têtes de colonnes qui approchent. Mais Villars ne leur donne pas le temps d'arriver. Il n'y a pas un instant, pas une minute à perdre. Le marquis d'Albergotti vient proposer de faire des fascines pour combler les fossés du camp retranché de Denain. « Croyez-vous, répond le maréchal en montrant les troupes du prince Eugène, qui accourent de l'autre côté de l'Escaut, que ces messieurs nous en donneront le temps? »

Et se tournant vers les grenadiers de Navarre : « En avant !
à la baïonnette, grenadiers ! Nos fascines seront les corps
des premiers de nos gens qui tomberont dans le fossé. » On
lui répond par mille cris enthousiastes. Nos troupes s'avancent
sur quatre lignes, dans un ordre magnifique, enseignes et
guidons déployés.

Quatre-vingts compagnies de grenadiers et de dragons
à pied forment la première ligne, sur une profondeur de
trois rangs. L'infanterie les suit sur trois autres lignes. Villars, le chapeau d'une main, son épée de l'autre, se précipite au galop en avant de la première ligne : l'attaque se fait
au pas de course. Notre canon tire de temps en temps, mais
avec le peu d'effet d'une artillerie qui fait feu en marchant.
Celle de l'ennemi nous accable de décharges précipitées qui
creusent dans nos rangs de sanglantes trouées, mais sans
occasionner le moindre désordre.

Quand notre première ligne arrive à cinquante pas des
retranchements, elle est accueillie par un effroyable feu de
salve qui jonche le terrain d'habits blancs. A vingt pas le
feu redouble ; nos rangs se resserrent avec le plus grand
calme, comme à la parade. Bientôt on touche au glacis ; nos
soldats sautent dans le fossé et se jettent à corps perdu sur
les retranchements.

Notre brave régiment de *Navarre,* ayant en tête ses capitaines, qui ont voulu porter eux-mêmes les drapeaux feuille-
morte aux chaînes d'or, franchit la contrescarpe éboulée, et
les drapeaux sont plantés sur le parapet. Trois capitaines
sont tués ; mais cette action, faite aux applaudissements de
toute l'armée, est estimée un des plus beaux faits d'armes
que l'on ait encore vus.

Les grenadiers de *Bourgogne,* qui forment l'avant-garde

de leur régiment, accablés sous un feu meurtrier, hésitent une minute, une seule. Le colonel marquis de Tourville, jeune homme de la plus grande espérance, voit que le moment est décisif. Ce sont des moments suprêmes où le héros sent qu'il faut abandonner sa vie. Ce brave officier saisit le drapeau, à la croix rouge dentelée, de *Bourgogne,*

Les hussards de Rattky chargeant en fourrageurs.

et se précipite vers l'ennemi en criant aux siens : « *Bourgogne!* en avant! et que notre mort assure la victoire! » Ce sont les dernières paroles de Tourville : il tombe percé de mille coups. Pour le venger, *Bourgogne* fait des prodiges. Sur un autre point, les régiments de *Bretagne* et du *Dauphin* déploient la plus brillante valeur. Un cadet de ce dernier régiment, du nom de Brienne, saisit une palissade de la main gauche : un soldat ennemi lui fracasse le poignet d'un coup de sabre. De Brienne saisit la palissade de la main droite : on lui coupe cette main. Il saisit alors la palissade avec ses dents : on lui frappe la tête à coups de sabre; il serre plus fort encore, cherchant à l'enlever : son adversaire lui fait alors sauter la tête d'un coup de pistolet.

On ne peut tenir contre une telle valeur. Tout est emporté en un instant. Le comte d'Albemarle ne peut résister longtemps à l'impétuosité française, stimulée par l'espérance du succès. On entre pêle-mêle dans le camp retranché de Denain, au son des fanfares, au bruit du tambour et aux cris de : « Vive la France ! »

Les bataillons anglo-hollandais sont pris ou massacrés, ou bien encore jetés dans l'Escaut. Le comte d'Albemarle rend son épée ; deux princes de Nassau, un prince de Holstein, un prince d'Anhalt et quatre autres lieutenants généraux de l'Empereur sont pris par nos grenadiers. Le maréchal de Villars fait entrer son cheval par une embrasure et trouve devant lui les généraux prisonniers. Avec une politesse exquise, digne de la cour du grand roi, il les prie de l'excuser si les affaires présentes ne lui permettent pas toute la politesse qu'il leur doit, mais que la première est de pourvoir à leur sûreté. Après les avoir confiés à la garde de plusieurs officiers de son état-major, il appelle le comte de Broglie : « Comte, lui dit-il, marchez à Marchiennes. » Puis il se jette à la poursuite des ennemis qui évacuent en toute hâte les retranchements et essayent de s'échapper par les ponts de l'Escaut ; malheureusement pour eux, ces ponts se rompent sous la multitude des chariots et la précipitation des fuyards. Trois mille hommes, uniques survivants des vingt-quatre bataillons chargés de défendre Denain, posent bas les armes.

Le prince Eugène arrive pour être témoin de ce désastre, et ne peut rien pour l'empêcher. Dès qu'il a quelques régiments sous la main, il les lance sur un pont qui n'est pas rompu et dont les Français sont maîtres ; mais toutes nōs troupes bordent le fleuve ; l'infanterie ennemie se fait décimer inutilement en s'efforçant plusieurs fois d'enlever ce pont, y perd près de huit cents hommes et se retire en toute hâte vers son camp.

Cette brillante victoire nous coûte à peine cinq cents hommes tués ou blessés. La Scarpe était couverte d'un nombre infini de tartanes, bélandres et autres bâtiments chargés de provisions de toute espèce et de nombreux tonneaux de poudre.

Les ennemis défoncent ces barils et en jettent le contenu dans la rivière, qui devient noire et dont tous les poissons périssent. On les voit passer par milliers, emportés morts par le courant. Le soir même, le maréchal

Perte-enseigne du régiment du *Dauphin*
(1712.)

de Villars envoie le marquis de Nangis porter la nouvelle de cette victoire au roi, et le charge de présenter les soixante drapeaux enlevés dans les retranchements de Denain.

La victoire de Denain est décisive ; elle frappe la coalition au moment propice et la détruit. Villars en profite avec son habileté ordinaire et sait la pousser activement.

Saint-Amand, Mortagne, Hannon et tous les autres postes que les ennemis ont sur la Scarpe jusqu'à Douai sont enlevés dés le 26 juillet. On fait environ quinze cents prisonniers de guerre.

Marchiennes, que Villars a fait investir par le comte de Broglie aussitôt la prise de Denain, ouvre ses portes le 30 juillet, après quatre jours de siège. Le prince Eugène l'a fait fortifier avec d'autant plus de soin, que c'est le dépôt de toutes ses provisions de guerre et de bouche, le magasin de réserve, une espèce de place d'armes. Les vainqueurs y trouvent quatre mille hommes d'infanterie et trois escadrons, qui sont faits prisonniers, de nombreux matelots anglais et hollandais, deux cents pièces de canon dans les bateaux, cent dix navires chargés de munitions de toutes sortes et d'immenses approvisionnements.

Eugène, à son tour, se trouve dans la pénurie; il ne peut continuer ses attaques sur Landrecies, et est obligé d'en lever le siège. Alors toute la supériorité est du côté de Villars, qui a ressaisi l'ascendant moral et ne craint pas de dégarnir ses places fortes. Il appelle à lui leurs garnisons, se fait une armée active, supérieure en nombre à celle des ennemis, et prend partout l'offensive. L'ennemi, déconcerté, voit reprendre Douai, Bouchain, le fort de la Scarpe, le Quesnoy, qui renferme un matériel immense, cent quarante mortiers, cent seize canons de gros calibre et une quantité de pièces de campagne : les frontières de la France, comme la gloire du roi, sont en sûreté (septembre-octobre 1712).

L'armée du prince Eugène se retire, poussée l'épée dans les reins, diminuée de près de cinquante bataillons, dont quarante ont été pris depuis la bataille de Denain jusqu'à la fin de la campagne. L'insolence des plénipotentiaires étrangers rassemblés à Utrecht est rabaissée. La paix est signée à des conditions honorables.

Telle est cette courte et admirable campagne de 1712, où tout, plan, exécution, sont admirables, et qui, par la rapidité des coups frappés, par l'importance des résultats, mérite d'être placée à côté des plus belles de notre histoire militaire. La victoire de Denain, en effet, avait rendu immortel le nom de Villars et assuré réellement le salut de la France.

FONTENOY

(11 MAI 1745

PAR UN OFFICIER DES GARDES FRANÇAISE

En 1744, la France est en guerre ouverte avec l'Empire et l'Angleterre, comme au temps de la bataille de Denain. Marie-Thérèse a envoyé de nouveaux contingents aux Saxons, aux Hollandais surtout.

Louis XV envoie en Italie une armée sous les ordres du prince de Conti, une armée sur le Rhin sous les ordres du maréchal de Coigny, et deux autres en Flandre, commandées par Noailles et le maréchal de Saxe. Le roi vient lui-même pour diriger les opérations du Nord et renouveler la gloire des campagnes de 1666 et de 1672. Après avoir passé ses troupes en revue, il les conduit au siège de Menin : la place se rend presque aussitôt qu'elle est investie. Ypres tombe à son tour comme Menin ; Furnes se rend également.

La campagne s'ouvre donc, comme on le voit, sous de splendides auspices, lorsque le prince Charles passe le Rhin, et que Louis XV, rappelé en Alsace, laisse le maréchal de Saxe suivre la guerre de Flandre avec une armée qui, réduite d'un tiers par les différents détachements qu'on a acheminés sur le Rhin, ne monte plus qu'à quarante-cinq mille hommes; elle ne peut donc rien entreprendre contre celle des alliés, qui en compte quatre-vingt mille : elle se contente de garder les trois villes prises et se retire dans le camp de Cambrai.

Au mois d'avril 1745, le maréchal de Saxe reprend le commandement des troupes de l'armée de Flandre réunies à Bouchain, composées de cent six bataillons complets et de cent soixante-douze escadrons. Après quelques faux mouvements exécutés pour dérouter l'ennemi, il s'abat sur Tournai, l'investit et se dispose à en faire le siège. Tournai est l'ancienne capitale de la domination française en Flandre et la plus forte place de barrière. Louis XIV a épuisé son trésor, Vauban son génie, à fortifier la ville et à élever la citadelle : elle est bien approvisionnée et possède une nombreuse garnison. Cependant toutes ces conditions de défense ne rassurent pas l'ennemi. Dès que les états généraux des Sept-Provinces ont appris que Tournai était en danger, ils ont été, malgré leur circonspection, les premiers à prendre des résolutions hardies, et décident de hasarder une bataille plutôt que de risquer la perte de cette ville. En conséquence, le 5 mai 1745, les alliés s'avancent jusqu'à Cambrai : les deux armées ne sont plus qu'à sept lieues l'une de l'autre. Le roi, ayant appris cette nouvelle, part aussitôt de Paris avec le dauphin, le 6 mai : le roi a trente-sept ans, et le dauphin seize ans. Tous les deux vont assister pour la première fois à une bataille sérieuse, car les sièges de Menin, d'Ypres et de Furnes, qu'ils ont faits l'année précédente, n'ont réellement été que des escarmouches. Les aides de camp du roi, les menins du dauphin, les accompagnent.

L'armée alliée compte au delà de cinquante-cinq mille

combattants. Sa principale force consiste en vingt bataillons et vingt-six escadrons anglais, cinq bataillons et seize escadrons hanovriens, commandés par le jeune duc de Cumberland, qui, deux années auparavant, a, sous les ordres de son père, fait ses premières armes à Dettingen, comme le dauphin va les faire à Fontenoy.

Le prince de Waldeck, à peu près de l'âge du duc de Cumberland, impatient de se signaler, est à la tête de quarante escadrons hollandais et de vingt-six bataillons. Les Impériaux n'ont dans cette armée que huit escadrons; mais à la tête de ce petit nombre d'Autrichiens est le vieux général Kœnigseck, qui a fait la guerre contre les Turcs en Hongrie et contre les Français en Italie et en Allemagne. Sans qu'il soit ostensiblement généralissime, les deux jeunes princes sont invités à prendre son avis et à s'éclairer de son expérience; on a mis leur impétuosité sous la garde de sa sagesse.

Notre armée, dans le principe, était plus nombreuse que l'armée ennemie; mais la nécessité de laisser dix-huit mille hommes dans Tournai et d'en destiner six mille à la garde des ponts sur l'Escaut et des communications lui a fait perdre sa supériorité numérique. Malgré la présence du roi et du dauphin, notre armée est réellement sous les ordres d'un général en qui on a la plus juste confiance. Le comte Maurice de Saxe a déjà mérité sa grande réputation par de savantes retraites en Allemagne, sa prise hardie de Prague et sa campagne de 1744, qui lui a valu le bâton de maréchal.

Malheureusement, au printemps de 1745, le vainqueur de Prague n'est plus physiquement que l'ombre de lui-même; atteint d'une hydropisie qui le fait cruellement souffrir et dont il doit mourir cinq années après, il se fait traîner, couché sur un matelas, dans une carriole d'osier. Il est parti de Paris dans un tel état de faiblesse, que Voltaire lui ayant demandé comment il osait se mettre en route dans une pareille situation, Maurice lui a répondu : « Il ne s'agit pas de vivre, mais de partir. » En effet, il est arrivé mourant à l'armée.

Le roi arrive le 6 mai à Douai, et dès le lendemain se rend à Pont-Achin, près de l'Escaut, à la portée des tranchées de Tournai ; de là il va reconnaître le champ de bataille que le maréchal a choisi ; car, dans la position des deux armées, l'ennemi se voit forcé d'accepter le combat tel que le lui offre le maréchal, ou de laisser prendre Tournai. Toute l'armée, en voyant le roi et le dauphin, fait entendre des acclamations de joie.

Le champ de bataille dénote le grand homme de guerre ; tout est préparé pour la victoire, tout est prévu pour la défaite : c'est une plaine tourmentée de ravins, resserrée entre Fontenoy et le bois de Barri, et qui, s'élargissant ensuite, permet à notre ligne un développement de trois quarts de lieue à peu près. Ainsi disposée, l'armée appuie sa droite à Anthoin, près de l'Escaut, sa gauche au bois de Barri, et le centre à Fontenoy, qui se trouve sur la même ligne qu'Anthoin. Entre Fontenoy et le bois de Barri se trouve seulement un espace étroit de quatre cent cinquante toises de large. Ce bois et ces villages sont garnis de canons comme un camp retranché. Fontenoy et Anthoin surtout ont été fortifiés et entourés d'abatis d'arbres ; quant à l'extrême droite du bois de Barri, elle est protégée par deux redoutes assez rapprochées de Fontenoy pour que leurs feux se croisent avec ceux de Chaville.

Le champ de bataille n'a pas plus de cinq cents toises de

longueur, depuis l'endroit où est le roi, auprès de Fontenoy, jusqu'à ce bois de Barri, et n'a guère plus de neuf cents toises de large; de sorte que l'on va combattre en champ clos, comme à Dettingen, mais dans une journée plus mémorable.

En outre, en cas de défaite, la maréchal de Saxe a établi en avant du pont de Calonne, le seul sur lequel on puisse passer l'Escaut, une tête de pont en double couronne, où, comme nous l'avons dit, il a laissé six mille hommes de troupes fraîches. Au moment où le danger deviendrait trop imminent, le roi et le dauphin pourraient se retirer par ce pont, pendant que le reste de l'armée défilerait par d'autres ponts sur le bas Escaut, par delà Tournai.

Notre armée semble donc inabordable, car le feu croisé qui part des redoutes du bois de Barri et du village de Fontenoy défend toute approche. Outre ces précautions, on a encore placé six canons de seize livres de balles au delà de l'Escaut, pour prendre en écharpe toute armée qui tenterait de s'avancer dans la plaine séparant Anthoin et Péronne.

Le roi passe toute la journée du 10 mai auprès du maréchal de Saxe, qui, sur son ordre exprès, est resté couché. Le maréchal, on le sait, est atteint d'une hydropisie parvenue au troisième degré; néanmoins il s'est refusé à la ponction, de peur que l'opération, tournant mal, ne l'empêche d'assister à la bataille, qui est proche. En effet, nos avant-postes signalent de grands mouvements dans les lignes des alliés, qui passent le 10 mai et la nuit du 11 à faire leurs dernières dispositions.

Le 11 mai, le roi est sur pied le premier, vers quatre heures du matin et avant le point du jour; lui-même il éveille le comte d'Argenson, ministre de la guerre, qui envoie

aussitôt demander à Maurice de Saxe ses derniers ordres.
On trouve le maréchal dans sa voiture d'osier qui lui sert de
lit, et dans laquelle il se fait traîner, quand ses forces épui-
sées ne lui permettent plus d'être à cheval. Vers quatre
heures et demie, le roi et le dauphin montent à cheval ; le
jour commence à poindre ; un épais brouillard couvre au
loin la campagne. Le roi, tout aussi gai que la veille, fredonne
une chanson qui a beaucoup de couplets et qui est fort drôle.
Le quartier royal passe l'Escaut sur le pont de Calonne et va
prendre son poste par delà la Justice de Notre-Dame-aux-
Bois, à mille toises de ce point, près d'un moulin à vent, et
précisément à l'entrée du champ de bataille.

A cinq heures du matin, on annonce au maréchal que
l'ennemi se met en mouvement ; il se fait alors conduire
vers la première ligne, qui est ainsi disposée : neuf bataillons gardent Anthoin ; trente et un occupent Fontenoy,
s'étendant à droite jusqu'à Anthoin, à gauche jusqu'au ravin
de Fontenoy ; quinze bataillons forment la gauche et s'étendent
derrière le bois de Barri jusqu'à Gauvin ; toute la cavalerie
occupe en arrière un front égal à celui de l'infanterie, sur
deux lignes derrière le centre et la gauche, sur une ligne
derrière la droite.

Dans cette arme, les lourds régiments ont été remplacés
par des régiments de dragons, de cavalerie de ligne, de houzards, de carabiniers, et par les légions du maréchal de
Saxe, composées d'un tiers de cavaliers et de deux tiers de
fantassins. Les dragons de ces légions portent le casque en
cuivre à crinière noire, sans visière, entouré d'un bandeau
de peau de tigre, et sont vêtus de l'habit vert à revers rouge.
Un seul régiment de cavalerie, portant le n° 7, a conservé la
cuirasse ; on y voit également des houlans, troupe nouvelle,

importée en France en 1734 par Maurice de Saxe. Cette cavalerie légère, montée sur des chevaux rapides, combat comme les houzards et est armée de sabres, de pistolets et de lances d'une longueur d'environ deux mètres. Notre cavalerie, qui reprend de plus en plus son action par l'épée, n'a plus à

Maison militaire du roi (1745).

cette époque que trois et quelquefois deux rangs de profondeur, et commence à charger au galop.

La maison militaire du roi compte dix-sept escadrons : gardes du corps, gendarmes, chevau-légers, mousquetaires et grenadiers à cheval. Cette dernière troupe surtout, composée de vieux troupiers, est admirable. Quelque temps avant cette campagne, Louis XV, passant devant les grenadiers, dit à lord Stanley, ambassadeur d'Angleterre, qui était à côté de lui : « Milord, vous voyez là les plus braves gens de mon royaume; il n'y en a pas un qui ne soit couvert de blessures. — Que dira Votre Majesté de ceux qui les ont blessés? — Ils sont morts, ceux-là! » répondit un vieux grenadier.

Enfin dans le bois de Barri a été jeté en tirailleurs un bataillon de partisans appelé les *Grassins,* du nom d'un capitaine de dragons qui les a formés. Ces volontaires, qui sont employés à attaquer les avant-postes ennemis, à couper ses communications, à enlever ses convois, sont très redoutés. Leur uniforme est vert, bordé de fourrures, avec porte-giberne et ceinturon en cuir fauve. Ils sont armés de la carabine rayée et d'un couteau de chasse à manche formant baïonnette et s'adaptant au canon de la carabine.

Vers cinq heures et quart, le brouillard, qui s'est élevé au point du jour, se dissipe, et l'on aperçoit les lignes éclatantes des alliés, qui se sont divisés en deux corps pour faire face à la fois aux deux points d'attaque arrêtés d'avance : le jeune prince de Waldeck, avec les Hollandais, menace Anthoin ; les Anglo-Hanovriens, sous les ordres du duc de Cumberland, s'apprêtent à forcer le défilé de Fontenoy et forment un vaste cercle autour de notre armée, appuyant leur gauche à Péronne et leur droite à Barri.

On débute par se canonner de part et d'autre à six heures du matin : la maréchal de Saxe fait pointer le canon sur la cavalerie hollandaise du côté d'Anthoin, ce qui la fait un peu reculer. Le maréchal de Noailles est alors auprès de Fontenoy, et rend compte au maréchal de Saxe d'un ouvrage qu'il a fait élever à l'entrée de la nuit pour joindre le village de Fontenoy à la première des trois redoutes entre Fontenoy et Anthoin; il lui sert de premier aide de camp, sacrifiant la jalousie du commandement au bien de l'État, et s'oubliant lui-même pour un général étranger et moins ancien. Le maréchal de Saxe sent tout le prix de cette magnanimité, et jamais on n'a vu union si grande entre deux hommes que la faiblesse ordinaire du cœur humain pourrait éloigner l'un de l'autre.

Le maréchal de Noailles s'arrête devant notre brigade des gardes et embrasse le duc de Gramont, son neveu ; ces deux officiers généraux se séparent, l'un pour retourner auprès du roi, l'autre pour se placer à son poste, quand tout à coup nous voyons le duc de Gramont étendre les bras et tomber dans l'herbe encore humide de la rosée du matin. On court à lui, on le relève : le malheureux, qui a eu la poitrine broyée par un boulet, n'est plus qu'un cadavre. C'est la première victime de la journée.

En ce moment la ligne des Anglais s'avance sur Fontenoy. Le maréchal de Saxe fait aussitôt diriger l'artillerie sur ces colonnes profondes. La ligne française s'enflamme dans une décharge générale et répond par un feu terrible aux coups de fusil des grenadiers hanovriens. Nous avons là cent vingt pièces de canon. Cette décharge, sans étonner les Anglais, fait placer leur canon à la tête de leurs colonnes. Une canonnade d'enfer s'engage jusqu'à neuf heures du matin. Du Brocard, pour arrêter la marche des Anglais vers le centre de la plaine, propose au maréchal de Saxe d'avancer une batterie sur le front du régiment de *Courten*. Il fait un grand dégât dans la ligne ennemie, qu'il attaque en flanc et la force à reculer, lorsqu'il est tué par un boulet. Bientôt on ne s'en tient plus à la canonnade, on s'aborde corps à corps. Les Anglais et les Hollandais, avec un sang-froid admirable, marchent en ordre de bataille.

Les Hollandais paraissent devoir commencer l'attaque, et se présentent à deux reprises devant Anthoin. Leur infanterie est protégée par leur cavalerie, qui marche dans la plaine.

Elle se déploie vis-à-vis de Fontenoy, et est arrêtée dans ses progrès par le feu de ce village. Une seconde colonne d'infanterie hollandaise s'avance sur Anthoin, dont la canonnade redouble de fureur. A cette seconde attaque, un escadron du prince de Waldeck presque entier est emporté par une bordée croisée de la batterie placée derrière l'Escaut et d'une autre batterie placée en avant d'Anthoin : il n'en reste debout que quinze hommes. En même temps, trois régiments de dragons, *Mestre-de-Camp*, *Royal* et *Bauffremont*, placés en potence près d'Anthoin, s'élancent, sous les ordres du comte d'Eu, sur les Hollandais, les sabrent à outrance et les font reculer dans le plus grand désordre. Les troupes du prince de Waldeck rentrent alors dans leurs lignes et ne reparaissent plus de la journée.

Pendant les mouvements de la droite de notre armée, trois colonnes d'infanterie anglaise et hanovrienne marchent droit et d'un pas ferme vers le centre. Vainement notre artillerie fordroie-t-elle leurs premiers rangs; ils sont remplacés sur-le-champ. Ces colonnes abordent trois fois Fontenoy avec la plus grande audace, et sont refoulées trois fois par nos batteries, qui creusent de sanglants sillons dans leurs rangs. Une quatrième colonne de cavalerie est à leur droite, conduite par lord Campbell. Le chevalier d'Apcher, à la tête de nos carabiniers, la repousse et la met en désordre. Lord Campbell a la cuisse emportée, et sa cavalerie disparaît jusqu'au moment de la retraite, où elle fera les derniers efforts.

Il est à peu près dix heures et demie du matin : la brigade de *Royal* se replie en ce moment et vient se mettre en bataille derrière notre brigade des gardes françaises et suisses.

A ce moment, le duc de Cumberland prend une résolution qui peut lui assurer le succès de cette journée. Déjà repoussé trois fois, il a remarqué que les Français doivent leur avantage au feu croisé de leur artillerie. Aussi ordonne-t-il à un major général nommé Inglosby d'entrer dans le bois de Barri, de s'en emparer, de pénétrer jusqu'à la redoute de ce bois vis-à-vis de Fontenoy, et de l'emporter. Inglosby marche avec les meilleures troupes pour exécuter cet ordre ; mais là se trouvent les *Grassins*. Ces partisans déterminés se sont couchés par terre, dans les champs de blé, sur la lisière du bois.

Ils laissent approcher les habits rouges à bout portant, et, se relevant tout à coup, les saluent par une terrible décharge, qui couche à terre des rangs entiers.

Inglosby croit avoir affaire à un corps considérable ; il retourne près du duc de Cumberland et demande du canon. Un temps précieux se perd. Les coups de feu partis du bois ont donné l'alarme, et le maréchal de Saxe y a fait filer en toute hâte deux bataillons ; de sorte que ce bois est devenu presque imprenable. Le prince est au désespoir d'une désobéissance qui dérange toutes ses mesures : plus tard il fit passer Inglosby, à Londres, en cour martiale.

Son entreprise sur le bois et la redoute de Barri repoussée, il se détermine alors à passer entre cette redoute et Fontenoy. Le terrain est escarpé, il faut franchir un ravin profond ; il faut essuyer tout le feu de Fontenoy et de la redoute. Cette tentative est des plus audacieuses ; mais le duc de Cumberland est réduit en ce moment ou à ne point combattre, ou à tenter ce passage. Le jeune duc dispose alors toute son infanterie, vingt mille hommes à peu près, sur une colonne, en forme de bataillon carré, à trois faces pleines. Cette masse, formée d'Anglais et de Hanovriens, disposés sur trois lignes assez pressées, et de quatre rangs de hauteur chacune, s'avance, les soldats traînant leurs canons à bras par les sentiers; six de ces pièces marchent en tête, six autres sont placées au milieu des lignes; les six pièces du front commencent alors à tonner, et la masse géante s'ébranle et marche fièrement entre les batteries de nos canons, qui la foudroient dans un terrain d'environ quatre cents toises de large. Des rangs entiers tombent morts à droite et à gauche; ils sont remplacés aussitôt, et les pièces qu'ils amènent à bras, en face de Fontenoy et devant les redoutes, répondent à notre artillerie.

Vis-à-vis d'eux se trouve une ligne formée de nos quatre bataillons de gardes françaises, ayant deux bataillons de gardes suisses à leur gauche, le régiment de *Courten* à leur droite, ensuite celui d'*Aubeterre,* et plus loin le régiment du *Roi,* qui borde Fontenoy le long d'un chemin creux.

Le terrain où se trouve notre brigade s'élève à l'endroit où nous avons pris position jusqu'à celui où les Anglais se forment. Au moment où les premiers habits rouges se montrent au haut de la crête, un frémissement court dans nos rangs. Nos soldats sont furieux et veulent venger la mort de M. le premier lieutenant général duc de Gramont, notre colonel. « En avant! à la baïonnette! » s'écrient ces braves gens. Les officiers de nos grenadiers, qui se trouvent en première ligne, se disent entre eux : « Il faut aller prendre le canon des Anglais. »

Aussitôt, et sans attendre le moindre ordre, ces trois compagnies de grenadiers partent au pas de course. Nous voyons les bonnets à poil monter rapidement vers la crête à travers les champs de blé. En arrivant au haut de cette pente, ils sont tout étonnés de trouver en face d'eux une véritable armée. Aussitôt la masse ennemie s'allume, la canonnade et la fusillade se font entendre. Une soixantaine de grenadiers roulent à terre ; leurs camarades sont alors forcés de se replier et de revenir dans nos rangs.

Cependant la redoutable colonne, après cette décharge, se remet en marche et s'avance lentement, l'arme au bras, mèche allumée, mais sans faire feu ni de ses canons ni de ses fusils ; elle s'approche sans que les gardes françaises et les gardes suisses, qui cependant ne sont pas même un contre dix, fassent un seul pas pour reculer ; elle s'approche au milieu d'un silence de mort, que pas un seul bruit n'interrompt. Notre première ligne, formée sur trois rangs, dont le premier a mis le genou en terre, attend froidement et avec un calme impassible.

Un régiment de gardes anglaises, celui de *Campbell,* et le *Royal-Écossais,* marchent les premiers. Les premiers portent l'habit écarlate à brandebourgs jaunes et revers de velours noir, et sont coiffés d'un bonnet rouge, le devant formé par une haute plaque de cuivre en forme de mitre. Les seconds sont vêtus du costume national des montagnards écossais : veste rouge, *kilt* (jupon) et *plaid,* aux couleurs de leurs clans ; sur le devant de la ceinture, la gibecière en peau de chèvre à fermoir d'argent ; au côté, le *dirk* (poignard) et la *claymore* (épée). Pour coiffure la toque, que surmonte un haut panache de plumes noires.

M. de Campbell est leur lieutenant général ; le comte d'Albemarle, leur général major, et M. de Churchill, petit-fils naturel du grand duc de Marlborough, leur brigadier. Arrivés à cinquante pas de nos rangs, les officiers anglais portent la main à leurs chapeaux et saluent. Le comte de Chabannes, descendant du maréchal de la Palice tué à Pavie ; le duc de Biron, neveu du duc de Lauzun, qui sont sortis

6*

des rangs pour aller au-devant d'eux, et tous les officiers rendent le salut.

A ce moment lord Charles Hay, capitaine aux gardes anglaises, s'avance et crie : « Messieurs des gardes françaises, tirez! » La scène est sublime; les gardes françaises ont pour tradition héroïque d'essuyer d'abord le feu de l'ennemi et de charger ensuite à la baïonnette sans avoir tiré : courtois et braves comme au duel, ils cèdent toujours les armes à leur adversaire.

Aux mots de lord Charles Hay, un jeune officier fait également quatre pas en avant, la tête haute, le visage calme et souriant, son bonnet à poil à la main et s'appuyant sur son esponton. C'est un lieutenant de grenadiers, coquettement vêtu de l'habit bleu à revers rouges, richement galonné d'argent. Le jeune officier s'incline devant les régiments ennemis qui le tiennent en joue, s'incline devant l'artillerie aux mèches allumées : « Messieurs, répondit-il d'une voix vibrante, nous ne tirons jamais les premiers; tirez vous-mêmes, s'il vous plaît! » et il remet son bonnet, que jusqu'alors il a tenu à la main.

« Qu'est-ce? dit en ce moment à messieurs de sa suite Louis XV, qui, de la hauteur où il est placé, assiste à cette véritables cène de chevalerie. — Sire, répond Richelieu, c'est le comte d'Auteroche qui enseigne à ces gens-là comment on meurt en France. »

Aussitôt les six canons des Anglais tonnent à la fois, et un feu roulant commence par division, de sorte que le front d'un bataillon, sur quatre hommes de hauteur, ayant tiré, un autre bataillon fait sa charge et ensuite un troisième, tandis que les premiers rechargent. Dix-neuf officiers des gardes françaises tombent blessés à cette seule décharge.

MM. de Clisson, de Langey, de Peyre, y perdent la vie ; quatre-vingt-quinze soldats demeurent étendus sur place ; deux cent quatre-vingt-cinq y reçoivent des blessures.

Les deux bataillons des gardes suisses, placés à notre gauche, sont au moins aussi éprouvés que nous. Onze de leurs officiers tombent blessés ainsi que deux cent neuf de leurs soldats, parmi lesquels soixante-quatre sont tués. Le régiment de *Courten* est également décimé. Son colonel, M. de Courten, son lieutenant-colonel, quatre officiers, soixante-quinze soldats tombent morts ; quatorze officiers et deux cents soldats sont blessés dangereusement.

Notre premier rang a disparu presque tout entier ; les trois autres font feu, mais à peine l'effet de leur décharge est-il visible dans les masses profondes où les balles vont se perdre.

La colonne anglaise s'avance alors en poussant de bruyants hourras : nos soldats sont trop décimés pour essayer de soutenir le choc. Derrière eux aucune réserve, si ce n'est un corps de cavalerie placé à plus de trois cents toises.

« En retraite ! » commandent les officiers ; et ces braves soldats, la rage au cœur, se retirent lentement. Les Anglais avancent à pas mesurés, comme s'ils faisaient l'exercice, dans un ordre admirable. On voit les majors appuyer leurs cannes sur les fusils des soldats pour les faire tirer droit à hauteur d'homme. Ce corps, qui auparavant était en trois divisions, se pressant par la nature du terrain, devient une colonne longue et épaisse, presque inébranlable par sa masse ; elle s'avance vers le régiment *d'Aubeterre*.

M. de Lutteaux, second lieutenant général de l'armée, accourt de Fontenoy, où il vient d'être blessé dangereusement. Son aide de camp le supplie de commencer par faire mettre un premier appareil à sa blessure. « Le service du roi, lui répond M. de Lutteaux, m'est plus cher que la vie ! » Il s'avance, avec le duc de Biron, à la tête du régiment *d'Aubeterre*, que conduit le colonel de ce nom. Lutteaux reçoit en arrivant deux coups mortels. Le duc de Biron a un cheval tué sous lui. Le régiment *d'Aubeterre* perd beaucoup de soldats et d'officiers.

Le duc de Biron se met alors à pied, l'épée à la main, en tête du régiment *du Roi* qu'il commande, et se jette à la baïonnette sur le flanc gauche des Anglais, dont il arrête la marche. Un bataillon des gardes anglaises se détache alors, avance vers lui, fait une décharge très meurtrière, et revient au petit pas se replacer à la tête de la colonne, qui avance toujours lentement, sans jamais se déranger, repoussant tous les régiments qui viennent l'un après l'autre se présenter devant elle.

Ce corps gagne du terrain, toujours impassible, toujours ferme, toujours serré ; depuis près d'une heure il marche ainsi, foudroyé à droite et à gauche par les redoutes du bois de Barri et celles du village de Fontenoy, qui lui emportent des rangs entiers ; mais les vides sanglants se reforment aussitôt, les morts disparaissent, foulés aux pieds des vivants, et la colonne gagne du terrain, brisant tout ce qui se présente sur son front, repoussant tout ce qui attaque ses flancs, répondant au feu par le feu, et rendant la mort pour la mort. Bientôt elle dépasse le village de Fontenoy et le bois de Barri.

Depuis la retraite des gardes françaises et des gardes suisses, le désordre s'est mis dans notre armée : rien ne se fait plus avec ensemble. Le maréchal de Saxe voit la position d'un coup d'œil, et veut que la cavalerie fonde sur la

Bataille de Fontenoy (11 mai 1745), d'après le tableau d'Horace Vernet.

colonne anglaise. Le comte d'Estrées y court. Mais les efforts
de cette cavalerie sont peu de chose contre une masse d'infanterie si réunie, si disciplinée, si intrépide, dont le feu
toujours roulant et toujours soutenu écarte nécessairement
de petits corps séparés.

Soldat et sergent Soldats d'infanterie. Garde suisse. Officier.
aux gardes françaises.

Infanterie française en 1745.

On sait d'ailleurs que la cavalerie ne peut guère entamer
seule une infanterie serrée. Le maréchal de Saxe est au
milieu du feu; oubliant ses douleurs, il se fait amener un
cheval et le monte. Comme sa maladie ne lui laisse pas la
force de porter une cuirasse, il prend une espèce de bouclier de plusieurs doubles de taffetas piqué, qui repose sur
l'arçon de sa selle. Mais ce poids, si léger qu'il soit, est
encore trop lourd pour lui : il jette aussitôt à terre ce bouclier et court faire avancer la seconde ligne de la cavalerie
contre la colonne. Voyant d'ailleurs avec son sang-froid
habituel combien l'affaire devient de plus en plus périlleuse,

il fait dire au roi par le marquis de Meuse qu'il le conjure
de repasser le pont de Calonne avec le dauphin, tandis que
lui fera tout ce qu'il pourra pour remédier au désordre.
« Oh! je suis bien sûr qu'il fera ce qu'il faudra, répond
Louis XV, mais je resterai où je suis. »

Le désordre va en augmentant. A chaque instant les boulets arrivent au pied de Sa Majesté, et souvent la dépassent.
L'un de ces boulets donne dans la boue contre elle et couvre
de fange un des officiers de sa suite. A quelques pas en
arrière, un garde du corps est même blessé par une balle de
mousquet.

Louis XV et son fils font preuve du plus grand courage.
Le roi fait des miracles pour rallier lui-même ses troupes,
leur disant avec douceur : « Allons, courage, mes enfants!
N'abandonnez pas vos camarades qu'on égorge! Retournez,
je vais me mettre à votre tête. » Quant au dauphin, il
regarde en souriant les nombreux boulets qui font sauter la
terre en ricochant, et dit à un de ses menins : « Quoi!
n'est-ce que cela? »

Tout l'état-major est en mouvement; chacun rassemble le
plus d'hommes qu'il peut, et vient à son tour essayer d'ébranler cette inébranlable masse. Mais nos troupes, qui atteignent
par pelotons l'infanterie ennemie, sont toujours repoussées.
M. de Vaudreuil, major général de l'armée, va de la droite
à la gauche. M. de Puységur, MM. de Saint-Sauveur, de
Saint-Georges, de Mézières, aides maréchaux des logis, sont
tous blessés. Le comte de Longaunai, aide-major général,
est tué. Dans une de ces attaques, le chevalier d'Ache, lieutenant général, a le pied fracassé. Ce brave officier, avec un
courage stoïque, vient ensuite rendre compte au roi, et lui
parle longtemps sans donner le moindre signe des douleurs

cruelles qu'il éprouve, jusqu'à ce qu'enfin il tombe évanoui.

Plus la colonne anglaise avance, plus elle devient profonde et en état de réparer les pertes continuelles que lui causent tant d'attaques réitérées. Tout ce qui reste d'infanterie anglo-hanovrienne s'est joint à elle. Elle peut déjà avoir perdu cinq à six mille hommes, mais il lui en reste encore au moins seize à dix-huit mille, qui marchent toujours serrés au travers des morts et des blessés des deux partis.

La bataille paraît perdue. Un très grand nombre de cavaliers sont poussés en désordre jusqu'à l'endroit où est le roi avec son fils. Ces deux princes sont séparés par les hommes battant en retraite, qui se précipitent entre eux; les Anglais ne sont plus qu'à un quart de lieue de Louis XV. Pendant ce désordre, les brigades des gardes du corps de la *Maison bleue,* qui sont en réserve, s'avancent d'elles-mêmes aux ennemis. Les chevaliers de Suzy et de Saumery y sont blessés à mort.

Quatre escadrons de la gendarmerie de la *Maison rouge* arrivent à ce moment de Douai. Malgré la fatigue d'une marche de sept lieues, ils courent aux ennemis; les justaucorps rouges et or, à parements et revers de velours noir, viennent se briser sur les baïonnettes du *Royal-Écossais.* Tous ces corps sont reçus comme les autres, avec cette même intrépidité et ce même feu roulant. Le jeune comte de Chevrier, porte-guidon des gendarmes, est tué. C'est le jour même qu'il a été reçu à sa troupe. Le chevalier de Monaco, fils du duc de Valentinois, y a la jambe traversée. M. du Guesclin reçoit une blessure dangereuse. Au plus fort de la mêlée, du Chatelet, porte-guidon des gendarmes, est emporté par son cheval au milieu des rangs ennemis. De Castelmoron, à peine âgé de treize ans, s'élance avec quatre autres gendarmes pour sauver cet étendard, qu'ils reprennent en se précipitant sur les Anglais. Les carabiniers donnent aussi, et perdent six officiers renversés morts et vingt et un blessés.

Le maréchal de Saxe, dans le dernier épuisement, le grand cordon rouge de Saint-Louis en travers de son justaucorps de velours bleu, reste toujours à cheval, se promenant au pas au milieu du feu ; on dirait qu'il veut se faire tuer. Il passe sous le front de la colonne anglaise pour voir tout de ses yeux, auprès du bois de Barri, vers la gauche. On y fait les mêmes manœuvres qu'à la droite. On essaye toujours d'ébranler cette colonne.

Les régiments se présentent les uns après les autres, et la masse anglaise, faisant face de tous côtés, plaçant à propos son canon et tirant toujours par division, nourrit un feu continu quand elle est attaquée ; après l'attaque elle reste immobile et ne tire plus. Nous faisons des mouvements inutiles dans tous les sens pour la diviser. Quelques régiments viennent encore affronter cette colonne, toujours victorieuse, par les ordres seuls de leurs commandants. Nos bataillons et escadrons semblent fondre en sa présence, et l'ennemi, s'avançant à pas lents, approche à chaque instant du centre de la plaine en nous divisant.

Le maréchal de Saxe voit en ce moment un de nos régiments d'infanterie, dont la croix blanche des drapeaux est chargée en chœur d'une nef d'or, marcher par trois fois à cette colonne et l'attaquer à la baïonnétte : trois fois ce régiment est repoussé, trois fois il est rallié par son colonel et se défend avec courage ; des rangs entiers tombent sous le canon et la mousqueterie, et pourtant ce brave régiment ne bronche pas. Le maréchal regarde cette horrible boucherie, et, voyant qu'il ne recule pas, demande quel est ce régiment. On lui répond que c'est le régiment *des Vaisseaux*, commandé par M. de Guerchi. « Comment est-il possible, s'écrie Maurice de Saxe, que de pareilles troupes ne soient point victorieuses! »

Le régiment du *Hainaut* ne souffre pas moins. Il a pour colonel le fils du prince de Craon, gouverneur de Toscane. Le père sert le grand-duc, les enfants servent le roi de France. Ce jeune homme, d'une très grande espérance, est tué à la tête de sa troupe; son lieutenant-colonel est blessé à mort auprès de lui.

Le régiment de *Normandie* avance à son tour; il perd autant d'officiers et d'hommes hors de combat que celui de *Hainaut;* il est mené par son lieutenant-colonel, M. de Solency, dont le roi loue la bravoure sur le champ de bataille, et qu'il récompense ensuite en le faisant brigadier.

Des bataillons irlandais courent au flanc de cette colonne et se jettent en furieux sur les Anglo-Hanovriens, leurs ennemis héréditaires; mais ils sont également repoussés, et leur chef, le colonel Dillon, tombe mort. Ainsi aucun corps, aucune attaque n'ont pu entamer la colonne, parce que rien ne s'est fait de concert à la fois.

Le maréchal de Saxe repasse par le front de la colonne, qui s'est déjà avancé plus de trois cents pas au delà de la redoute d'Eu et de Fontenoy. Il va voir si Fontenoy tient encore; on n'y a plus de boulets, mais on continue à répondre à l'artillerie ennemie avec de la poudre, pour ne pas laisser voir aux alliés qu'on manque de projectiles. M. Dubrocard, lieutenant général d'artillerie, et plusieurs officiers d'artillerie ont été tués. Le maréchal prie alors le duc d'Harcourt, qu'il rencontre, d'aller encore conjurer le roi de s'éloigner, et il envoie au comte de la Mark, qui garde Anthoin, l'ordre d'en sortir avec le régiment de *Piémont;* mais Louis XV, impassible, déclare qu'il ne fera point un pas en arrière et qu'il est décidé à mourir où il se trouve.

La bataille paraît perdue sans ressource. On ramène de tous côtés les canons de campagne; on est près de faire partir ceux du village de Fontenoy, quoique les boulets soient arrivés. L'intention du maréchal est de faire, si l'on peut, un dernier effort, mieux dirigé et plus plein, contre la colonne anglaise. Cette masse d'infanterie a été endommagée, quoique sa profondeur paraisse toujours égale; elle-même est étonnée de se trouver au milieu des Français sans avoir de cavalerie; la colonne est immobile et semble ne recevoir plus d'ordre, mais elle garde une contenance fière; on la dit maîtresse du champ de bataille.

Si les Hollandais avaient à ce moment passé entre les redoutes qui sont vers Fontenoy et Anthoin, s'ils étaient venus donner la main aux Anglais, il n'y avait plus de ressource, plus de retraite même, ni pour l'armée française, ni probablement pour le roi et son fils.

Le succès d'une dernière attaque est incertain.

Le maréchal de Saxe, qui voit la victoire ou l'entière défaite dépendre de cette dernière attaque, songe à préparer une retraite sûre : il envoie un second ordre au comte de la Mark d'évacuer Anthoin et de venir vers le pont de Calonne pour soutenir cette retraite, en cas d'un dernier malheur. Il fait signifier un troisième ordre au comte, depuis duc de Lorges, en le rendant responsable de l'exécution; le comte de Lorges obéit à regret. On désespère alors du succès de la journée.

Tout est désordre et confusion autour du roi : sous prétexte de tenir un conseil, tout le monde parle à la fois. On presse Sa Majesté, de la part du maréchal et au nom de la France, de ne pas s'exposer davantage.

En ce moment arrive au grand galop le duc de Richelieu, qui sert en qualité d'aide de camp du roi : il vient de reconnaître la colonne près de Fontenoy. Ce lieutenant général s'est porté de tous les côtés et a passé au milieu des balles et des boulets sans être blessé ; il accourt hors d'haleine, l'épée à la main et couvert de poussière. « Quelle nouvelle apportez-vous ? lui dit le maréchal de Noailles ; quel est votre avis ? — Ma nouvelle, dit le duc de Richelieu, est que la bataille est gagnée, si on le veut ; et mon avis est qu'on fasse avancer à l'instant quatre canons contre le front de la colonne ; pendant que cette artillerie l'ébranlera, la *maison du roi* et les autres troupes de cavalerie ainsi que d'infanterie l'entoureront. Il faut tomber sur elle comme des fourrageurs. » Quelqu'un demande : « Où prendre du canon ? — Tout près d'ici, répond le duc de Richelieu, je viens d'en voir une batterie. » On répond que le maréchal de Saxe a défendu que cette batterie soit enlevée. Le duc de Richelieu fait observer que le maréchal l'a ordonné avant ce qui s'est passé, mais que le roi est fort au-dessus d'un général d'armée.

« Très bien, dit le roi. Monsieur de Richelieu, mettez-vous à la tête de ma maison, et donnez l'exemple. » Vingt personnes se détachent. Richelieu dit alors à un officier du régiment de *Touraine*, nommé Isnard, dont il connaît l'activité, de courir et d'amener le canon au plus vite. Isnard obéit avec la plus grande diligence.

Le duc de Richelieu part ensuite à bride abattue, au nom du roi, afin de faire marcher sa maison : il annonce cette nouvelle à M. de Monteson, qui la commande. Ce brave officier, transporté de joie à cette nouvelle, se place sur le front de ses escadrons poudrés et enrubannés; fièrement campé sur sa selle, il salue de l'épée l'ennemi qu'il va aborder, et se tournant vers les gentilshommes de la *Maison rouge* et de la *Maison bleue :*

« Messieurs les maîtres, s'écrie-t-il d'une voix éclatante, veuillez assurer vos chapeaux, nous allons avoir l'honneur de charger. » Aussitôt le prince de Soubise rassemble ses gendarmes, le duc de Chaulnes ses chevau-légers; tout se forme et marche; quatre escadrons de la gendarmerie avancent à droite de la *maison du roi;* les grenadiers à cheval sont en tête sous M. de Grelle, leur capitaine; les mousquetaires, commandés par M. de Jumilhac, se précipitent.

Dans ce moment important, le comte d'Eu et le duc de Biron, à la droite, voyaient avec douleur les troupes d'Anthoin quitter leur poste, selon l'ordre positif du maréchal de Saxe. « Je prends sur moi la désobéissance, dit le duc de Biron; je suis sûr que le roi l'approuvera dans un instant où tout va changer de face; je réponds que M. le maréchal de Saxe le trouvera bon. »

Maurice de Saxe, qui arrive au même instant dans cet endroit, informé de la résolution du roi et de la bonne volonté des troupes, n'a pas de peine à se rendre; il change d'avis lorsqu'il faut en changer, et fait rentrer le régiment de *Piémont* dans Anthoin; il se porte rapidement, malgré sa faiblesse, de la droite à la gauche, vers la brigade des *Irlandais,* recommandant à toutes les troupes qu'il rencontre en chemin de ne plus faire de fausses attaques et d'agir de concert. Le duc de Péquigny, appelé depuis le duc de

Chaulnes, va faire pointer ses quatre pièces ; on les place
vis-à-vis de la colonne anglaise ; les artilleurs, la mèche
allumée à la main, attendent le commandement de faire feu.
La brigade irlandaise se forme la première devant l'ennemi,
sous les ordres de Clare. De tous côtés nos troupes, jus-

Charge de la maison du roi.

qu'alors toujours repoussées, mais jamais vaincues, se
reforment pour ce combat suprême.

Cependant la colonne du duc de Cumberland, qui a toujours continué d'avancer pour couper l'armée française en
deux et pour séparer l'aile droite du pont de Calonne, n'est
plus qu'à cent mètres de la batterie qu'on vient d'établir ;
tout à coup celle-ci se démasque et fait feu : l'effet en est
terrible. Les canons, bien pointés, frappent l'ennemi comme
des coups de foudre : les trois premiers rangs sont anéantis ;
la colonne hésite et s'arrête. En ce moment les redoutes de

Fontenoy et de Barri tonnent à la fois, croisent leurs feux et enlèvent des files entières. Sous cette pluie de fer et de mitraille, l'infanterie anglaise plie, s'ouvre et s'ébranle : dès ce moment sa force est brisée.

En même temps vingt mille hommes, qui, un quart d'heure auparavant, étaient dispersés et qui se sont réunis comme par magie, fondent sur la colonne, qu'ils attaquent en flanc sur une longueur d'une demi-lieue, tandis que la *maison du roi*, la gendarmerie et les carabiniers, conduits par Richelieu, s'élancent vers la trouée que la terrible batterie a creusée dans son front. Le dauphin, qui a suivi partout son père, lui demande avec instance, mais inutilement, la permission de charger à la tête de sa maison. Ce jeune prince, emporté par la fougue de son âge, met l'épée à la main de la plus jolie grâce du monde. Il veut absolument charger. Louis XV lui ordonne de n'en rien faire.

Le duc de Biron, le comte d'Estrées, le marquis de Croissy, le comte de Lowendal, lieutenants généraux, dirigent cette attaque nouvelle. Cinq escadrons de *Penthièvre* suivent M. de Croissy et ses enfants. Les débris des gardes françaises et suisses, les Irlandais de *Berwick*, les régiments de *Normandie* et des *Vaisseaux*, accourent guidés par leurs colonels et prennent les Anglais par le flanc droit ; les brigades de *Royal*, de la *Couronne*, du *Roi* et d'*Aubeterre*, les régiments de *Chabrillant*, de *Brancas*, de *Brionne* et de *Courten* chargent par la gauche.

La colonne est ainsi attaquée à la fois de front et par les deux flancs. Nos soldats se ruent de tous côtés à la baïonnette, et avec une telle rage, qu'il n'y a presque pas d'ordres à leur donner. Un instant encore le succès est douteux, la colonne gigantesque fait face de toutes parts ; enfin le régiment de *Normandie* et les carabiniers commencent à l'entamer, entrent dans les premiers rangs et vengent leurs camarades tués dans leur première charge. Les Irlandais, puis *Royal*, les secondent. M. Tardieu, parent du lieutenant général Tardieu de Saint-Aubanet, enlève un drapeau. Les Irlandais de *Berwick* en prennent deux autres. Deux braves soldats de *Normandie* se jettent au milieu des rangs, attaquent un cornette, le tuent, et rapportent en triomphe l'étendard ennemi.

Bientôt on voit le long serpent formé par la colonne du duc de Cumberland se tordre, se débattre, coupée en trois tronçons, et faire son premier pas en arrière. Alors chaque soldat français redouble de courage; l'armée tout entière a à venger huit heures de défaite. Chaque homme veut sa revanche : on s'attaque corps à corps.

Les combats particuliers succèdent à la lutte générale. En sept à huit minutes ce corps formidable et invincible est enfoncé et ouvert de tous côtés ; le général Ponsomby, le frère du comte d'Albemarle, cinq colonels, cinq capitaines aux gardes du roi d'Angleterre, et un nombre prodigieux d'officiers sont renversés morts.

Les Anglais fuient le champ de bataille et abandonnent les douze canons qu'ils traînaient à bras. Plusieurs de leurs régiments sont complètement détruits. Nos troupes poursuivent les fuyards jusque dans les haies de Vezon ; les trois régiments de dragons, de *Mestre-de-Camp*, de *Royal* et de *Bauffremont*, sabrent impitoyablement les Hollandais et leur enlèvent vingt pièces d'artillerie.

Il est deux heures et demie : la bataille est gagnée. Louis XV lance son cheval au galop et va de régiment en régiment. Les soldats jettent leurs chapeaux en l'air ou les élèvent à la pointe des baïonnettes, en criant : « Vive le roi ! la bataille est gagnée ! » Partout on entend des cris de joie et de victoire, là où un quart d'heure avant on entendait des hurlements de rage et des râles d'agonie : les drapeaux criblés de balles s'inclinent, les blessés se soulèvent pour faire encore un geste de la main...; c'est un délire général.

Le roi est tranquille, témoignant sa satisfaction et sa reconnaissance à tous les officiers généraux et à tous les commandants des corps ; il ordonne qu'on ait soin des blessés, et qu'on traite les ennemis comme ses propres sujets. Le maréchal de Saxe, au milieu de ce triomphe, se fait porter vers le roi. Ce grand homme de guerre, qui pendant l'action est allé partout donner ses ordres avec un sang-froid étonnant, est resté neuf heures à cheval malgré sa cruelle maladie. Il retrouve un reste de force pour embrasser les genoux du roi et lui dire ces propres paroles : « Sire, j'ai assez vécu : je puis mourir maintenant ; je ne désirais de vivre aujourd'hui que pour voir Votre Majesté victorieuse ; maintenant vous savez à quoi tiennent les batailles. » Le roi le releva et l'embrassa tendrement à la vue de toute l'armée. Il dit au duc de Richelieu : « Je n'oublierai jamais le service important que vous m'avez rendu. » Il parla de même au duc de Biron. Le maréchal de Saxe dit ensuite au roi : « Sire, il faut que j'avoue que je me reproche une faute. J'aurais dû mettre une redoute de plus entre les bois de Barri et de Fontenoy ; mais je n'ai pas cru qu'il y eût des généraux assez hardis pour hasarder de passer en cet endroit. »

Les alliés perdirent quinze mille hommes, parmi lesquels il y avait environ deux mille prisonniers, quarante canons, cent cinquante chariots, etc. Nos pertes se montèrent à plus de sept mille hommes. Par le compte exactement rendu au major général de l'infanterie française, il se trouva que seize cent quatre-vingt-un soldats ou sergents d'infanterie avaient été tués sur place, et trois mille deux cent quatre-vingt-deux blessés. Parmi les officiers, cinquante-trois seulement étaient morts sur le champ de bataille ; trois cent vingt-trois étaient en danger de mort par leurs blessures. La cavalerie perdit environ dix-huit cents hommes.

La victoire de Fontenoy décida du sort de la guerre et prépara la conquête des Pays-Bas. La ville et la citadelle de Tournai se rendirent peu de jours après. Gand, le dépôt général des ennemis, Oudenarde, Bruges, Dendermonde, Ostende, capitulèrent.

Ce qui rend encore cette bataille à jamais mémorable, c'est qu'elle fut gagnée lorsque le maréchal, affaibli et presque expirant, ne pouvait plus agir. Maurice de Saxe avait fait la disposition, et les officiers français remportèrent la victoire.

YORK-TOWN

(DU 6 AU 19 OCTOBRE 1781)

PAR UN SOLDAT DE *BOULONNOIS*

Louis XVI avait reconnu l'indépendance des Américains séparés de l'Angleterre et avait conclu avec eux un traité d'alliance le 6 mai 1778. La guerre commence presque immédiatement dans l'Inde entre les Anglais et les Français. Cette lutte est marquée par une alternative de victoires et de défaites ; mais ces dernières ne font qu'exciter notre ardeur. Le gouvernement français envoie le général de Rochambeau, avec six mille hommes, au secours de Washington et des *insurgents,* comme on nomme alors les Américains. Déjà une foule de jeunes gens sont passés en Amérique pour aider les insurgés et faire, dans le nouveau monde, l'apprentissage du métier des armes. Cette guerre, fertile en petits combats, offre peu d'événements décisifs. Les Américains', inexpérimentés dans l'art militaire, font la guerre de partisans, la seule qui convienne à des troupes non exercées contre des troupes aguerries et disciplinées.

Washington, chef à la fois civil et militaire, ayant formé

une armée régulière, est vaincu dans ses premières rencontres avec les Anglais. Toutefois les militaires instruits admirent les belles manœuvres de Trinton et de Prince-Town. En 1777, avec onze mille hommes, il avait passé la Delaware et était venu camper près de Philadelphie, pour défendre cette capitale contre l'armée anglaise. C'est là que vient le rejoindre un Français qui devait se faire un nom célèbre dans cette guerre, Gilbert Motier, marquis de la Fayette, alors lieutenant au régiment de *Noailles*. Ce jeune officier, à peine âgé de vingt-quatre ans, s'est embarqué sur une frégate armée à ses frais, et est venu mettre son épée et la somme de un million de francs, le tiers de sa fortune, à la disposition des *insurgents*.

Devant l'armée franco-américaine se trouve l'élite des troupes anglaises. Mais tel est le patriotisme dont sont animés les volontaires de Washington, qu'ils suppléent à l'instruction par la bravoure et confondent par la hardiesse de leurs attaques la tactique des généraux anglais. Embusqués derrière les arbres de leurs vastes forêts, suspendus dans les ravins, ils surprennent les corps détachés ou harcèlent dans leur marche les soldats de la Grande-Bretagne, leur disputent les gorges, les arrêtent au passage des fleuves et leur tuent un grand nombre de soldats. La Fayette, à la tête d'un corps de mille hommes, qui a été détaché de la petite armée de Rochambeau et envoyé dans le sud au secours des milices virginiennes, est réduit à reculer devant une grosse division anglaise. Manquant de tout, argent, habits, linge, tentes, il se livre à une guerre de partisans, se contentant de harceler l'ennemi, et remplaçant le nombre par l'habileté stratégique et par l'audace. La petite troupe de Rochambeau, campée sur la presqu'île de Rhode-Island, est elle-même

presque complètement bloquée par des forces de terre et de
mer très supérieures.

Bientôt les généraux anglais parviennent à se rapprocher
de Philadelphie. Il faut alors manœuvrer en plaine pour
protéger la ville ouverte et confier aux chances d'une
bataille les destinées américaines. Les Américains sont
vaincus ; la capitale des États-
Unis tombe au pouvoir des ennemis, et l'on croit en Europe que
c'en est fait de l'indépendance du
nouveau monde. C'est dans ces
circonstances qu'une flotte française de vingt vaisseaux de ligne,
commandée par le comte de Barras
et portant environ vingt-cinq mille
hommes de troupes de débarquement, paraît sur les rives de la
Delaware et change les destinées
-de la guerre.

Grenadiers des gardes françaises
et suisses.

En septembre 1781, lord Corn-
wallis se retranche avec huit mille hommes de troupes
d'élite à York-Town. Il barre la rivière d'York avec des
vaisseaux embossés et quelques bâtiments coulés. Le sort
vient, en effet, de lui enlever tout espoir de s'embarquer et
d'échapper aux forces qui viennent l'assaillir. Washington
et Rochambeau se dirigent alors avec leur armée vers la
Virginie et arrivent le 14 septembre à Williamsbourg. Leur
premier soin est de se concerter avec l'amiral de Grasse,
afin de commencer à agir énergiquement.

L'investissement d'York-Town est aussitôt exécuté par les
Franco-Américains, sans perdre un seul homme. La rivière

d'York forme, avec celle de James, une large péninsule, dont cette partie n'a que huit milles de largeur. York-Town n'est qu'une grande bourgade située au bord méridional de la rivière, qui est très large et sur laquelle un vaisseau peut faire voile sûrement. Les bords de la rivière de York sont très élevés du côté du sud. Un petit corps d'artillerie de la Virginie, anciennement posté vers ce coin, a élevé quelques batteries en face de la rivière. Sur la rive opposée est la pointe de Glocester, qui, se prolongeant dans la rivière, en resserre tellement le lit, que sa largeur n'est que d'un mille. Ces deux positions sont occupées par lord Cornwallis, qui ne néglige rien pour s'y fortifier. Des batteries et quelques vaisseaux de ligne, qu'elles mettent à couvert, commandent la communication. Le corps d'armée anglais est campé autour d'York-Town. Son front est presque totalement couvert par un marais, et défendu en outre par [des retranchements palissadés, que protègent un ouvrage à cornes et deux redoutes en avant desquelles se trouvent de nombreux abatis. Ces ouvrages, construits pour dominer la péninsule, en empêchent l'approche aux assaillants. Le 29 septembre, l'armée américaine, ayant traversé des marais, y appuie sa gauche, étend sa droite jusqu'à la rivière d'York et complète ainsi l'investissement.

Le corps de Lauzun et les milices américaines se placent sur le chemin de Glocester. Cornwallis, quittant son camp de Pigeons-Isles, se renferme alors dans l'enceinte des retranchements d'York-Town. M. le marquis de Biron, duc de Lauzun, appuyé par quelques milices, attaque vivement les dragons de Tarleton, qui couvrent la retraite des Anglais. Ce bouillant officier général, à la tête du régiment de houzards qui porte son nom, et dont les étendards bleu de ciel

sont ornés du soleil et de la devise *Nec pluribus impar,*
charge à outrance les habits rouges. Les casques à chenille
noire des dragons de Tarleton sont hachés par les *bancals*
(sabres recourbés) de nos houzards, à l'uniforme bleu de
ciel à brandebourgs jaunes et à pelisse blanche.

Les dragons ennemis s'enfuient vers York-Town; mais,

Grenadier, chasseur et soldats d'infanterie en 1781.

ayant reçu du renfort, ils reviennent à la charge, et Lauzun
est obligé à son tour de se replier.

C'est dans les premiers jours d'octobre que commence le
siège mémorable d'York-Town. Les forces des Américains
sont d'environ neuf mille hommes, et les nôtres de sept
mille.

Les Américains, médiocrement armés, plus mal vêtus
encore, offrent un spectacle singulier. Dans cet état de bigar-
rure et souvent de nudité, les meilleurs vêtements sont des
chemises de chasse, larges vestes de toile grise usitées dans
la Caroline.

Quant à la tactique, il suffit de dire que, pour qu'un régiment en bataille, de pied ferme, puisse gagner du terrain sur la droite de son alignement, au lieu de rompre simplement à droite, la gauche commence une éternelle contre-marche. Toujours sur deux rangs, les petits hommes sont au premier ; à cela près, on n'observe point les rangs de taille ; malgré ce désavantage, on voit de beaux soldats conduits par des officiers zélés.

Le courage tient lieu de science, et chaque jour ajoute à l'expérience et à la discipline. Lord Sterling, plus brave que judicieux, et un autre général du nom de Green, commandent en qualité de majors généraux. Le général Knox, qui de libraire s'est fait artilleur, a formé d'autres officiers et créé une artillerie.

Nos sept mille Français sont superbes d'aspect et d'allure : l'infanterie porte l'habit-veste et la redingote en drap blanc, des épaulettes de la couleur des parements, le petit chapeau à cornes et le plumet ; les grenadiers ont le bonnet à poil ; la queue et les frisures sur les faces sont de rigueur, et les faces mêmes sont ornées d'une boucle uniforme. L'habit des officiers est le même que celui des soldats ; la qualité seule du drap fait la différence. La compagnie se partage alors en deux divisions, quatre subdivisions et huit escouades. On distingue les différents grades par les épaulettes. L'esponton a été retiré aux officiers de compagnie, qui portent l'épée à garde de cuivre doré et sont en outre armés du fusil modèle de 1777.

Toutes les troupes sont à la solde du roi ; tous les régiments organisés sur le même pied et placés sous la surveillance des généraux, qui en passent la revue tous les six mois. Le soldat acquiert des droits à la retraite après vingt-six ans de service. Notre infanterie se compose en 1781 de cent six régiments à deux bataillons de quatre compagnies, plus une compagnie de grenadiers et une de chasseurs par régiment.

En 1760, on a vu paraître une arme nouvelle dans la cavalerie légère, celle des *chasseurs à pied*, soldats d'élite petits et robustes, organisés par le maréchal de Broglie, et attachés aux régiments de houzards pour combattre dans leurs rangs. Leur uniforme est l'habit vert, la veste de drap chamois et culotte de tricot de la même couleur. Par ordonnance de 1776, chaque régiment d'infanterie, les Suisses exceptés, est pourvu d'une compagnie de chasseurs. La même année a paru la célèbre ordonnance du 25 mars, qui abolit l'achat des grades.

Officiers de carabiniers, de houzards et de dragons.

Chaque régiment d'infanterie n'a plus que deux drapeaux : celui du 1er bataillon est blanc, celui du 2e bataillon est de couleur distinctive pour chaque corps et constitue le *véritable drapeau du régiment*. Les grenadiers de France sont formés en quatre brigades qui ont chacune un drapeau écartelé : la 1re et la 4e, bleu à fleurs de lis d'or sans nombre; la 2e et la 3e, blanc à grenades noires sans nombre. La solde journalière des sous-officiers et soldats a été augmentée de six deniers; la paye est fixée le dernier jour du mois, et les enfants des soldats, sous le nom d'*enfants de troupe*, reçoivent la nourriture et une petite paye. Enfin le ministre de la guerre, M. de Saint-Germain, a créé la division, petite armée ayant tous les éléments du combat, et pouvant par conséquent se suffire à elle-même.

La cavalerie a pris un immense développement, surtout la cavalerie légère, dont la véritable destination commence à être seulement comprise et qui devient dès lors, suivant la pittoresque expression du général de la Roche-Aymon, *la longue-vue du général en chef.*

Notre cavalerie se compose de deux régiments de carabiniers, composés chacun de quatre escadrons, du régiment des cuirassiers du roi, de vingt-huit régiments de cavalerie : quatre de houzards, six de chasseurs et dix-huit de dragons. Ces derniers portent l'habit vert, et le casque de cuivre à cimier et à crinière et à visière plate. Des écoles de cavalerie sont créées, entre autres celle de Saumur. Tous les corps de la maison du roi, sauf les gardes du corps, ont été supprimés.

L'artillerie a fait aussi d'immenses progrès sous l'impulsion de Gribeauval.

Le corps d'artillerie est divisé en sept régiments portant l'uniforme bleu, à revers et passepoils rouges et ayant chacun une école particulière ; le génie porte également l'habit bleu, avec les parements et les revers de velours noir.

Mais revenons au siège d'York-Town. Jusqu'au 6 octobre l'armée assiégeante est occupée au débarquement de l'artillerie et des munitions qu'elle amène dans son camp. Dans la nuit on commence à ouvrir la tranchée au-dessus et au-dessous de la rivière d'York. La première parallèle est tracée à trois cents toises des lignes ennemies. Cette opération se fait avec un tel silence, que la garnison 'd'York-Town ne s'aperçoit qu'au jour de ces travaux : aussitôt son artillerie tire avec rage contre nos travailleurs ; mais comme les épaulements des tranchées sont déjà assez élevés pour couvrir nos soldats, ceux-ci éprouvent peu de pertes. L'armée de Washington défend la droite des tranchées; celle de Rochambeau, la gauche et le centre.

Sous la direction des ingénieurs Duportail et de Querenet, qui conduisent habilement tous les travaux de ce siège, des redoutes sont construites et armées de canons.

Batterie française devant York -Town.

Le 9 octobre, nos batteries sont terminées et prêtes à ouvrir le feu sous les ordres de M. d'Aboville et du général Knox. Les pièces sont chargées, pointées; les artilleurs français et américains sont à leurs postes. Washington saisit alors la lance à feu que lui présente un canonnier et l'applique sur la lumière d'une pièce : le coup part et va frapper la palissade d'une redoute.

C'est le signal de l'ouverture du feu : la canonnade commence, les ouvrages ennemis nous ripostent vigoureusement; bientôt le ciel est obscurci par la fumée de ce grand duel d'artillerie; de gros nuages épais que strient de rapides éclairs, les décharges des batteries couvrent la ville et les tranchées.

Vers la fin de la journée, notre artillerie finit par écraser celle des assiégés, dont plusieurs canons sont démontés et les ouvrages détruits. La nuit suivante, nos travailleurs, maniant la pelle et la pioche avec une activité fiévreuse, élèvent comme par enchantement de nouvelles batteries.

Dès le lendemain, à l'aube, le feu recommence; mais, foudroyés par notre tir terrible, les Anglais peuvent à peine nous répondre une seule fois et retirent leurs canons des embrasures. Notre artillerie prend alors comme points de mire les vaisseaux mouillés dans le port et les accable d'une grêle de bombes et de boulets rouges. Bientôt un épais tourbillon de fumée s'élève au-dessus d'un navire de guerre; les flammes courent le long des agrès, des cordages, et s'enroulent comme des serpents autour des mâts. C'est la frégate anglaise *le Charron*, de 44, à laquelle un boulet rouge a communiqué l'incendie et qui brûle jusqu'à la ligne de flottaison.

Dans cette même journée du 10 octobre, trois navires de transport deviennent également la proie des flammes. L'émulation de gloire qui existe entre les Français et les Américains fait pousser les travaux avec une rapidité sans exemple. Durant ce temps, les assiégés, ayant ouvert de nouvelles embrasures, font un feu des plus vifs. Les travailleurs sont fatigués dans les tranchées par l'artillerie de deux redoutes élevées à cent cinquante toises en avant des ouvrages des Anglais, et qui enfilent nos parallèles. Le mal qu'elles font chaque jour rend plus urgente la nécessité de s'en rendre maître : on se prépare à les enlever d'assaut.

Pour prévenir tout sujet de jalousie entre les deux nations, l'attaque de l'une est confiée aux Américains, celle de l'autre aux Français. Le marquis de la Fayette commande les premiers ; son détachement, composé d'infanterie légère, doit agir contre la redoute placée à la gauche des ouvrages ennemis, sur le bord de la rivière. Le baron de Viomenil doit conduire les chasseurs et les grenadiers des régiments français sur l'autre redoute, qui s'approche le plus de leurs lignes, et se trouve vers la droite des Anglais.

L'assaut est fixé au 14 octobre. Les deux compagnies d'élite de notre régiment de *Boulonnois* doivent former la tête de la colonne d'attaque. Ce régiment a été formé, en 1770, au moyen de deux bataillons du régiment d'*Auvergne,* qui a été dédoublé pour la circonstance.

Le général en chef Rochambeau, ex-colonel d'*Auvergne,* en venant dans la tranchée pour donner le signal de l'assaut, s'arrête à son ancien régiment, dont beaucoup d'officiers et de soldats lui sont personnellement connus, et leur dit qu'il espère les voir dignes de leur vieille réputation. Un sergent prend la parole : « Mon général, dit-il, si notre régiment reprenait le nom d'*Auvergne,* il nous semble qu'il se battrait mieux. » Rochambeau promet, s'il est satisfait, d'en faire la demande au roi.

Vers la fin du jour, le signal de l'assaut est donné. Les deux colonnes surgissent simultanément des tranchées et courent aux redoutes aux cris mille fois répétés de : « Vive le roi ! » Leur élan a été si rapide, que l'ennemi ne songe à ouvrir le feu qu'au moment où les premiers assaillants arrivent sur les glacis. Chasseurs et grenadiers rivalisent d'intrépidité et de gloire. Sans tirer un seul coup de fusil, ces braves soldats, conduits par le baron de Viomenil et le marquis de Saint-Simon, s'élancent impétueusement, et ne donnent même pas aux sapeurs le temps d'écarter les abatis et de renverser les palissades.

En un clin d'œil tous les obstacles sont franchis; le comte Charles de Lameth arrive le premier sur le parapet de la redoute et tombe aussitôt grièvement atteint de deux blessures. Mais nos soldats accourent en foule, la baïonnette au bout du fusil. Habits verts et habits blancs sautent dans l'intérieur de l'ouvrage. On lutte corps à corps et à l'arme blanche. Le duc de Lauzun, le vicomte de Noailles, Dillon, déjà illustre par la conquête de Grenade, se font remarquer par leur brillante valeur. La redoute est rapidement enlevée. Tous les Anglais qui la défendent sont tués ou pris. De leur côté, les Américains se sont emparés presque au même instant de la redoute de Ferret, que le marquis de la Fayette, le général de Lincoln et le colonel Hamilton ont attaquée de front, tandis que le colonel Lawrens, à la tête de quatre-vingts chasseurs, entourait cet ouvrage.

Notre brave régiment de *Boulonnois* s'était particulièrement distingué dans cet assaut. Rochambeau tint sa parole; il fit sa demande en notre faveur, et sur son rapport on put lire plus tard ces mots, de la main même du roi Louis XVI : « *Bon pour Auvergne.* » Boulonnois redevint donc *Royal-Auvergne*, et inscrivit sur son drapeau cette devise : « Bon pour Auvergne. »

Les deux redoutes étant tombées en notre pouvoir, nos généraux établissent aussitôt le logement, en les joignant par une communication à la droite de la seconde parallèle. On y installe de nouvelles batteries et deux obusiers, qui battent à ricochet tout l'intérieur de la place.

La situation de lord Cornwallis devient désespérée; de

tous côtés ses ouvrages cèdent au feu des assiégeants, dont les batteries démontent ou font taire les siennes. Tout annonce qu'en peu de temps la place ne sera plus tenable. Pour retarder cette catastrophe, Cornwallis décide de faire

Prise de la redoute anglaise par les chasseurs et les grenadiers du régiment de *Boulonnois* (14 octobre 1781).

une sortie vigoureuse et d'attaquer ces deux nouvelles batteries défendues par les troupes françaises. Dans la nuit du 15 au 16 octobre, six cents Anglais, tous volontaires et soldats d'élite, destinés à cette opération, font une sortie et assaillent ces deux batteries. N'ayant pu vaincre la résistance des troupes qui les gardent, ils se jettent sur une batterie de la seconde parallèle, qu'ils enlèvent sans une grande perte et dont ils enclouent quatre pièces; mais le chevalier de Chastellux, qui commande la garde de tranchée, accourt alors à

la tête d'une réserve, repousse les assaillants et les force
à se retirer en désordre; les pièces enclouées sont bientôt
remises en état de servir.

Le lendemain 16 octobre, le marquis de Saint-Simon est
blessé dans la tranchée et ne veut point quitter son poste.
Dès quatre heures de l'après-midi, les assiégeants font jouer
plusieurs batteries de leur seconde parallèle; les ouvrages
des assiégés sont en ruine de tous côtés et paraissent peu
susceptibles de soutenir un feu si violent. A peine les Anglais
peuvent-ils mener un seul canon; ils n'ont plus que des
bombes.

Dans cette extrémité, le général anglais conçoit le projet
hardi de s'échapper par terre avec la plus grande partie de
son armée. Il se résout à laisser ses malades et ses bagages
en arrière, à passer sur la pointe de Glocester pendant la
nuit et à attaquer M. de Choisy. Il s'agit, après avoir taillé
en pièces et dispersé les troupes françaises, de faire monter
l'infanterie anglaise sur les chevaux qu'il nous enlèvera et
sur ceux qu'il pourra trouver sur sa route. Il gagnerait ainsi
le gué des grandes rivières, traverserait le Maryland, la
Pensylvanie et le Jersey pour opérer sa jonction avec l'armée
de New-York. L'exécution de ce projet est presque impraticable. Cependant les bateaux, rassemblés sous divers pré-
textes, sont tenus prêts pour transporter les troupes ennemies
de l'autre côté de la rivière; un violent orage disperse une
partie des bateaux et empêche de continuer les embar-
quements.

Les Américains augmentent, le 17 octobre, le nombre de
leurs batteries dans la seconde parallèle, et il n'est plus
possible aux Anglais de résister. La garnison ne trouve plus
abri ni dans ses lignes, ni derrière aucune partie de ses

murailles. Ce jour-là, dès dix heures du matin, le feu de
l'ennemi s'éteint tout à coup. Un officier anglais, sanglé
dans son uniforme rouge et or, apparaît sur le haut d'une
gabionnade et agite en l'air un mouchoir blanc pour nous
faire cesser le feu. Derrière lui se tient un petit tambour,
à peine âgé de quatorze ans, coiffé d'un bonnet à poil de
forme conique, et qui bat sur sa
caisse trois roulements consécutifs.

La fusillade cesse alors dans notre
seconde parallèle, qui touche aux
glacis de la place. Le vicomte de
Noailles, le colonel Lawrens et
M. de Granchain sont désignés par
Rochambeau pour recevoir ce par-
lementaire, qui vient demander une
suspension d'armes de vingt-quatre
heures. Comme il importe à Washington de ne pas perdre une minute, dans la crainte qu'il n'arrive
des secours aux assiégés, il fait ré-
diger par ces trois officiers les clauses
et articles de la capitulation, et n'accorde au général Cornwallis que trois
heures pour la signer et l'exécuter.

Grenadier
du régiment de *Boulonnois*
(1781).

Le général anglais, se voyant dans l'impossibilité de tenir
davantage, signe cette capitulation le 19 octobre, en présence
du général Washington, du comte de Rochambeau et de
M. de Barras, chargé des pouvoirs du comte de Grasse.
Les Anglais, terrifiés, obéissent au vainqueur.

Le 19, dans l'après-midi, les troupes anglaises, au nombre
de sept mille hommes, défilent entre les deux armées, tam-

bour battant et portant leurs armes, qu'elles déposent ensuite en faisceaux avec vingt-deux drapeaux. Cornwallis, en feignant une maladie, s'est épargné la honte de paraître ainsi devant les vainqueurs. Le général O'Hora, qui le remplace, s'avance en tête des Anglais et présente son épée au comte de Rochambeau; celui-ci, en montrant Washington, qui lui fait face avec son état-major : « Je ne suis qu'un auxiliaire, dit-il; c'est au général américain à recevoir votre épée et à vous donner des ordres. » Et O'Hora remet son arme, avec un dépit marqué, au chef des *insurgents*.

Nous trouvâmes dans York-Town deux cent quatorze pièces de canon, la caisse militaire, les munitions et tous les bagages des Anglais, six vaisseaux de guerre et cinquante bâtiments marchands. Le comte de Lauzun et le comte Guillaume de Forbach, colonel de *Royal-Deux-Ponts*, qui, le 14 octobre, était entré un des premiers dans la redoute anglaise, furent chargés par M. de Rochambeau de porter la capitulation en France, et de présenter les vingt-deux drapeaux anglais que le congrès américain offrait au roi Louis XVI.

Cette prise d'York-Town fut décisive et assura à jamais l'indépendance américaine.

FIN

TABLE

29700. — Tours, impr. Mame.

www.ingramcontent.com/pod-product-compliance
Lightning Source LLC
Chambersburg PA
CBHW061307030726
47595CB00001B/247